いちばん
カンタン!
FXの
超入門書
安恒 理
改訂版
高橋書店

巻頭1

新型コロナ禍でFXが大注目！

なった！

これまで

ビジネスマンや学生は日中の取引が難しい…

在宅勤務なら

- 仕事のスキマ時間に手軽に取引できる
- 通勤もなく朝ゆっくりできるから深夜も取引しやすい

在宅で気軽に資産運用が可能に

　2020年、新型コロナウイルスが蔓延《まんえん》し、世界経済や人々の生活に大きな影響を与えました。

　じつはその3月、外国為替証拠金取引（FX）の取引額は過去最高の1015兆円を記録しています。

　理由の一つは、感染拡大による金融市場の混乱です。FXでは為替が大きく動けば利益を出すチャンスになるため、市場の動揺を好機ととらえた投資家が殺到しました。

　もう一つの理由は外出自粛の広がりです。感染予防のために新し

新しい働き方でより取引しやすく

こんな取引もしやすい！

スキャルピング

- 数秒～数分の超短期取引
- 売買を繰り返しわずかな利益を積み重ねる

仕事の空き時間に集中取引するよ！

デイトレード

- 10分～数時間で決済する取引
- トレンドを見ながら購入し、その日のうちに手じまいする

合間にチャートを見てチャンスなら取引

い働き方が導入されたことで、ＦＸに挑戦する投資家が増えたのです。

仕事の合間、家事の合間に取引できる

ＦＸはパソコンやスマートフォンさえあれば、カンタンに取引できます。在宅勤務をしながらチャートを眺め、チャンスが来たときに売買することも可能です。

しかもＦＸは24時間取引でき、それぞれのライフスタイルに合わせた投資法を見つけられます。世の中のしくみが変わるなか、将来に備えて新しく収入を得る手軽な手段として重宝されているのです。

取引口座開設も記録的な伸びを見せ、新規で始める方も増えています。この流れは、これからも続くと予想されます。

FXってそもそもなに?

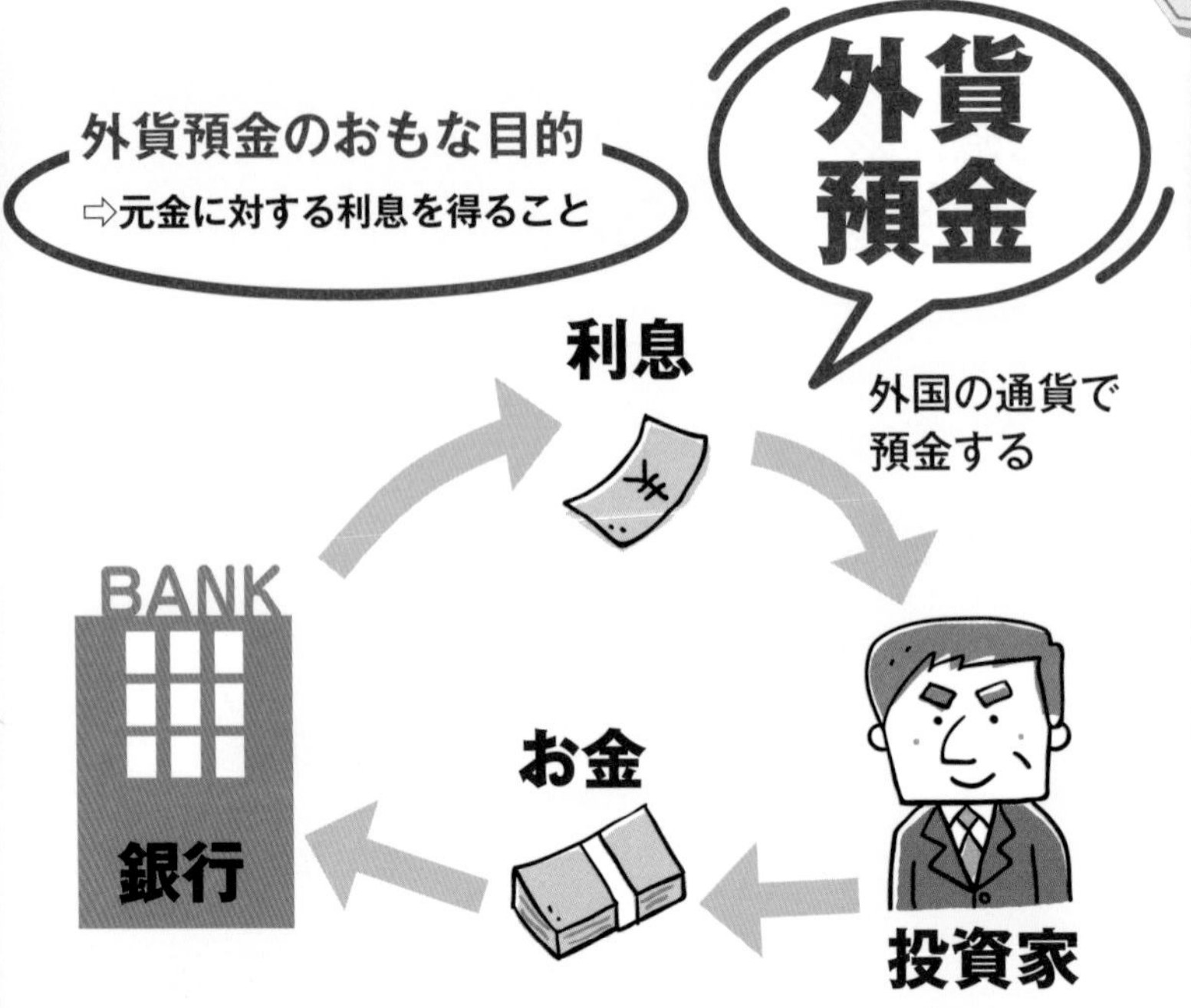

- ・リターン(利息を得る)まで半年〜1年かかる
- ・多額の資金(元金)が必要
- ・手数料が高い

外国の通貨を売ったり買ったりする

ＦＸとは「**外国為替証拠金取引**」（＝Foreign Exchange）の略で、日本円を含めた外国の通貨の売買で差益を得る取引です。

異なる二国間の通貨を交換するとき、その交換の比率は絶えず変化しています。これを変動相場制といいます。

たとえばアメリカの通貨１米ドルを１００円のときに買い、１０５円のときに売却（決済）すれば差し引き５円の利益が生まれます。これを狙うのがＦＸなのです。

外貨預金とFXの違い

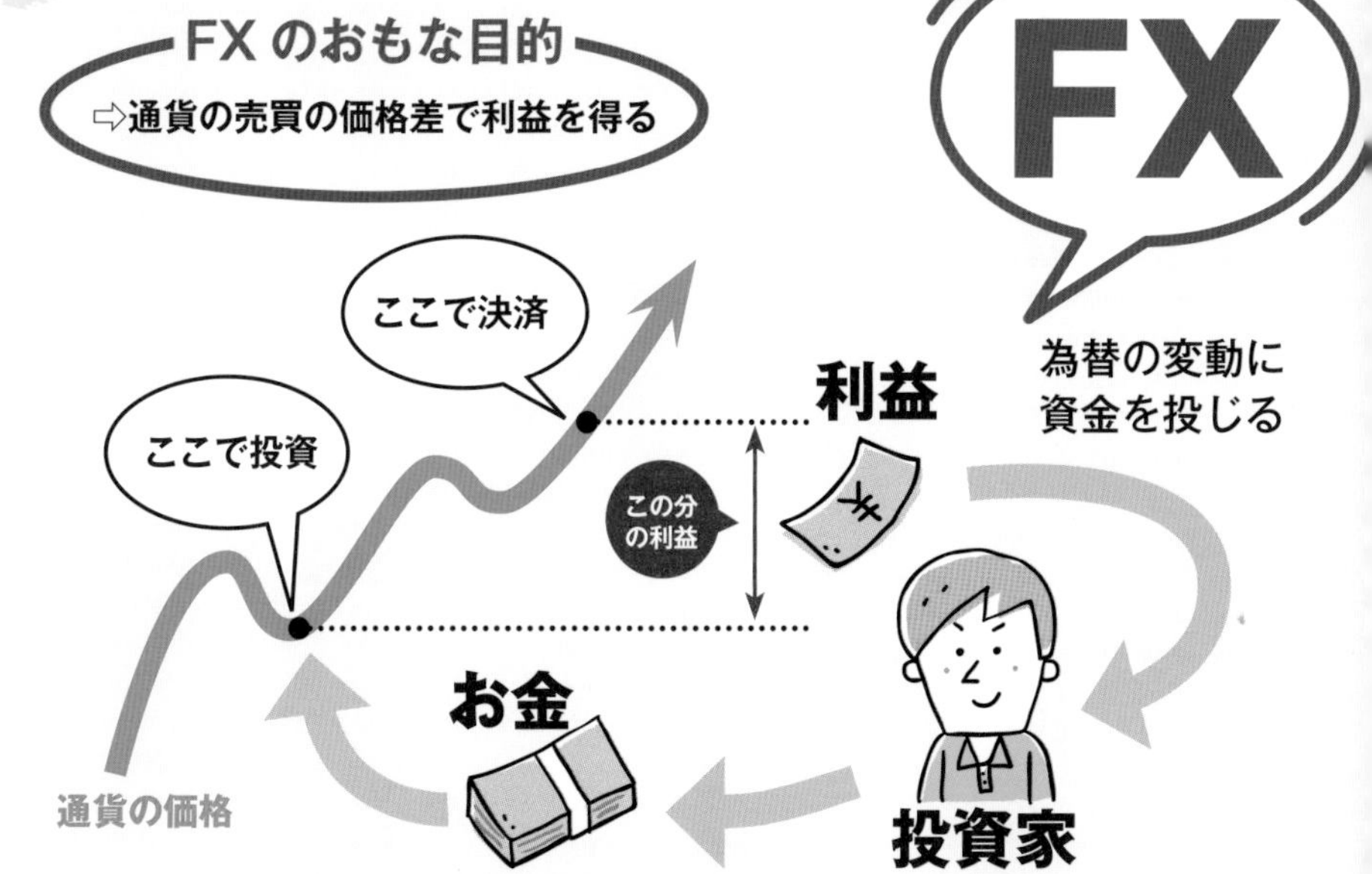

- ・短期間（1日、もしくは数時間、数秒）で利益が出る
- ・少ない資金でも始められる
- ・手数料が安い

外貨預金より大きな魅力

以前は外国為替取引といえば、外貨預金が一般的でした。

外貨預金は、金利の高い国で預金し利息を得る投資法です。外国では年利5％以上と日本よりはるかに高い国も珍しくありません。ただし、利息である以上、一定期間待つ必要があります。

一方でFXは、利息＋為替差益を狙います。待つ必要がなく、外貨預金以上のリターンが期待できます。

投資といえば「株式投資」が一般的ですが、投資対象となる会社は日本国内だけでも3000以上もあり、初心者には選ぶのが大変です。

一方、FX投資の投資先（通貨ペア）は20〜30程度と範囲が狭いのもメリットです。

巻頭3

少額でも大きなリターンが狙える！

元手以上の取引ができる

ＦＸ取引の大きな特徴は、少額の資金で多額の取引ができる点にあります。

外貨預金の場合、実際に買い付けた資金がそのまま元本となり、預金となります。そのため、ある程度まとまった資金がなければ投資のうま味はありません。

ＦＸでは、仲介となる取引業者に「証拠金《しょうこきん》」と呼ばれる担保（資金）を預けます。投資家はこの証拠金の何倍もの外貨（上限は25倍）を買い付けることが可能なのです。

25倍まで資金を動かせるのはＦＸだけ

このしくみが「レバレッジ」です。レバレッジを使うことにより、10万円の元手で、最大２５０万円の取引ができるのです。

これが外貨預金であれば、10万円だけの投資となり、利子もわずかなものにしかなりません。

為替変動の差益や利子といったリターンにもレバレッジが効いて、大きな利益となるのがＦＸの最大の魅力なのです。

レバレッジ
＝
「てこ」

「てこ」の原理のように、小さな資金で大きな投資額を動かせる

レバレッジ20倍なら
10万円の資金で
200万円分の
投資額になる

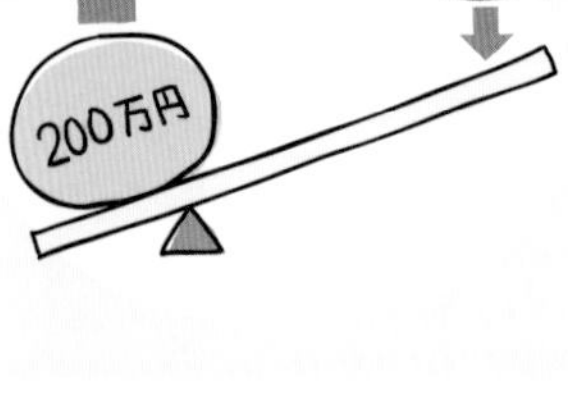

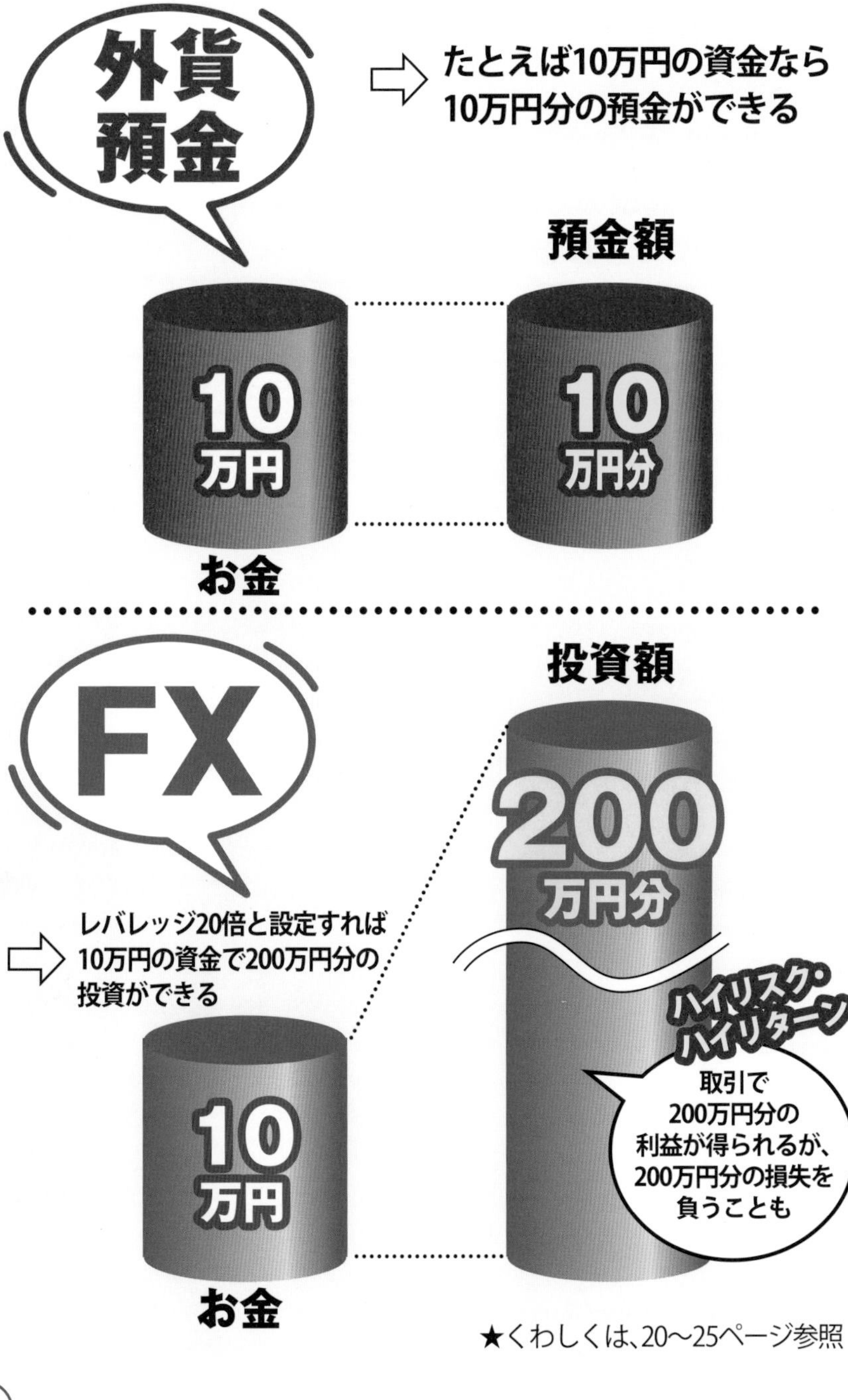
外貨預金
たとえば10万円の資金なら
10万円分の預金ができる
預金額
10万円
10万円分
お金
FX
投資額
200万円分
レバレッジ20倍と設定すれば
10万円の資金で200万円分の
投資ができる
10万円
ハイリスク・ハイリターン
取引で
200万円分の
利益が得られるが、
200万円分の損失を
負うことも
お金

★くわしくは、20〜25ページ参照

巻頭4

自動売買で気軽に？AIが勝手に？いろんな注文方法がある

自動売買注文

投資家が事前に決めた条件を満たすと、自動で購入・決済してくれるツール

- **IFD《イフダン》注文**（58ページ）
- **OCO《オーシーオー》注文**（62ページ）
- **IFO《イフダンオーシーオー》注文**（66ページ）
- **トレール注文**（66ページ）

起きてられないから
注文出してもう寝よう

自動注文を使って気軽に投資

24時間いつでも取引できるといっても、投資家がぶっ通しでパソコンの前に張り付いているわけにはいきません。

ライフスタイルに合わせて、取引時間を決めておくのが賢いやり方です。ただ、チェックしていない間に為替が大きく動くことに不安を覚える方も多いでしょう。

そこで、FXにはあらかじめ売買の価格を指定しておけば自動的に売買が成立するという取引システムがあります（50ページ参照）。

システムトレード

投資家が条件を決めたり、ストラテジー（戦略）を選んだりすることで、購入・決済してくれるツール

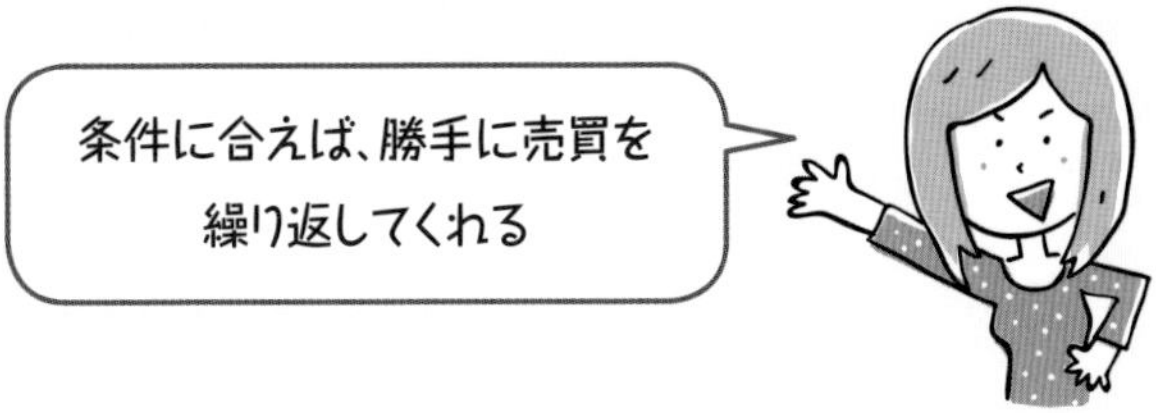
条件に合えば、勝手に売買を
繰り返してくれる

- **開発型…投資家がプログラムを組む**
- **選択型…あらかじめ取引ツールに設定されたストラテジーを選ぶ**

ＡＩが売買してくれるツールも登場

たとえば、米ドルの為替が大きく動くニューヨーク市場がオープンしているのは、日本の深夜から明け方です。自動決済注文を設定しておけば、寝ている間に生まれる売買のチャンスを逃しません。経済指標の発表で為替が急変しても、大きな損失を出すことを防いでくれます。

さらに最近ではＡＩを使った自動売買ツールも運用されています。投資家が事前にルールを決めておくと、ＡＩが状況を判断して、その条件のなかで注文と決済を何度も繰り返してくれます。ＦＸはより身近で手軽な投資方法になってきているのです。

巻頭トピックス

もくじ Contents

Part 1 FXのしくみを知ろう

Contents

Part 2 FXを注文してみよう

Part 3 こんなとき通貨は動く

※投資は、あくまでご自分の判断で行ってください。本書掲載の情報にしたがったことによる損害については、いかなる場合も著者および発行元はその責任を負いません。
※本文中に出てくる「ドル」という表記は、とくに注釈がない場合、「米ドル」をあらわします。
※本書は個別の注釈がない場合2020年12月現在の情報に基づき製作しています。

編集　アート・サプライ（丸山美紀）
デザイン・DTP　スタイルワークス（遠藤秀之）、アート・サプライ（山﨑恵）
イラスト　森のくじら
画像提供　SBI証券

Part 1

FXのしくみを知ろう

まずはここから
スタートだ!

Basic

01

FXのきほん①

FXのしくみはどうなっているの？

通貨はつねに変動する

日本円をドルなどの外国の通貨（外貨）に交換したり、あるいは外貨（日本円を含む）を別の外貨に交換したりする取引を、「外国為替取引」といいます。

たとえば、日本円をドルに替えたとしましょう。これを「ドル買い」「円売り」といいます。売買によって、**通貨の価格は刻一刻と変化しています。**

テレビのニュースなどでも、「今日の東京市場は、1ドルあたり120円10銭で取引されています」などとアナウンスされますが、これが通貨の価格です。これを日本円とドルの「交換レート」といいます。

もし、**1ドルを110円で買ったとします。その後、1ドルが120円になったところで日本円に交換（ドル売り）したら、10円の利益が出ます。**これを為替差益といいます。

FXは為替差益を狙うもの

FX（外国為替証拠金取引＝Foreign Exchange）は、**おもにこの為替差益（キャピタルゲイン）を狙って行う取引です。**

一方、外国の通貨に投資する方法としてはほかに「外貨預金」があります。これは、高金利の外国の通貨に投資することによって**インカムゲイン**（利息）を利益として得るのがメインの目的です。

ワンポイント　インカムゲインとキャピタルゲイン、どちらが優勢？

FXで大きく利益を得るには、キャピタルゲイン(差益)をおもにするべき。ただ、ちりも積もれば山となるためインカムゲイン(利息)も無視できない。高金利通貨を売って低金利通貨を買えば、逆に利子を払うことになるからだ。

FXはこうやって利益を上げる

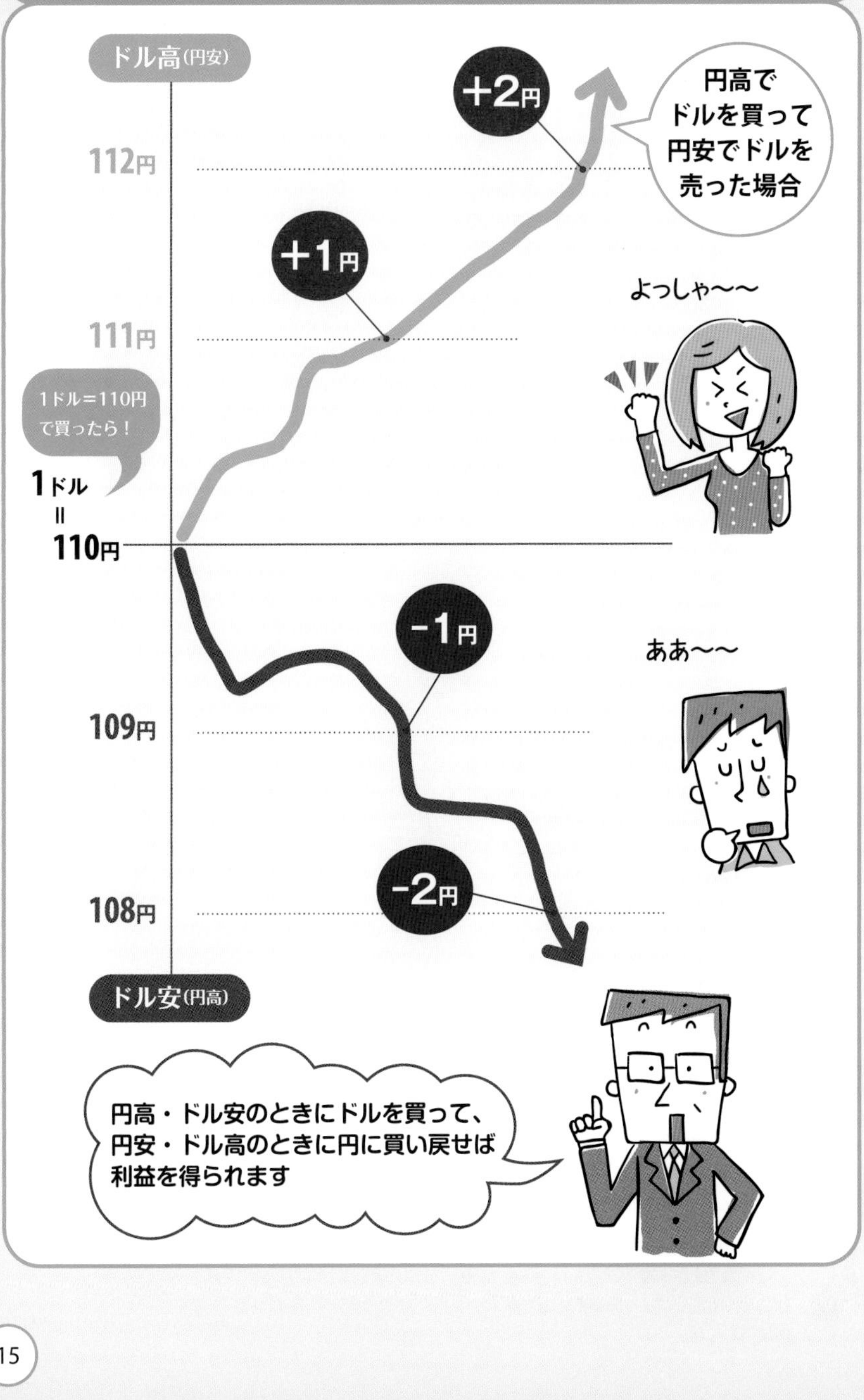
ドル高(円安)
+2円
円高で
ドルを買って
円安でドルを
売った場合
112円
+1円
よっしゃ〜〜
111円
1ドル=110円
で買ったら！
1ドル
=
110円
-1円
ああ〜〜
109円
-2円
108円
ドル安(円高)
円高・ドル安のときにドルを買って、
円安・ドル高のときに円に買い戻せば
利益を得られます

02

FXのきほん②

「円高」「円安」ってなに？

▼為替レートは経済状況によって動く

FXは、異なる二国間の通貨を交換します。交換する比率（為替レート）はたいてい、「変動相場制」となっており、絶えず変化しています。たとえば1ドルが110円のときもあれば、120円のときもあります。これは各国の経済状況によって、変動します。

一般に、**その国の経済状況がよくなればその国の通貨は高くなり、悪くなれば安くなる傾向にあります。**

日本は1973年に、それまでの「固定相場制」から「変動相場制」に移行しました。それ以降、円の価格・ドルの価格はつねに変動しています。日本円の価値が下がれば「円安」、価値が上がれば「円高」ということになります。

▼「円高」「円安」のしくみ

1ドルが110円から120円になったとします。円の数値が大きくなったから「円高」と思われるかもしれませんが、これは「円安」です。1ドルが110円から120円に値上がりしたわけです（ドル高）。ドルの価値が上がったことにより、相対的に日本円の価値が下がっているのです。

1ドル＝110円のとき、アメリカで1ドルの商品を購入したければ、110円で買うことができます。しかし、1ドル＝120円になったら、同じ1ドルの商品でも、120円払わなければ買えないわけです。

ワンポイント **円高・円安が暮らしに与える影響は？**

2023年は米国と日本の金利差の影響で円安傾向が続き、1ドル150円を超えた。円安になると自動車産業などは有利になる一方、輸入品は割高になるデメリットがある。原油高による燃料費の高騰により、企業だけでなく多くの家庭がコスト増加に苦しんだ。

「円高」「円安」ってどういうこと?

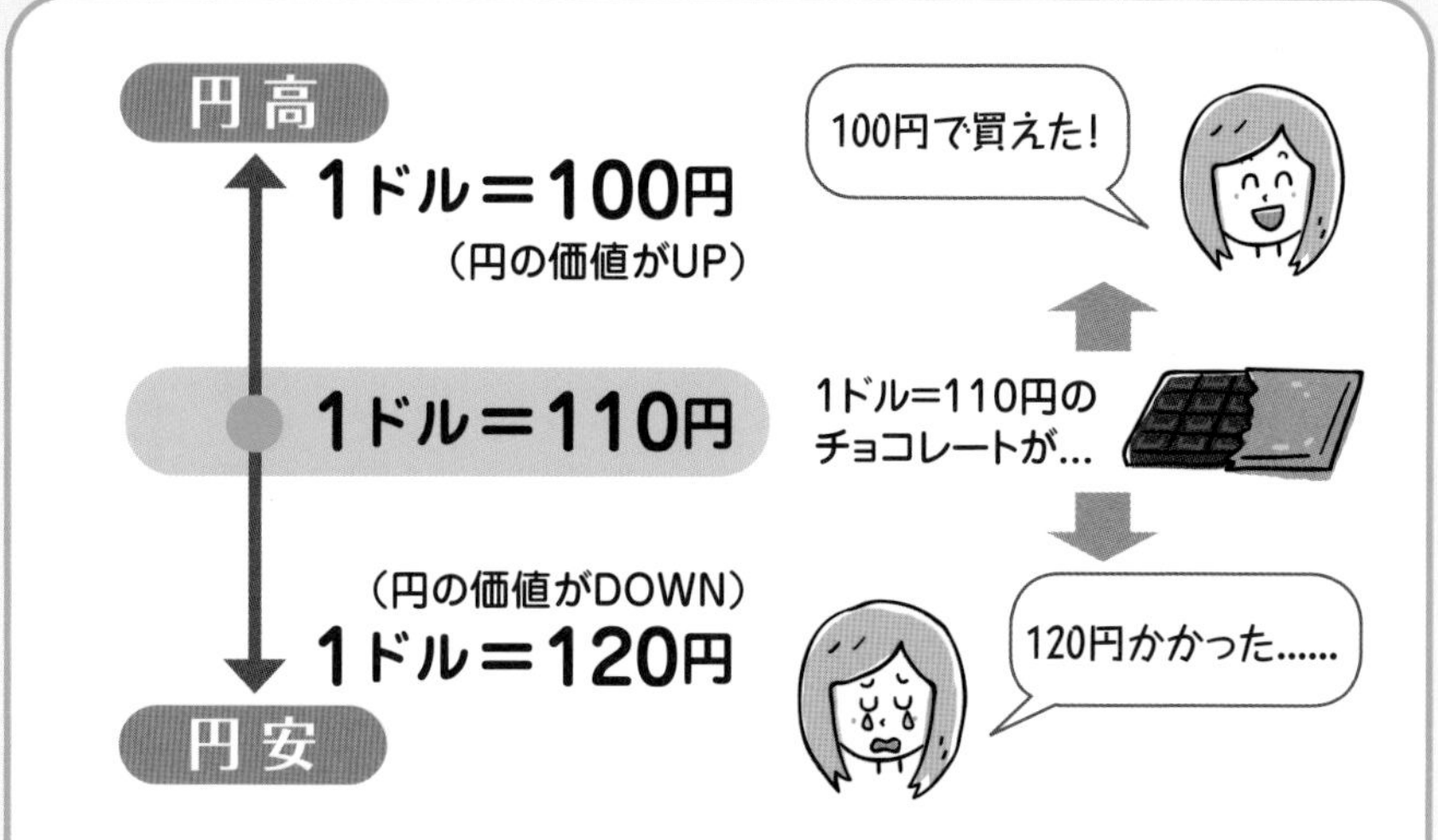

為替変動の影響は

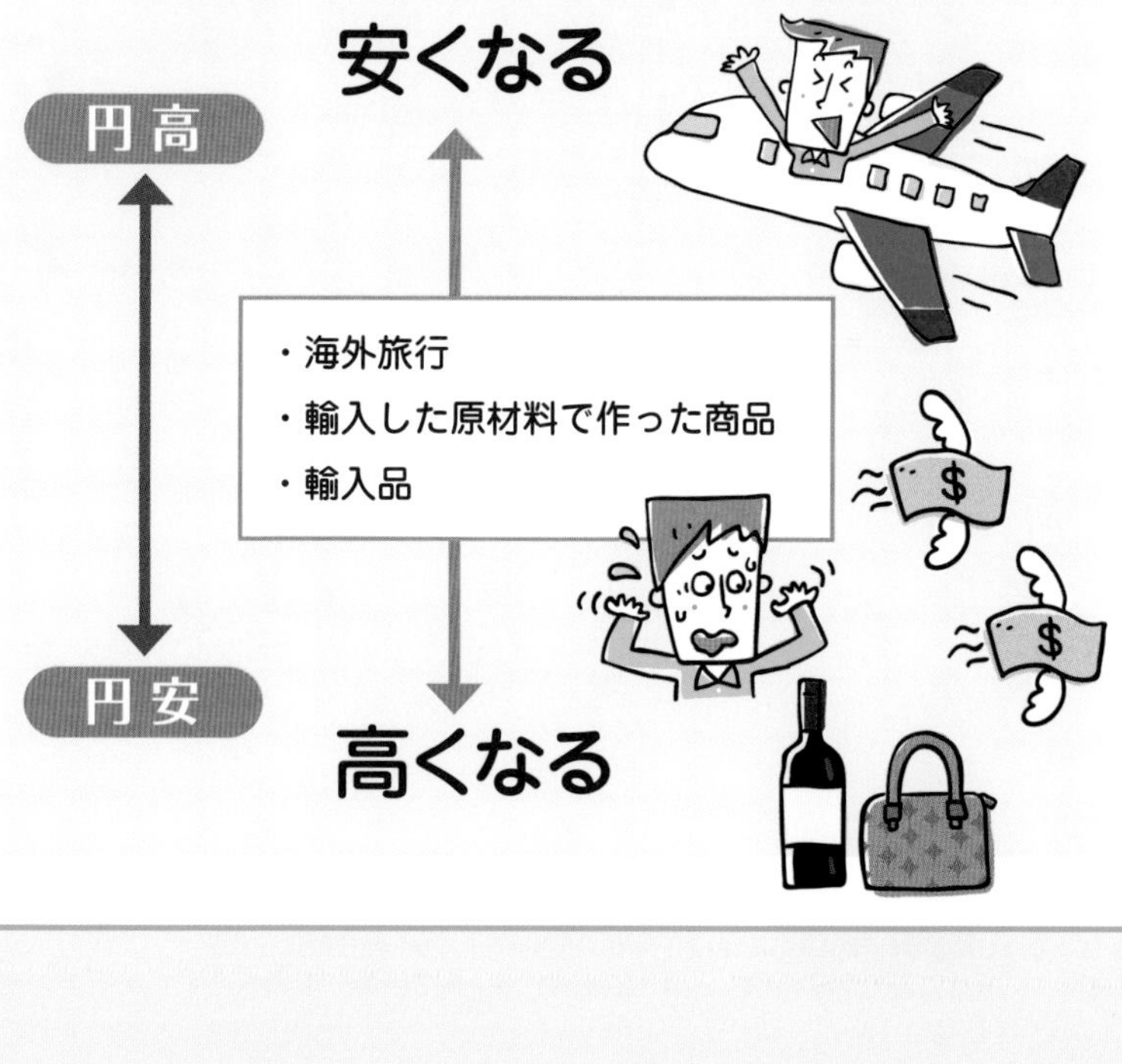

03

FXのきほん③

売っても買っても儲けられる！

持っていない「外貨」を売れる

「外貨に投資する」と聞くと、持っている日本円を売って、米ドルなどの外貨を買い入れる、とイメージしませんか。

しかし、**FXでは所有していない外貨を先に売却することも可能です。**

つまり、日本円を口座に預け入れていても「所有していない外貨を売って、円を買う」ことができるのです。

これは、将来その外貨が対円で値下がりする（円高になる）と予測したときに行います。取引業者から外貨を借り受けて売り、外貨が値下がりしたころに、日本円で外貨を買い戻すのです。借り受けたころより安い値段で外貨を買い戻すことができれば、差額が利益となります。いわば株式投資における「信用売り（空売り）」のようなものです。

値下がりしそうな通貨を売って儲ける

このやり方を使えば、**円高になっても円安になっても利益を出すことが可能です。**

また、売る通貨と買う通貨に、日本円を絡ませなくても取引できます。

米ドルが対ユーロで値下がりすると予測したら、米ドルを売って、ユーロを買います。予想通り米ドルが値下がりしたときに決済（反対売買）を行えば、利益が出ます。

用語解説 **空売り**

持ってもいない通貨を取引業者から借りて先に売却する手法。売った通貨が値下がりしたときに買い戻して差益を得るが、逆に値上がりしたら損失をこうむる。FXは通貨の交換なので、売却する通貨は空売りしていることになる。

持っていない通貨を売って儲ける

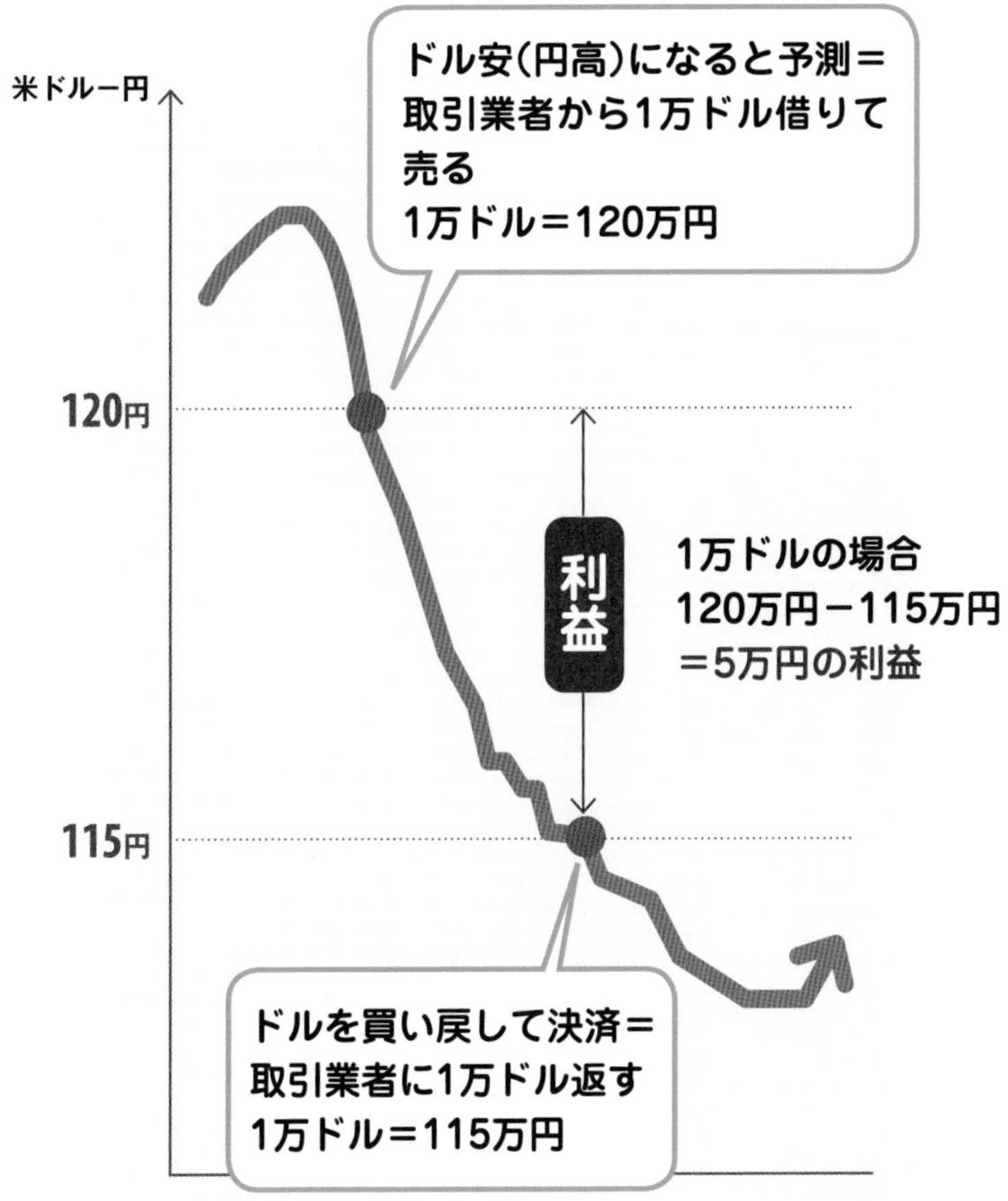
米ドル－円
ドル安（円高）になると予測＝
取引業者から1万ドル借りて
売る
1万ドル＝120万円
120円
利益
1万ドルの場合
120万円－115万円
＝5万円の利益
115円
ドルを買い戻して決済＝
取引業者に1万ドル返す
1万ドル＝115万円

チャートが下落していても、
売りから取引すれば
利益が出せる

04

レバレッジのメリット①

ＦＸは少額の資金でも儲けられる！

利益を何倍にも増やせる

ＦＸ取引を行うには取引業者（40～41ページ参照）に口座開設し、そこに資金を担保金として預けます。この担保金が**証拠金**です。

外貨預金とＦＸのいちばんの違いは、**レバレッジ**の有無です。外貨預金は買い付けた金額だけで運用しますが、**ＦＸなら証拠金の何倍もの額を運用できます。**

レバレッジは英語で「てこ」という意味です。「てこ」を使って、小さな力で大きな重いものを持ち上げるように、少額での資金を元手に大金を動かすイメージから名づけられました。たとえば30万円の証拠金で３００万円のＦＸ取引を行うとき、「レバレッジ10倍」となります。

レバレッジの大きさがＦＸの魅力

ＦＸ最大の魅力はこのレバレッジが大きいことです。外貨預金は1倍、暗号資産は最大2倍に制限されていますが、**ＦＸなら自己資金の最大25倍もの金額を投資できる**のです。

外貨預金で1万ドルの外貨預金を行うには1万ドルが必要ですが、ＦＸでの1万ドルの取引なら、最低４００ドルあれば可能になります。

なお、ＦＸでは取引額のすべてのお金をやり取りする必要はありません。取引で生じた損益分のお金のやり取りを行います。これを「差金決済」といいます。

ワンポイント なぜ「証拠金」というのか？

証拠金とは、もともとは金融先物取引の用語。ＦＸ取引を行うための担保金を指す。保証金ともいう。ＦＸでは預けたお金そのもので取引するのではなく、それを担保に、レバレッジを効かせて取引を行うことからこう呼ぶ。

レバレッジで「大きな投資」を!

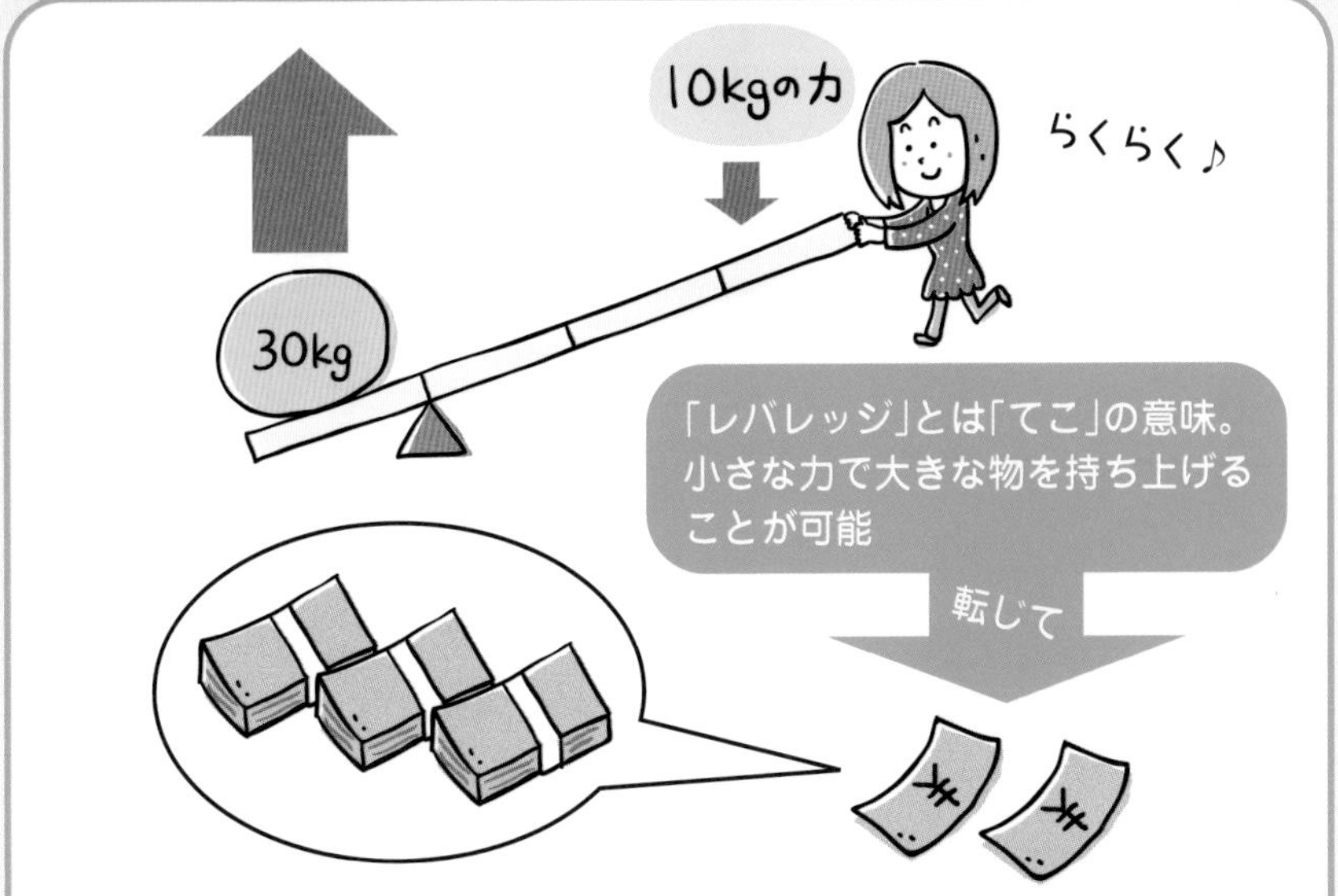
10kgの力
らくらく♪
30kg
「レバレッジ」とは「てこ」の意味。小さな力で大きな物を持ち上げることが可能
転じて

「小さな資金」で「大きなお金」を動かす

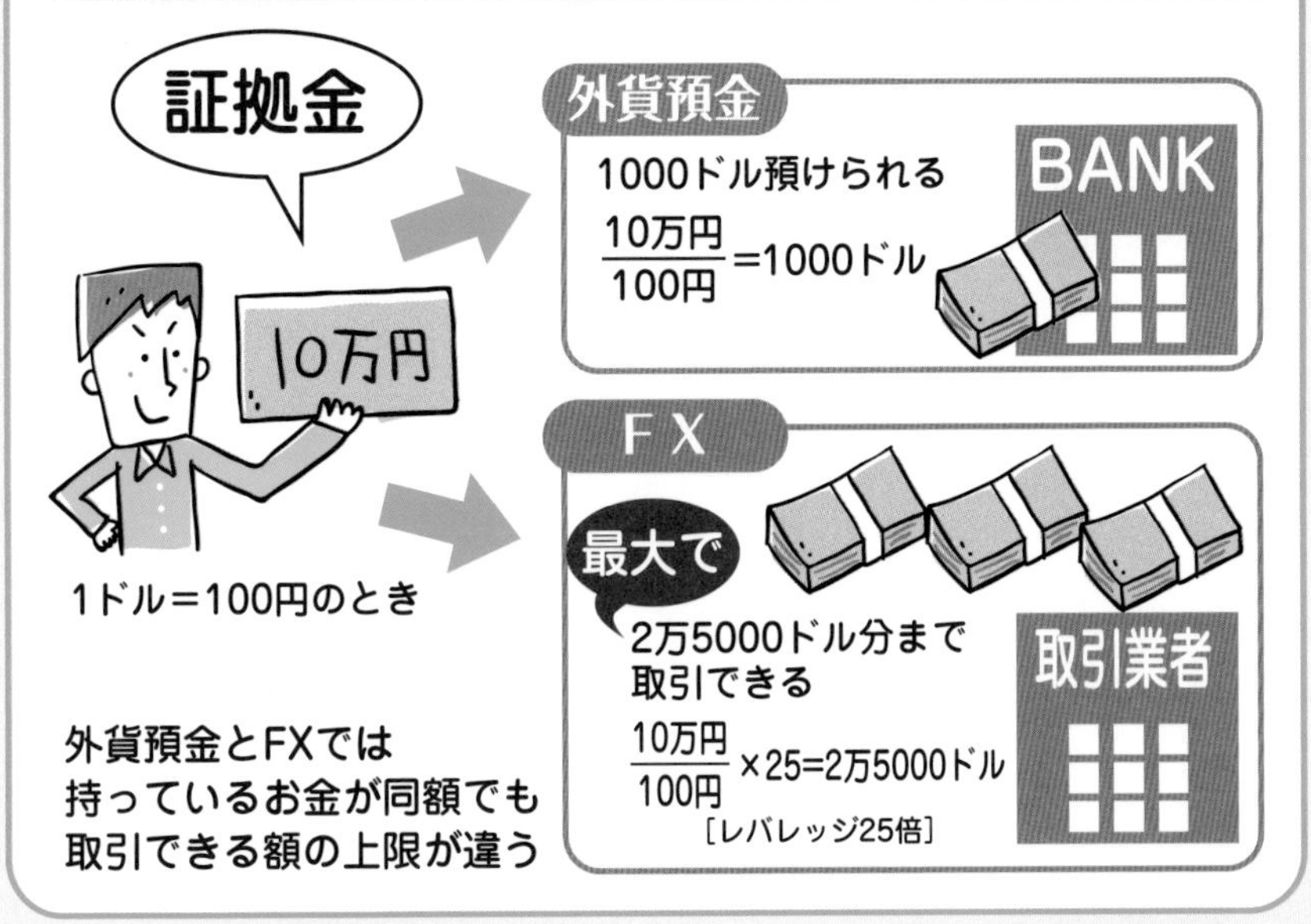
証拠金
10万円
1ドル＝100円のとき
外貨預金
1000ドル預けられる
$\frac{10万円}{100円}$ =1000ドル
BANK
FX
最大で
2万5000ドル分まで取引できる
$\frac{10万円}{100円}$ ×25=2万5000ドル
［レバレッジ25倍］
取引業者
外貨預金とFXでは
持っているお金が同額でも
取引できる額の上限が違う

05

レバレッジのメリット②

レバレッジで利益が膨らむ

利益を何倍にも増やせる

レバレッジで証拠金の何倍もの取引を行えば、得られる利益も大きくなります。

シミュレーションで見てみましょう。

１ドル＝１００円のとき、１万ドル買い付けたとします。１００万円の買い付けですが、レバレッジを10倍に設定すると、証拠金１０００ドル＝10万円で買えます。

１ドル＝１０１円とドル高（円安）に振れました。そこで１万ドルを円換算したら、１０１万円（１０１円×１万ドル）になります。すなわち**１万円の利益が得られたわけです。**

もし、同じ10万円で外貨預金をしたとしましょう。10万円＝１０００ドルで、１ドルが１００円から１０１円になっても、10万１０００円です（１０００円の利益）。

レバレッジ２倍で利益も２倍に

外貨預金なら、元本に対する利益率は１パーセントです。しかし、ＦＸならレバレッジ10倍のとき、利益率は10パーセントと10倍に膨らみます。**レバレッジは投資家自身の判断で変えられます。**

もしレバレッジを20倍、すなわち２万ドルを買い付けたとしたら、利益も20倍に膨らみます。１０００ドルの証拠金で２万ドルを買い付け（10万円で２００万円を買い付け）、１ドルが１００円から１０１円になれば２万円の利益（利益率20パーセント）になるわけです。

用語解説 **証拠金維持率（預託保証金率）**

取引している金額に対する、証拠金の残高の割合。損失が広がり証拠金維持率が一定以下に下がると警告（マージンコール）が発せられる。ここで決済するか、あるいは証拠金を追加せずにいると、たいていロスカットされる。

レバレッジで利益が大きくなる

シミュレーション

証拠金 10万円
1ドル＝100円のときにFX投資
（10万円＝1000ドル）

$\frac{10万円}{100円}=1000$ドル

《ケース① 1ドル＝101円になった》

	1000ドル投資（10万円）	1万ドル投資（100万円）	2万ドル投資（200万円）
レバレッジ	**1倍**	**10倍**	**20倍**
価格変動	10万円→10万1000円	100万円→101万円	200万円→202万円
為替損益	**＋1000円**	**＋1万円**	**＋2万円**
証拠金※	10万1000円	11万円	12万円

この金額が利益になる

※利益が証拠金に加えられる

思惑どおりに動けば、レバレッジが大きいほど利益は大きくなる

レバレッジ1倍は外貨預金と同じ

06

レバレッジのデメリット

レバレッジで損失も大きくなる

▼レバレッジが大きいとリスクも大きい

レバレッジを効かせて思惑どおりに為替が動けば利益は膨らみます。

しかし、**思惑とは逆の方向に為替が動けば、損失が大きくなります。**

シミュレーションで見てみます。

1ドル＝100円で1万ドルを買い付けたとします。レバレッジ10倍の場合、10万円の証拠金で100万円の取引です。ドル高（円安）に振れるという思惑でしたが、見込みとは逆にドル安（円高）に動いてしまいました。

すなわち1ドル＝99円になってしまったのです。100万円の投資額が99万円になってしまいました。1万円の損失です。

同じ10万円の資金でも、1000ドルの外貨預金なら1000円の損失（10万円↓9万9000円）、すなわち1パーセントの損失でしたが、レバレッジ10倍のFXなら10パーセントの損失（マイナス1万円）になります。

▼慣れないうちはレバレッジを低く！

レバレッジを大きくすると、損失は膨らみます。

FX取引に慣れないうちは、レバレッジを小さく抑え、慣れてくるにしたがって大きくしていきましょう。

また、より思惑どおりに動く確率が高いといえる状況になった場合、レバレッジを大きくするというやり方もあります。

ワンポイント 変動しやすい通貨は低めのレバレッジで

慣れないうちは低レバレッジが賢明だが、その目安は？　資金にどれだけ余裕があり、リスクを取れるかなどでも状況は異なる。一律ではなく変動幅の大きい通貨は低レバレッジにするなど慎重に。

レバレッジが大きいと損失も大きい

シミュレーション

証拠金 10万円
1ドル＝100円のときにFX投資
（10万円＝1000ドル）

$\frac{10万円}{100円}=1000ドル$

《ケース② 1ドル＝99円になった》

	1000ドル投資（10万円）	1万ドル投資（100万円）	2万ドル投資（200万円）
レバレッジ	**1倍**	**10倍**	**20倍**
価格変動	10万円→9万9000円	100万円→99万円	200万円→198万円
為替損益	**－1000円**	**－1万円**	**－2万円**
証拠金※	9万9000円	9万円	8万円

この金額が損失になる

※損失が証拠金から引かれる

思惑とは逆に為替が動けば、レバレッジが大きいほど損失は膨らむ

このケースでは
ドルを売っていれば、利益が出ましたね。
持っていない外貨を売れるのも
FXの特徴です（18ページ参照）

07

スワップ金利

スワップ金利でも儲けられる！

高金利の通貨を買えば「利息」がもらえる

FXでは**為替差益のほか、高金利の通貨を購入したときの利息がついてきます**（**インカムゲイン**）。これは金利の低い通貨を売って、金利の高い通貨を買ったときのみ得られるもので「**スワップ金利**」といいます。

たとえばA国の通貨（金利1パーセント）を売却してB国の通貨（金利3パーセント）を買ったら、A国の金利分を支払い、B国の金利分を受け取ることになります。差し引き2パーセントのインカムゲイン（利息）が得られるしくみとなっています。

レバレッジを大きく効かせれば、その分スワップ金利にも反映されます。

逆に金利差分を支払うケースも

注意しなければならないのが、逆に金利差分を支払わなければならないケースが出てくることです。高金利の通貨を売って、低金利の通貨を買った場合、金利差分の利息を支払うことになります。

もう一点注意したいのは、**為替レートの損失がスワップポイントを上回る場合**です。高金利政策の国は、新興国（南アフリカやトルコなど）が多いのですが、こうした国は経済や政情不安で為替が不安定に動きがちです。予想外の動きで、スワップポイントを上回る為替損失をこうむるケースもあるので、初心者は控えたほうがいいでしょう。

ワンポイント スワップ金利狙いでも儲かるのか？

低金利通貨を売って、高金利通貨を買えばスワップポイントが発生。為替差益と合わせればダブルの利益が得られる。ただしスワップポイントは小さな利益を積み重ねるので、為替が大きく変動したときは、その利益を失いかねない。

FX特有の「スワップ金利」とは

取引業者のホームページで、スワップポイントを確認

南アフリカの通貨・ランドと日本の円の取引を例にすると…

1万通貨あたり

通貨ペア（32ページ参照）	スワップポイント	
	（売り）	（買い）
米ドル － 円	−10	7
ユーロ － 円	10	−13
南ア・ランド － 円	−180	140

※スワップポイントの額は毎日変わる

南ア・ランドを売って円を買えば1日180円支払わなければならない

円を売って南ア・ランドを買えば、1日140円もらえる

南ア・ランドを売ったとき

南アの金利分を払い
日本の金利分をもらう

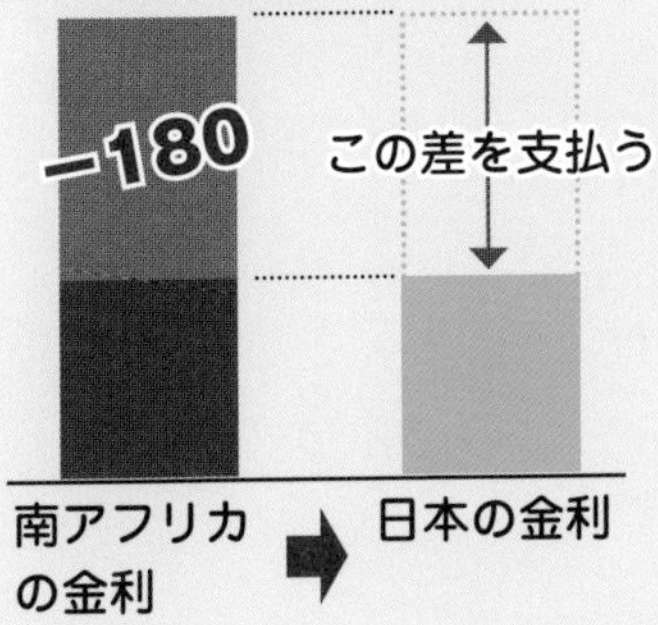

南ア・ランドを買ったとき

南アの金利分をもらい
日本の金利分を払う

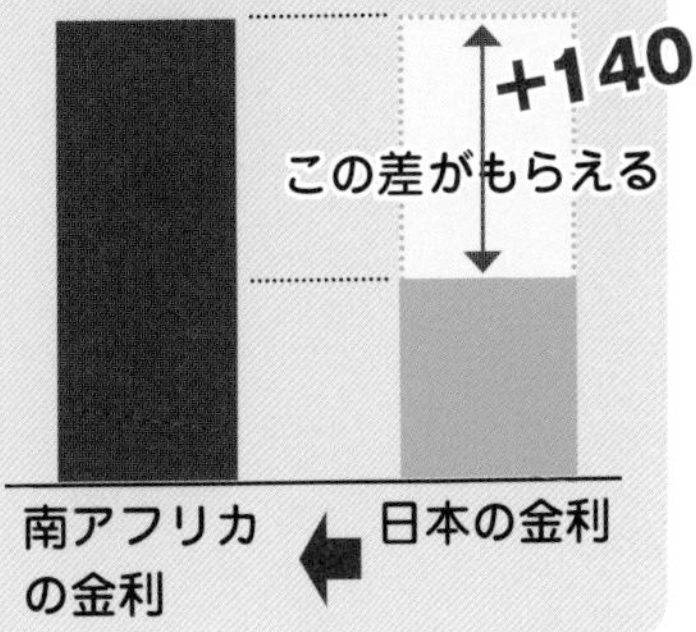

※スワップ金利は1日ごとに計算されるので持ち続けた期間の分かかる

08

お金が足りなくなったとき

損失が拡大したらどうなる？

追加で証拠金を入れる必要がある

ＦＸは必ず儲けられるとは限りません。損失をこうむるケースも想定しなければならないのです。為替が予想とは逆の動きをしてしまったとき、「いずれ元に戻る」としばらくガマンする手法もあります。

しかし、損失が増えて、損失額が証拠金を上回ってしまったらどうなるでしょうか。

このケースでは、損失が証拠金を上回る前に、**一定の基準を上回ったところで、多くの取引業者が「マージンコール」という警告を発します。**

このとき、投資家は追加の証拠金（**追証**《おいしょう》）を差し入れます。それができなければ取引が自動的に決済され、損失が確定してしまいます。このシステムは「**ロスカット**（強制決済）」と呼ばれ、損失が証拠金を上回らないように取られた措置です。

損失を証拠金以上に広げない

「ロスカット」は、**レバレッジを大きくすればするほど、作動しやすくなります。**わずかな値動きで損益の振れ幅が大きくなるからです。ここまで損失が大きくならないような取引を行いたいものです。そのためにも、損切りする基準を決めておきましょう。

慣れないうちは、レバレッジを小さくし、Ｐａｒｔ２で紹介する「自動売買」などの手法を使うのも手です。

ワンポイント　マージンコール、ロスカットになる目安とは？

マージンコールの基準は、取引業者によってまちまちだが、証拠金維持率（22ページ参照）がだいたい50～70％を下回った場合に多く発せられる。投資家は追加の証拠金（追証）を差し入れなければ、ロスカットとなる。

損失が拡大すると「警告」「強制決済」

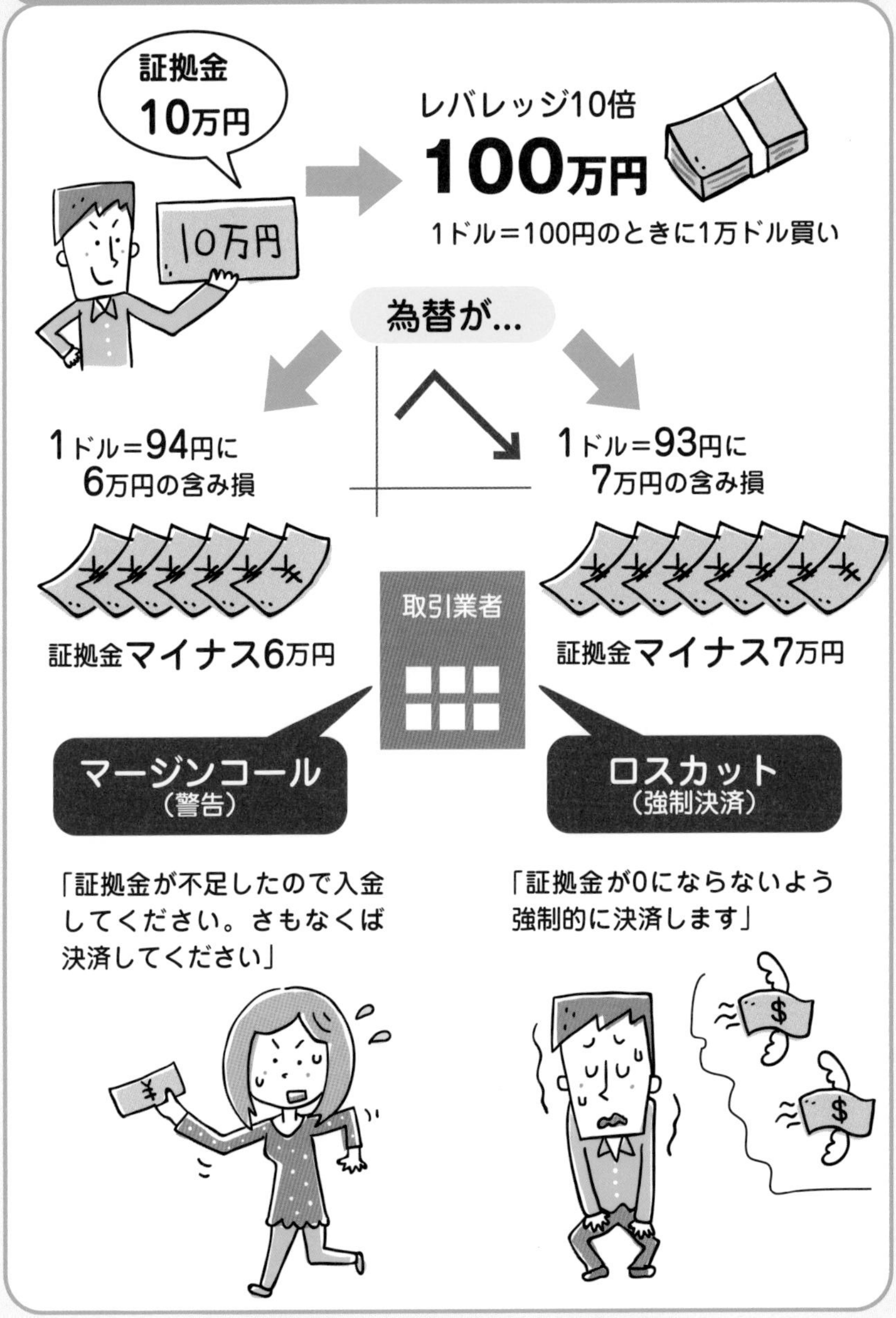
証拠金
10万円
10万円
レバレッジ10倍
100万円
1ドル＝100円のときに1万ドル買い
為替が…
1ドル＝94円に
6万円の含み損
1ドル＝93円に
7万円の含み損
証拠金マイナス6万円
取引業者
証拠金マイナス7万円
マージンコール
（警告）
ロスカット
（強制決済）
「証拠金が不足したので入金してください。さもなくば決済してください」
「証拠金が0にならないよう強制的に決済します」
$
$

09

取引できる時間

24時間いつでも取引できる

帰宅後・出社前でも十分取引できる

外国為替には、たとえば株式市場のような取引所はありません。世界の各都市にある銀行間で、電話やインターネットを用いて取引されています。

「**インターバンク市場**」とも呼ばれ、これが取引所にあたるわけです。

そのため**FXは平日なら24時間、取引できるしくみになっています。**銀行が閉まる金曜日夕方から銀行が開く月曜日朝までを除いて、いつでも取引できるのです。

日本の銀行は夕方にクローズしますが、時差があるので、日本が夜になったら、ヨーロッパやアメリカの銀行は営業を開始します。

日本の夜にドル、ユーロが盛んに取引

日本の株式市場も一部で夜間取引が始まりましたが、基本的には朝9時から午後3時までです。これでは昼間働いているサラリーマンやOLは、なかなか取引しにくいものです。

一方、FXなら会社が引けたあとでも自由に取引できます。

通貨によって取引が活発になる時間帯があります。欧米の日中は、日本では深夜。たとえばニューヨークの銀行が開くのは、**おおむね日本時間で夜11時。ドルの取引が活発になるのは、その時間からです。**

同じようにユーロの取引も、日本の夕方から活発になります。

用語解説　インターバンク市場

インターネットでつながっている銀行間の外国為替市場。外国為替には株式のような取引所はなく、銀行間の相対取引で構成されている。個人投資家は、このインターバンク市場に取引業者を通して参加する。

外国為替市場は24時間開いている

●世界各国の為替取引が行われている時間帯

□冬時間の場合(日本の11月～3月):夏時間ではサマータイム導入国はオープンとクローズが1時間早くなります。

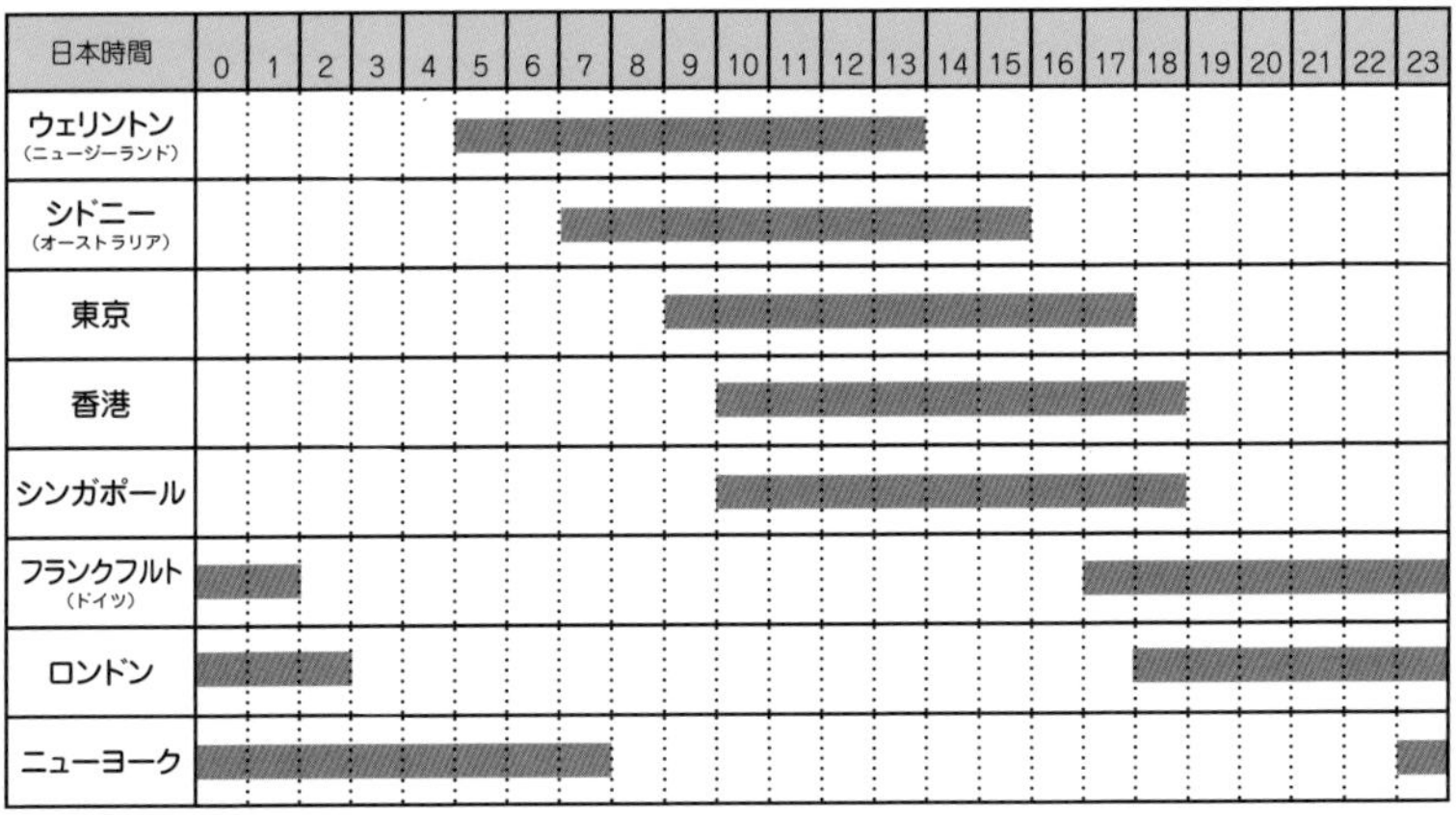
日本時間
0
1
2
3
4
5
6
7
8
9
10
11
12
13
14
15
16
17
18
19
20
21
22
23
ウェリントン (ニュージーランド)
シドニー (オーストラリア)
東京
香港
シンガポール
フランクフルト (ドイツ)
ロンドン
ニューヨーク

※世界でも取引が多いのは、ロンドン、ニューヨーク、東京市場

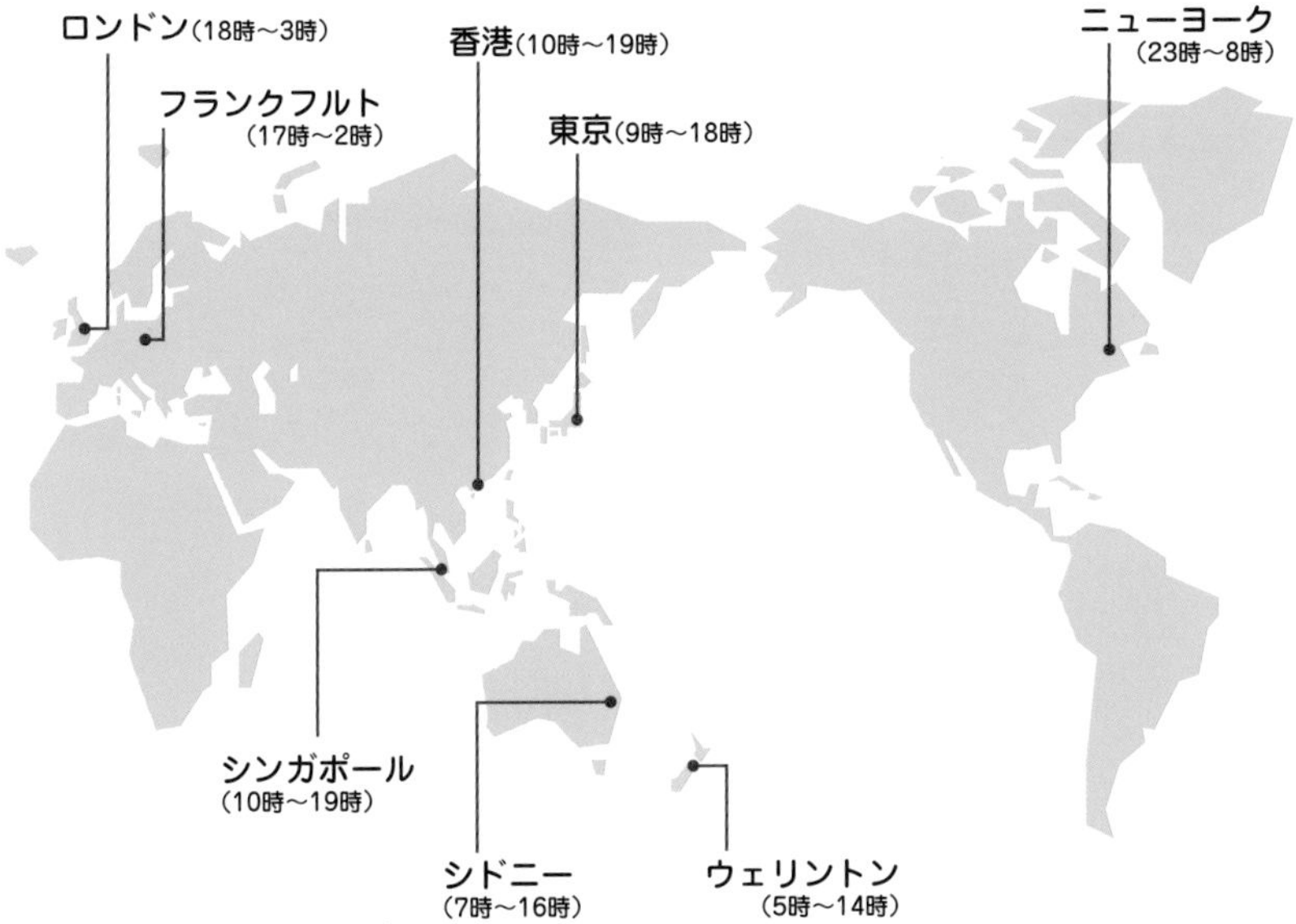
ロンドン(18時～3時)
香港(10時～19時)
ニューヨーク (23時～8時)
フランクフルト (17時～2時)
東京(9時～18時)
シンガポール (10時～19時)
シドニー (7時～16時)
ウェリントン (5時～14時)

株式のように取引時間は定められていない。各都市の市場が活発に取引される時間を示している

10

どんな通貨が取引できるか

約20の通貨を取引できる

▼通貨の特徴を知ったうえで取引する

世界には約２００の国がありますが、**そのすべての国の通貨が取引対象になるわけではありません。**

アメリカ（米ドル）、ユーロ、イギリス（ポンド）など主要国から、トルコ（トルコリラ）、南アフリカ（ランド）など新興国まで、およそ20の通貨が投資対象になります（取引業者によって扱っている通貨数は異なります）。それぞれの通貨の特徴を知ったうえで投資してください。

たとえば、国によって金利も異なるので、「スワップポイント」狙いの投資なら、金利の低い通貨（売り）と金利の高い通貨（買い）を選びます。「為替差益」を狙うなら、レートの安い国（売り）と高い国（買い）の通貨の組み合わせなどがあります。

▼日本円を絡めなくても投資できる

ＦＸは、一つの通貨を買う代わりに一つの通貨を売ることになります。

日本から行う外貨投資なら、ドルを買うときは日本円を売ることになりますが、ＦＸでは、必ずしも日本円を絡めなくてもかまいません。**米ドルとユーロ、というように外貨同士の売り買いもできます。**これを「通貨ペア」といい、「米ドル-円」「ユーロ-ドル」のように通貨を並べてあらわします。

ワンポイント **初心者はどんな通貨から始めたらいいか**

投資先としては、慣れないうちは米ドルやユーロといった、メジャーな通貨から始めたほうが無難。国の状況や為替動向など、ニュースでよく伝えられている通貨のほうが状況をつかみやすい。

おもな通貨の特徴も知っておこう!

●資源国通貨の特徴

- 原油や鉄鉱石といった鉱物資源、あるいは農産物が経済を支えている国の通貨
- コモディティ通貨とも呼ばれ、原油価格や金価格に大きく左右される。すなわち、原油価格が上昇すれば産油国の通貨は上昇し、金価格が上昇すれば産金国の通貨は上昇しやすくなる

【主な資源国】

オーストラリア(豪ドル)……鉄鉱石　石炭　ウラン　小麦などの農産物
ニュージーランド(ニュージーランドドル)……農産物　畜産物
南アフリカ(ランド)……金　ダイヤモンド
カナダ(カナダドル)……石油　天然ガス　金　ウラン

●基軸通貨の特徴

- 国際通貨のなかでも、流通量が多く、貿易の決済で扱われやすい通貨
- 国際金融取引で基準通貨として使われる。経済的なイニシアチブを取る国家の通貨が、基軸通貨となりやすい
- 基軸通貨は時代とともに移り変わっている。1900年代前半まではイギリスのポンドが基軸通貨であった。第二次世界大戦後、米ドルが基軸通貨としての地位を占めているが、将来は人民元が基軸通貨になるとの見方が強い

まずは円とドル、ユーロなど
情報の入りやすい通貨を取引しよう

最近では、ビットコインに代表されるような暗号資産もFXの対象になっています。取引業者によって暗号資産を取引の対象とするか、その種類もまちまちです

※各通貨の特徴については94～97ページを参照

Column

投資の基本①

リスクを軽減させる分散投資

資産運用はリスクを考慮して行うのが原則です。たとえば複数の通貨ペアに資金を分散させておけば、特定の通貨が予想外の動きをして損失を出しても、痛手を軽減できます。これが「**分散投資**」の考え方です。

逆に、一つの取引に資金をつぎ込む方法を「**集中投資**」といいます。成功すればリターンが大きいのですが、思惑が外れたときは大きな損失をこうむることになり危険です。

そもそも、ＦＸ自体がハイリスク・ハイリターンの投資商品です。ゲーム性もあり、ついつい熱中してしまいますが、投資資金をすべてＦＸに集中させるのは避けましょう。

金融商品の組み合わせを「**ポートフォリオ**」といい、「現預金」「有価証券」「不動産」の３つに分けて運用するとよいとされています。

資産のうち「現預金」として保有する額を取り分け、投資に回す資金を割り出したら、さらに「有価証券（株式投資や債券など）」「不動産」など、ＦＸ以外の投資にも振り分けましょう。

分散投資でリスクを軽くする

財産のポートフォリオ
3分割の考え方

リスクを伴う投資をいくつかに分ける

Part 2

FXを注文してみよう

取引するための
準備を整えよう!

First Order

11

取引を始める前に

予算と目標を確認しよう

目的・目標を決めてシナリオを描こう

ＦＸ取引を始める前に、まず「なぜ、この投資を行うか」もう一度、自分の胸に聞いてみましょう。

「老後の生活資金を確保するため」

「自宅の購入資金として」

どんな目的でもかまいませんが、はっきりさせることが大切です。「お金を増やしたい」というだけの動機ではあいまいで戦略が立ちません。

目的が決まったら、「〇万円の資金を、いつまでにどれくらいまで増やす」か、具体的な目標を立てましょう。手持ちの資産からどれだけ投資に回し、その何割をＦＸで運用するのか。どれくらいの期間でいくらまで増やすかのシナリオを描くのです。

売りどきを決めておく

なぜ、目的を持ち、目標を立てることが大事なのでしょうか。それは、**目標から逆算して、投資の「出口戦略」が立てられるからです。**

目標があることで、通貨を購入したあと、いつまでにどれだけの利益が出たら（どれだけ損失をこうむったら）決済するか、あらかじめ決めておきやすくなります。

漠然としたまま購入すると、利益が出てもいつ決済すればいいか判断がつきません。「もっと儲かる」と欲張って売りそこない、せっかく出ていた利益を逃しかねないのです。

ワンポイント　投資の目標の立て方

投資を始めるときの目標は、金額と時期を具体的に定める。目標があれば決済もしやすい。短期で高い利回りを目指すとリスクも高くなるので、ＦＸを始めたばかりなら、「ランチ代を稼ぐ」程度の小さい目標を設定しよう。

目標を立てシナリオを作る

大目標

まずは目的を決める

…結婚資金
…マイホームの頭金など

資金
50万円

期間
5年で達成

目標
300万円

小目標

月々5万円の利益が目標
売却・利益確定
目標を立てておかないといつまでもホールドし続けいずれマイナスに
エントリーしたときにこの取引でいくら利益を出したいか決めておく

取引のしかた

自分に合った取引のしかたを決めよう

▼自分の投資スタイルを決めよう

取引には、いくつかのやり方があります。取引開始から決済までの期間によって、呼び名から手法、使用するツールまで異なってくるので、自分の投資スタイルを確立させることが重要です。

投資スタイルはおおまかに、**取引期間の短い順に「スキャルピング」「デイトレード」「スイングトレード」に分けられます。**

なお、これら投資手法によって、使うチャート（Ｐａｒｔ４参照）の種類も異なります。

「**スキャルピング**」は超短期売買のこと。取引開始から決済まで長くて数分、短ければ数秒という期間の取引です。わずかな利益を積み重ねていくスタンスです。円に換算すれば1回あたり1銭～数銭の利益を狙います。

「**デイトレード**」は、10分程度から長くても1日のうちに決済を終わらせるトレードです。その日のうちに手じまいするトレードで、10銭から1円近くの利益を狙います。

▼長めに保有するスイングトレード

こまめなチャートチェックが難しい職種の場合、スキャルピングやデイトレードは不向きかもしれません。

そういった方には「**スイングトレード**」と呼ばれる手法がおすすめです。2日から1週間ほど保有するため、狙う利幅も大きめで、スワップポイントも期待できます。

ワンポイント　初心者が始めるときに負担を少なくするコツは?

まずはレバレッジを低く抑えて「慣らし運転」からスタート。高金利通貨は、「売り」から入るより「買い」から入りたい。キャピタルゲイン（差益）狙いの投資でも、マイナスのスワップポイントだと、精神的負担になる。

トレードのスタイルを決めよう

自営業で仕事に融通がきくし、一定時間パソコンの前に張り付いて取引できるよ

在宅勤務の合間にチャートチェックできるけど、そればかりには集中できない

職場に携帯を持ち込めないし、仕事中の取引は難しいな

	スキャルピング	デイトレード	スイングトレード
保有期間	数秒～数分	10分～数時間	2日～1週間
目指す利益	1銭～数銭	10銭～1円	50銭以上
トレード回数	1日に数回～数十回	1日に数回	月に数回
スワップポイント	なし	なし	あり
特長	パソコンに張り付いてチャンスがあれば何度でも売買をくり返し、細かな利益を積み重ねる	トレンドを見て購入し、チャートを見ながら売りどきを狙う。その日のうちに手じまいする	為替差益とスワップポイント両方を狙える。こまめにチェックしない分、不測の値動きに備えて、損切・利益確定の発注をしておく

「基本はスイングトレードで、重要指標の発表時はスキャルピング」のように、組み合わせることもできます

13

取引業者の選び方

自分に合った取引業者を選ぼう

▼FX取引業者とは

1998年に新外為法が施行され、それまで銀行だけに認められていた外国為替取引が一般に開放され、数多くの取引業者が参入してきました。

業者にはおよそ ①証券会社系列 ②商社系列 ③商品先物系列 ④独立系 の4タイプがあります。このなかで**自分の投資スタイルにふさわしい業者を選びたいものです。**

選ぶポイントには、

- **手数料はどれくらいか**
- **注文のしかたにはどんな種類があるか**
- **通貨ペア数はどれくらいあるか**
- **スワップポイントの扱い**

などがあります。レバレッジも重要ですが、今は金融庁の規制で、個人取引では最大25倍に制限されており、違いはありません。

▼まずは複数の業者で試す

選択するポイントをチェックし、自分にふさわしい業者を選ぶことが重要です。とはいえ「注文のしかた」（50ページ以降参照）に関しては、自分の投資スタイルが固まらないと判断できません。

そこで、**初めてFXを行うなら、二つ以上の取引業者で口座を開設することをおすすめします**（口座の開設はおおむね無料）。

いくつか試したなかから自分に合ったところを選べばよいでしょう。

用語解説 **通貨単位**

取引単位ともいう。取引を行うとき最低限必要となる売買単位のこと。取引業者によって1万通貨単位、1000通貨単位などがある。1万通貨単位でドルを取引するときは1万ドルが最低の単位。少ない金額で取引したいときは、通貨単位が小さい業者を選ぶようにする。

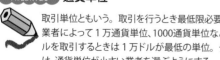

おもな取引業者の概容

最低取引量
※通貨によって異なる場合もある

実質的な取引コスト
（46ページ参照）

取引業者	取引手数料	初回入金額	取引単位	通貨ペア	スプレッド（米ドル-円）	システムトレードの有無
GMOクリック証券	無料	なし	1000通貨	20種類	0.2銭	×
DMM.com証券	無料	なし	10000通貨	20種類	0.2銭	○
外為オンライン	無料	5,000円	1000通貨	26種類	0.9銭	○
外為どっとコム	無料	なし	1000通貨	30種類	0.2銭	×
FXブロードネット	無料	なし	1000通貨	24種類	0.2銭	○
みんなのFX	無料	なし	1000通貨	27種類	0.2銭	×
LION FX	無料	10,000円	1000通貨	51種類	0.2銭	○
FXプライムbyGMO	無料	なし	1000通貨	20種類	0.1銭	○
SBI証券	無料	なし	1000通貨	28種類	0.2銭	×

※内容は変更される場合があるので各社ホームページで確認してください。
（2022年11月現在）

ここにあるスプレッドは取引単位が1通貨の場合。たとえばGMOクリック証券で最低取引単位である1000通貨で取引する場合、0.2銭＝0.002円であるから、1回の取引で20円のスプレッドとなる

口座の作り方

まずは口座を開設しよう

取引はインターネットで行う

ＦＸを始めるにはまず、取引業者に口座を開設しなければなりません。**口座開設の申込みは、おおむねインターネットを使って行います。**

そもそもＦＸ取引はインターネットを通じて行うものなので、ここではインターネットでの口座開設について説明します。

どの業者もほぼ同じやり方ですが、細かい点で若干の違いがあります。これらは各取引業者のホームページ（以下、ＨＰ）で確認してください。

取引したい業者のＨＰを開くと、資料請求や口座開設のフォームがあります。クリックして確認しましょう。申込みフォームには、住所・氏名など必要事項を記し、送信します。

およそ1週間後に申込み用紙や資料などが郵送されてきます。

取引約款やリスク確認書なども送られてくるので、必ず目を通しておきましょう。

申込み用紙に必要事項を書き込み、運転免許証、パスポートなど身分証明書のコピーを同封して返送します。

証拠金を振り込んで取引開始

取引業者の審査にパスすれば指定銀行の通知、取引に必要なパスワードが送られてきます。指定された銀行口座に証拠金を振り込めば、取引を始められます。

ワンポイント　証拠金はどれくらい必要？

ＦＸを始めるにあたって、どのくらい資金が必要なのか？　取引業者によって異なるが、なかには4000～5000円でスタートできるところもある。最低どれだけの通貨単位（40ページ参照）で取引できるかがポイント。

口座開設までの一例

① 取引業者を選定する

FX会社
FX会社

↓

② HPなどから口座開設を申し込む

↓

③ 取引業者から関係書類が郵送される

↓

④ 書類に必要事項を記入して返送

↓

⑤ 取引業者で審査

↓

⑥ 口座の開設が完了

OK!
FX会社

↓ ※パスワードなどの入手

⑦ 証拠金（担保金）を振り込む

10万円

↓

⑧ 取引開始！

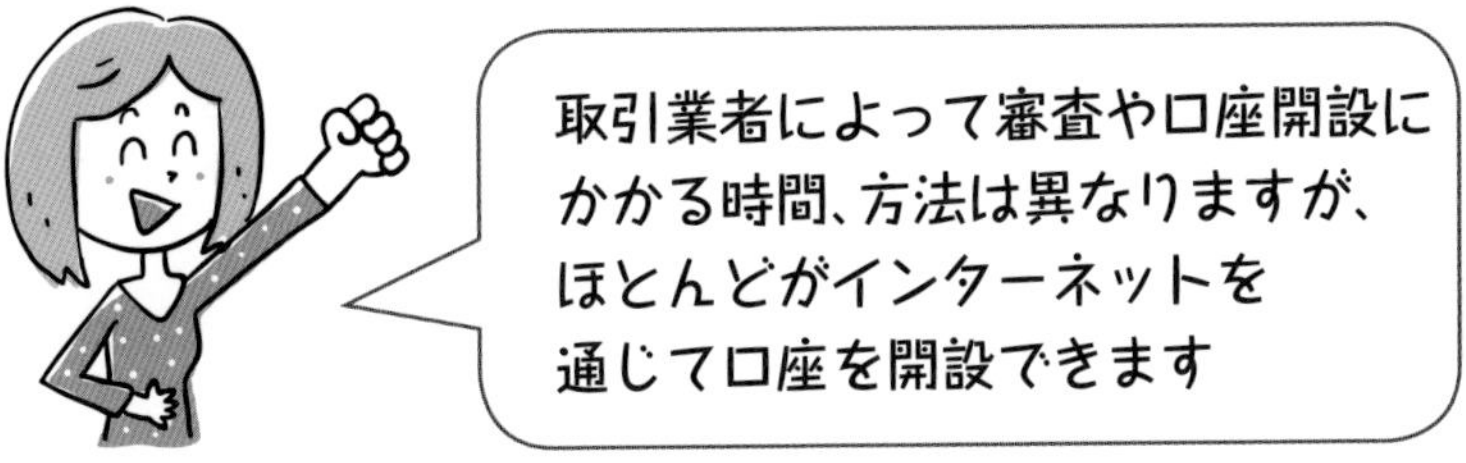
取引業者によって審査や口座開設にかかる時間、方法は異なりますが、ほとんどがインターネットを通じて口座を開設できます

入金のしかた（SBI証券の場合）

　開設した取引口座に投資資金を入金します。インターネットからならＦＸ取引業者が提携している金融機関から入金できます。

　証券総合口座であれば、まず総合口座に入金し、そこからＦＸ専用口座に振り替えます。

　ここでは、銀行口座から総合口座に振り替えて、そこからＦＸ口座に入金する方法を紹介します。

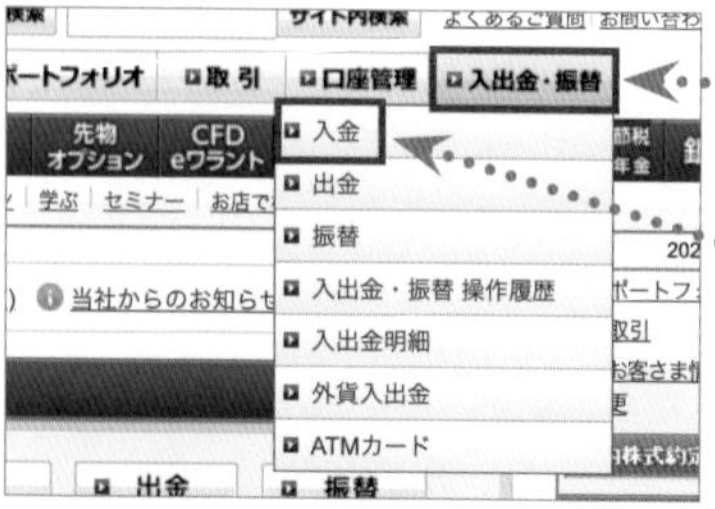

1 上部ツールバーの「入出金・振替」をクリック

2 「入金」をクリック

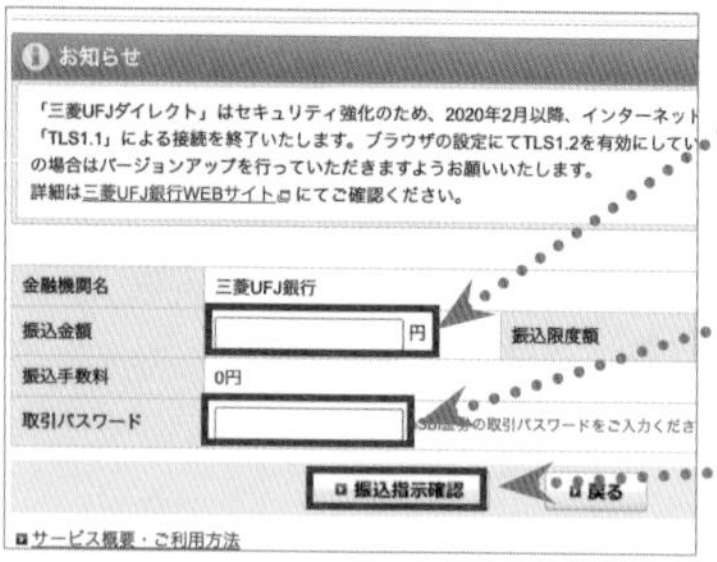

3 入金元の金融機関を選択後（画面が変わる）、振り込む金額を入力する

4 パスワードを入力

5 「振込指示確認」をクリック。振込内容を確認したあと、「振込指示」をクリック

6 次は証券総合口座からＦＸ口座へ。「振替」をクリック

7 振替元「証券総合口座」から振替先「FX口座」を選択

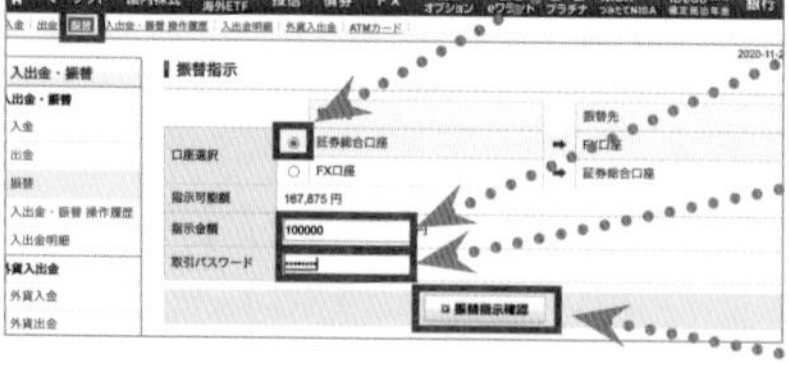

8 入金する金額を入力

9 パスワードを入力

10 「振替指示確認」をクリックし内容に間違いがなければ「振替指示」をクリック

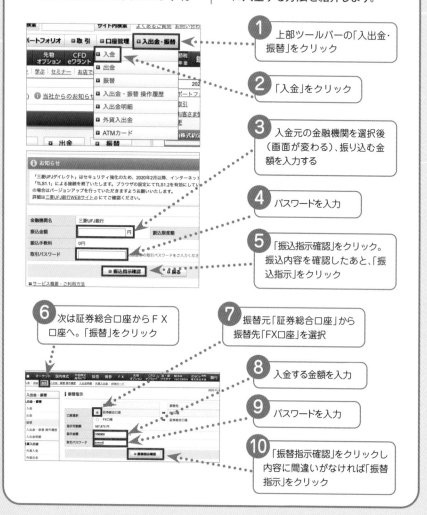

ロスカット率を設定する（SBI証券の場合）

損失が膨らみ、証拠金維持率（22ページ参照）が一定以下になると強制的にロスカットされます。証拠金維持率は、取引業者によって、あらかじめ設定されているケースと、投資家が自ら決められるケースがあります。

なお、ロスカットになる前にマージンコールという警告が発せられます。

1 「レバレッジ設定」をクリック

プライスボード　ディーリングボー　ミニプライスボード　設定

通貨	売(Bid)	買(Ask)	前日比	高値
米ドル-円	103.846 ⌃	103.847 ⌃	0.082	103.900
ユーロ-米ドル	1.18758 ⌃	1.18766 ⌃	-0.00027	1.18783
ユーロ-円	123.325 ⌃	123.330 ⌃	0.068	123.386
トルコリラ-円	13.721 ⌃	13.749 ⌃	0.012	13.763
南アランド-円	6.720 ⌄	6.738 ⌄	-0.017	6.735

※レバレッジ設定画面

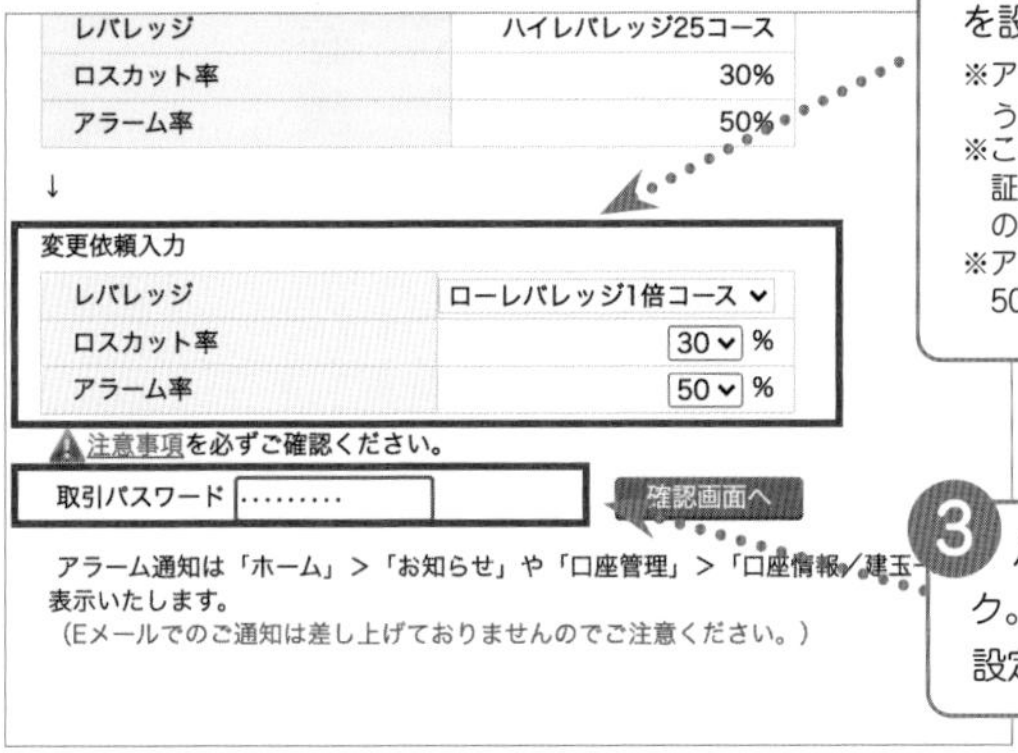

2 レバレッジとロスカット率を設定する

※アラームとは本書の28ページでいう「マージンコール（警告）」のこと
※ここでいうロスカット率30%とは、証拠金の残りが30%になった状態のこと
※アラーム率も同様、証拠金の残りが50%になった状態のこと

3 パスワードを入力しクリック。内容に間違いがなければ、設定を確定する

15

取引画面について

通貨には売値と買値がある

注文方法を知っておく

実際に取引を行う前に、取引画面の見方について知っておかなければなりません。

現在の為替レートや過去の通貨の動き（チャート）の見方など、表示してある項目は何かを覚えましょう（48ページ以降参照）。

また、通貨の価格には**「買値（Ａｓｋ）」と「売値（Ｂｉｄ）」の二つが表示されます。**

この売値と買値の差を「**スプレッド**」といいます。**買値が売値を上回っていますが、この差額が、取引業者が受け取る分（取引コスト）になります（左ページ参照）。**

スプレッドは取引業者によって異なるので注意してください。

投資スタイルを考慮する

取引画面で重要なのが、取引のしかたです。ＦＸには「指値《さしね》注文」「成行《なりゆき》注文」といった基本的な注文方法（50ページ以降参照）のほかに、「逆指値《ぎゃくさしね》」や「ＩＦＤ」「ＯＣＯ」「ＩＦＯ」といった注文方法もあります。

さらに取引業者によっては、便利な取引システムを設定しているところもあります。**自分の投資スタイルにマッチした取引方法を見つけましょう。**

投資家のライフスタイルによっても状況は変わります。ずっとパソコンの画面に張り付いていられる投資家と限られた時間しか売買できない投資家では状況は異なるのです。

用語解説　**pips**

ＦＸで使用される通貨の共通単位。Percentage in Pointの頭文字で、異なる通貨の単位を揃えて、スプレッドや値幅を比較しやすくするために使われる。米ドル－円では0.01円（1銭）、ユーロ－米ドルでは0.0001ドル（0.01セント）。

通貨には売値と買値がある

●通貨には二つの価格がある

たとえばニュースなどでは…

東京市場　円ードル

119円52銭～119円54銭 と表示

↓ 売値　↓ 買値

これを**2wayプライス**という。各FX取引業者が
売りと**買い**の両方の取引価格を提示する。

東京市場　円ードル

119円52銭～119円54銭 と表示

↓ **Bid**（売値）
（取引業者が買う価格）

↓ **Ask**（買値）
（取引業者が売る価格）

この場合、**スプレッドが2銭**といい、FX取引業者の、
いわば「**第2の手数料**」となる。

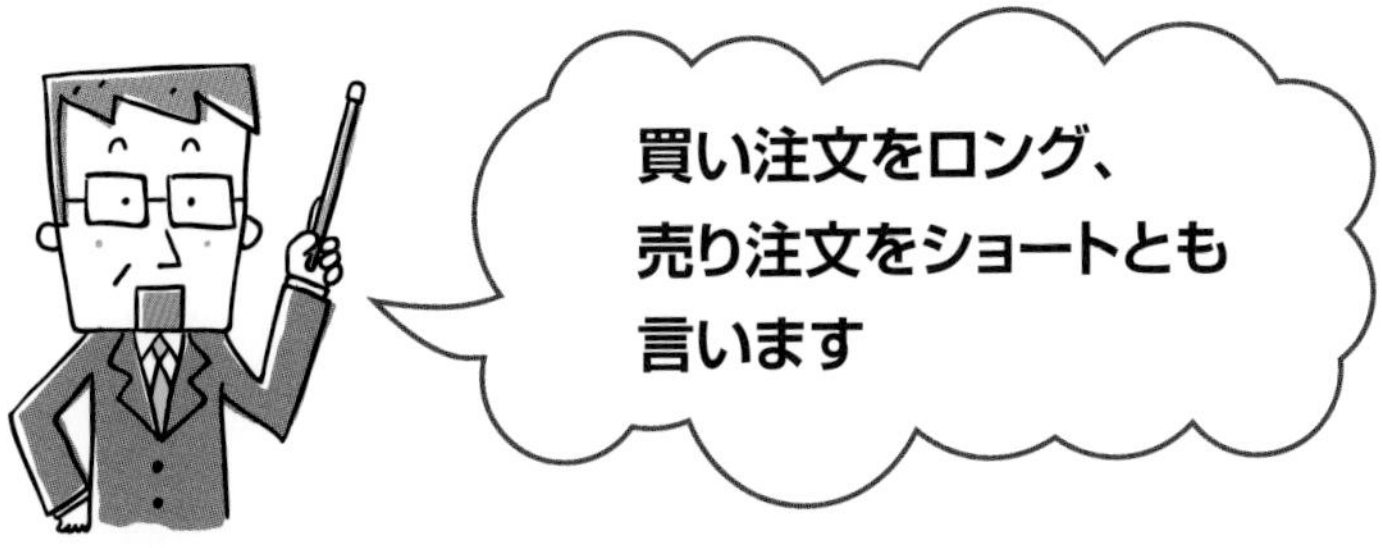
買い注文をロング、
売り注文をショートとも
言います

（SBI証券の場合）

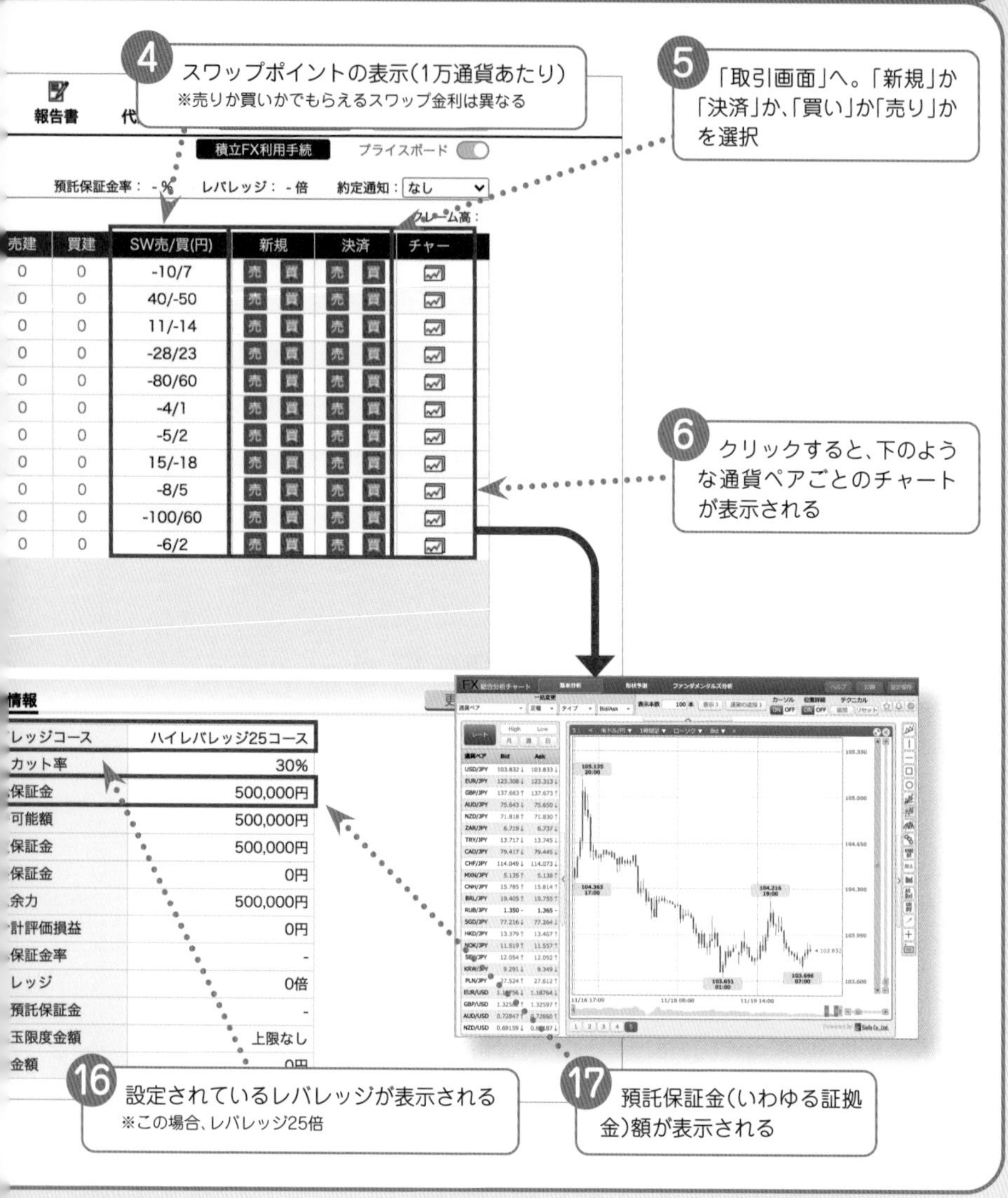

用語解説　建玉《たてぎょく》

ポジションともいう。注文成立のまま未決済になっているもの。売ったままにしている状態を「売建玉」といい、買ったままにしている状態を「買建玉」という。たとえばドルを１万ドル買っている（円を売っている）状況は、「ドルの買建玉を１万ドル持っている」となる。

画面の見方

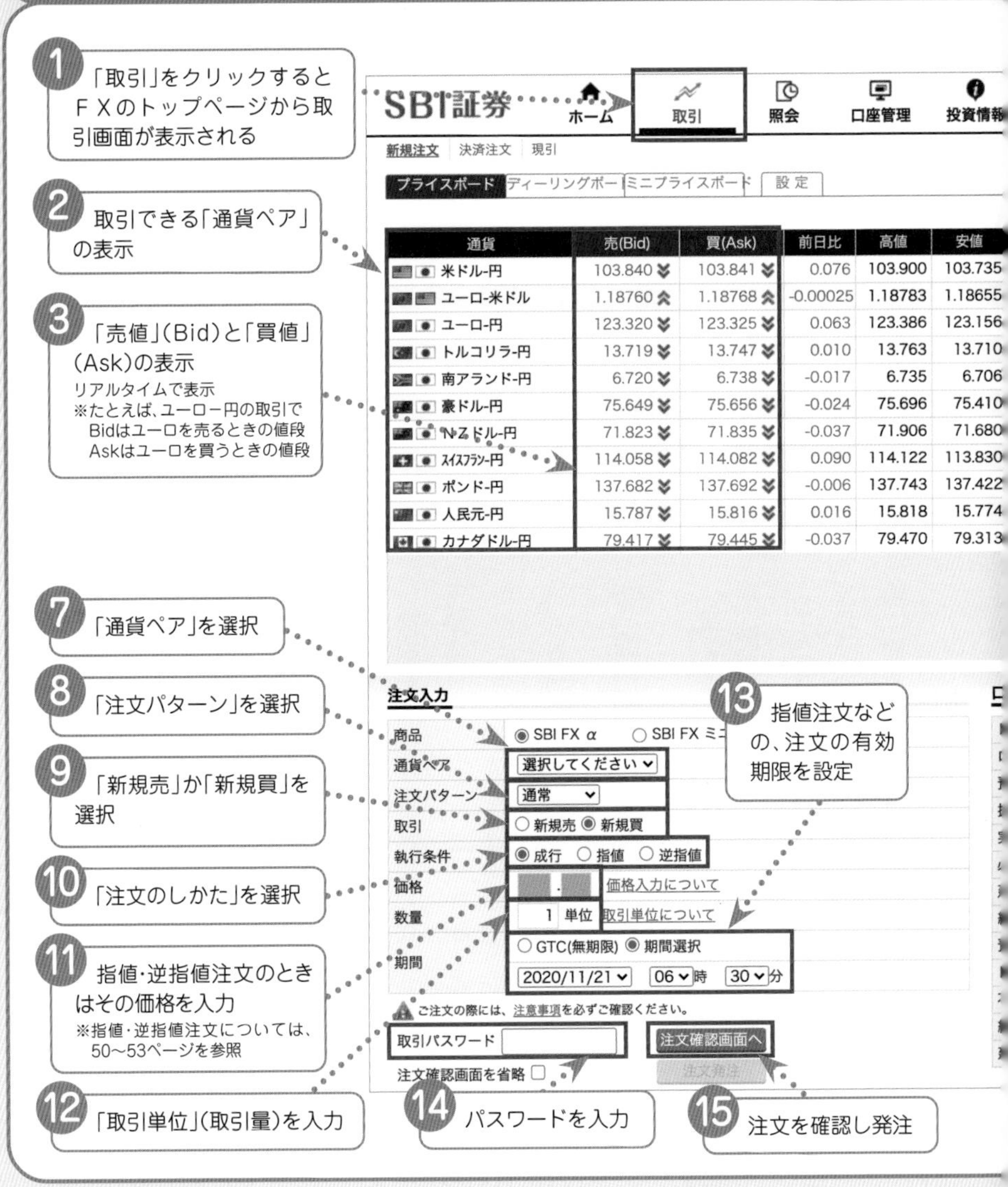

用語解説 仲値《なかね》

銀行など金融機関が顧客と外国通貨の取引を行うときは、あるタイミング(日本の場合は９時55分)でその日の取引レートを決定する。仲値で決まった取引レートは、その日１日適用されるが、仲値から１円以上の変動があったときは、改めて仲値が決められる。

16

注文のしかた①
「指値《さしね》注文」と「成行《なりゆき》注文」

▼注文方法の特徴を知ろう

ここでは基本的な注文方法である「指値注文」と「成行注文」について説明します。

「**指値注文**」とは買いたいレート、売りたいレートを指定する方法です。

たとえばドルを買いたい（円を売りたい）というとき、1ドル＝１１０円50銭だったとします。**「1ドル＝１１０円45銭まで下がったら買ってもいい」と思えば、指値＝１１０円45銭と指定して注文します。**

そして、注文期間内に1ドル＝１１０円45銭の値をつけたら売買は成立します。

「その日のうちに」「1週間」といった、注文期間も指定できます。その間に１１０円45銭の値をつけなければ売買は不成立となります。

これに対し「**成行注文**」は、**注文した時点での価格で売買する方法です**。刻一刻と動く価格を見ながら注文ボタンを押します。

取引業者に注文が届いた時点での価格で売買が成立します。注文が届くまでにわずかながらタイムラグがあるため、思惑とはやや違った価格で**約定《やくじょう》**（注文成立）します。

▼「成行」は相場急変のときに使う

「成行注文」にすれば取引は必ず成立しますが、価格を指定できません。相場が急変して「利益確定を急ぎたい」、あるいは「損切りを急ぎたい」ときに使います。とくに、損失を最小限に抑えるのに有効です。

用語解説　両建て

同じ通貨ペアの買建玉と売建玉を同時に保有すること。値動きの読みづらい指標発表時などに使われることがある。ただし、スプレッドが２倍かかり、含み損を抱えやすいなどリスクも高い。取引業者によっては禁止されている。

「成行注文」と「指値注文」のしくみ

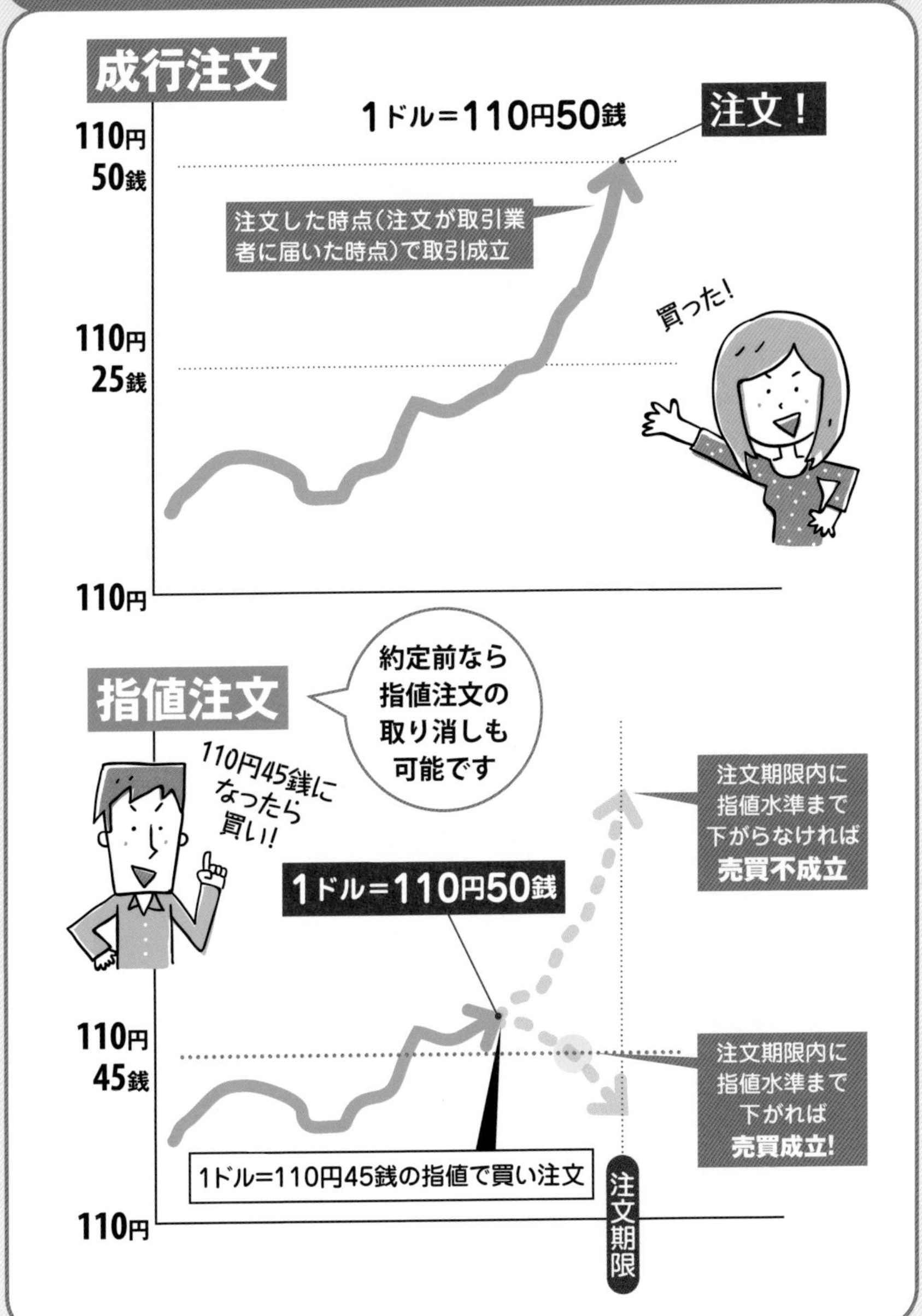
成行注文
1ドル=110円50銭
注文！
110円50銭
注文した時点（注文が取引業者に届いた時点）で取引成立
買った！
110円25銭
110円
指値注文
約定前なら指値注文の取り消しも可能です
110円45銭になったら買い!!
注文期限内に指値水準まで下がらなければ売買不成立
1ドル=110円50銭
110円45銭
注文期限内に指値水準まで下がれば売買成立!
1ドル=110円45銭の指値で買い注文
注文期限
110円

17

注文のしかた②

「逆《ぎゃく》指《さし》値《ね》注文」も有効に使おう

▼「高くなれば買いどき」の秘密

指値注文は「安くなったら買う」「高くなったら売る」という手法です。つまり一定の価格まで下がれば「買う」、一定の価格まで上がれば「売る」ということです。

一方、ここで説明する**「逆指値注文」**は**「高くなったら買う」「安くなったら売る」という注文方法なのです。**

文字どおり指値の「逆」で、「ストップ注文」ともいいます。

たとえば1ドル＝110円のとき、「もし110円10銭をつけたら買い」あるいは「もし109円90銭になったら売り」という注文を出すのです。

「安いときに買ったほうが利益は大きくなるのに?」と思うかもしれません。しかし、「逆指値」にはそれなりのメリットがあるのです。

▼トレンドに沿って取引できる

なぜ、今より高くなったら買いたいと思うのでしょうか。**為替は上昇でも下降でも、一方向に動き出したら、しばらくそのトレンド（122ページ参照）がつづく傾向があります。**

たとえば、この価格まで上がったら上昇トレンドが確認でき、しばらく価格は上がりつづける確率が高いと判断できます。逆に、ここまで下がったらしばらく下がりつづける確率が高い、ともいえます。その判断基準はおもに、Part4のチャート分析で行います。

ワンポイント　指値・逆指値のメリット、デメリット

指値・逆指値はパソコンの前に張り付いていられない投資家には重宝。もしパソコンの前で値動きを常時チェックできるようなら、その動きに合わせて損切り、利益確定決済を行ったほうが、想定外の動きに対応できる。

「逆指値注文」のしくみ

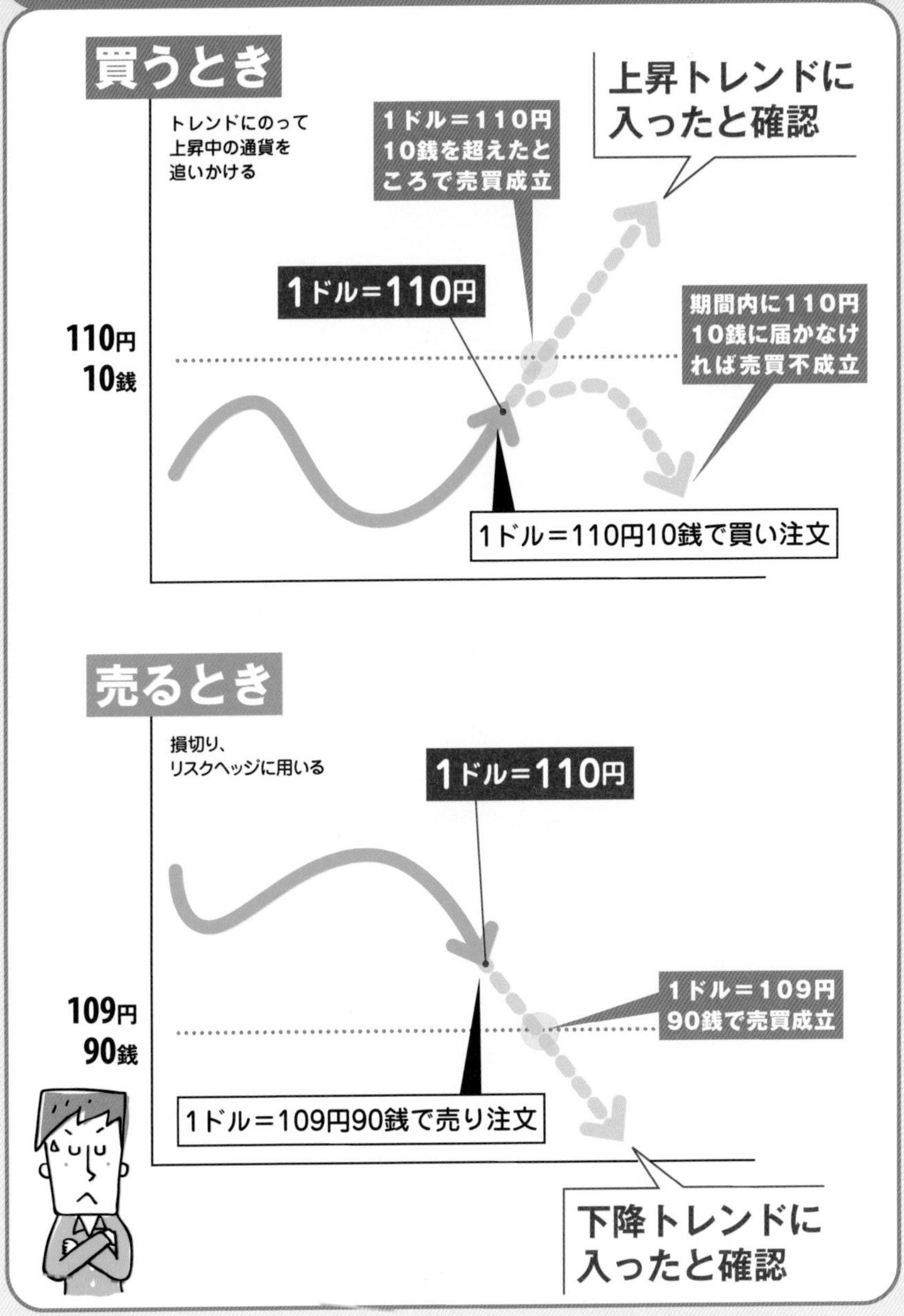
買うとき
トレンドにのって
上昇中の通貨を
追いかける
1ドル＝110円
10銭を超えたと
ころで売買成立
上昇トレンドに
入ったと確認
1ドル＝110円
期間内に110円
10銭に届かなけ
れば売買不成立
110円
10銭
1ドル＝110円10銭で買い注文
売るとき
損切り、
リスクヘッジに用いる
1ドル＝110円
1ドル＝109円
90銭で売買成立
109円
90銭
1ドル＝109円90銭で売り注文
下降トレンドに
入ったと確認

成行注文の手順（SBI証券の場合）

成行注文のケーススタディ

●円を売って米ドルを買う

円を売って1万米ドルを買い

1 ＦＸのトップページから「取引画面」へ

2 「通貨ペア」を選択
※ここでは、「米ドル－円」を選択

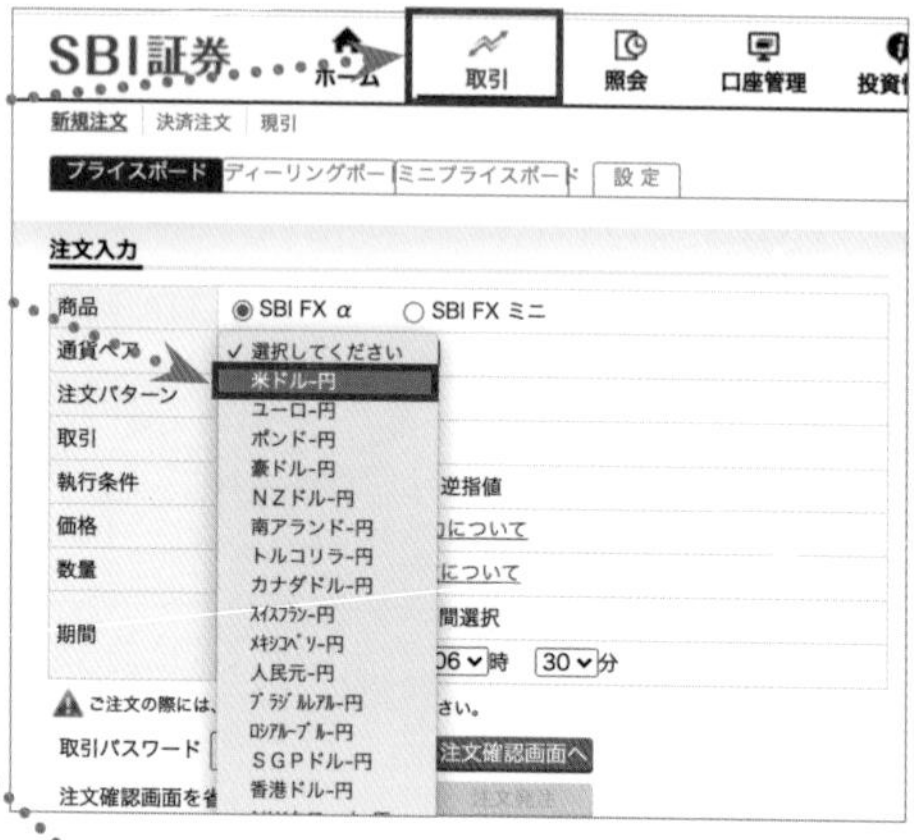

3 「注文パターン」を選択
※この場合、「通常」を選択

4 取引の方法（「買い」か「売り」）を選択
※この場合、「新規買」を選択

5 「執行条件」を選択
※この場合、「成行」を選択。「成行注文」では、下の「価格」は入力しない

6 「注文数」を入力
※この場合、「万」単位。「1」を入力すると1万ドル取引することを示す

7 パスワードを入力して、下の「注文発注」をクリック
※注文内容を確認したいときは、「注文確認画面へ」をクリック

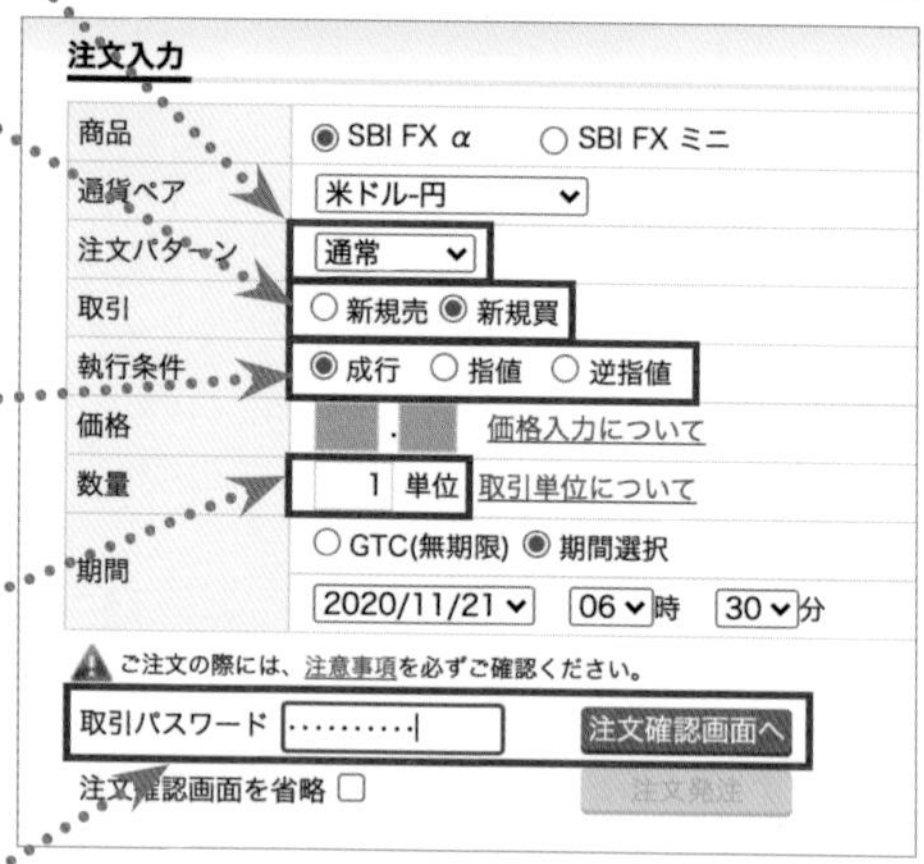

注文数（取引単位）は
取引業者によって異なるが
だいたい1000単位以上から

指値注文の手順(SBI証券の場合)

指値注文のケーススタディ

●円を売って米ドルを買う

取 引 額:1万米ドル

現在のレート:1米ドル＝104円

取引条件:1米ドル＝103円50銭で買い

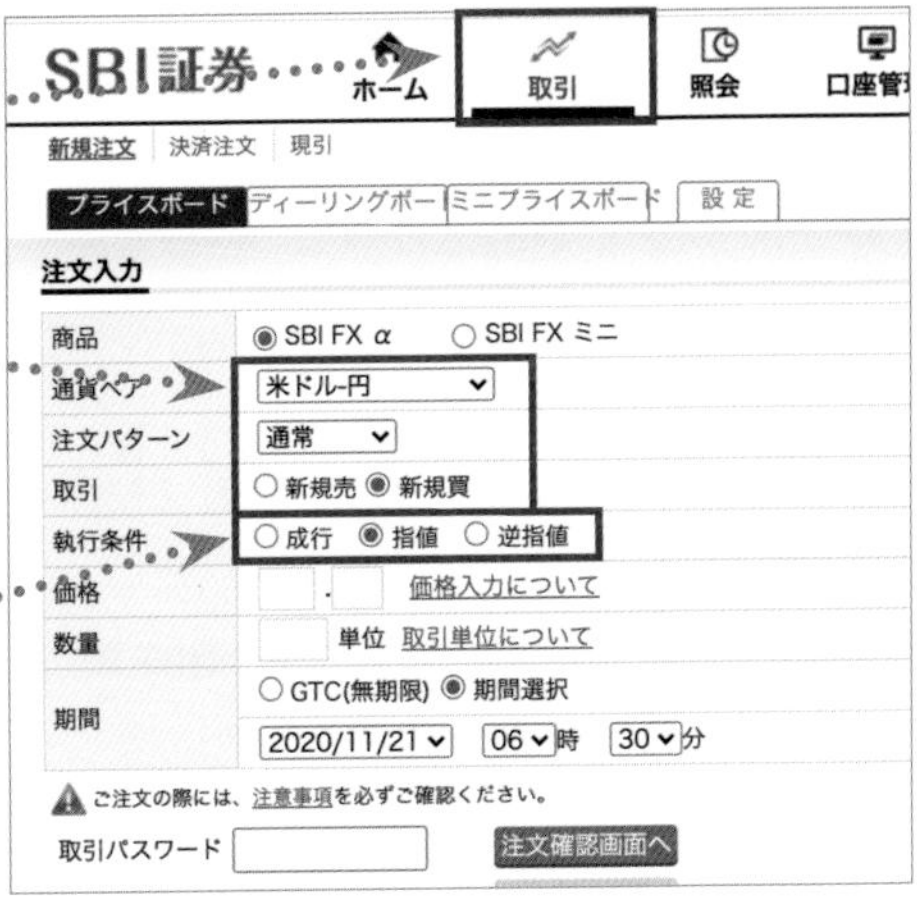

1 FXの「取引」画面へ

2 「通貨ペア」を選択
- 通貨ペア:米ドル－円
- 注文パターン:通常
- 取引:新規買

3 「執行条件」を選択

※ここでは「指値」を選択

※逆指値注文のときは「逆指値」を選択

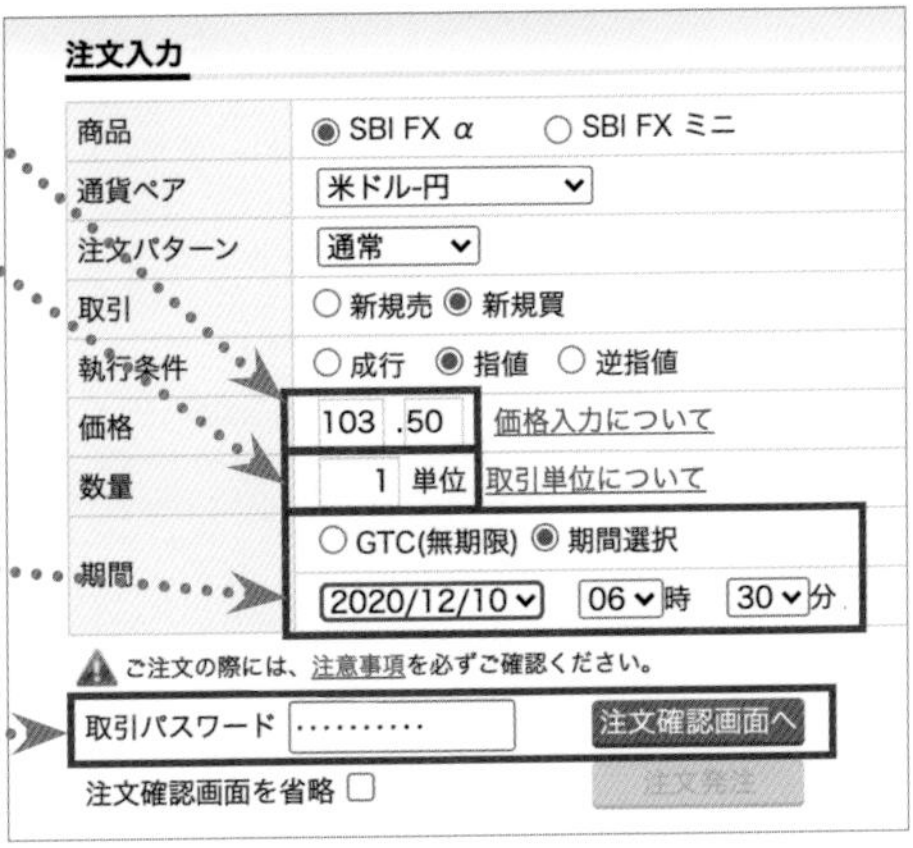

4 「価格」を入力

※この場合、「103円50銭」と入力

5 「注文数」を入力

※この場合、「万」単位。「1」を入力すると1万ドル取引することを示す

6 「取引期限」を指定

※ここにある日時までに、指値で指定した価格にならなければ、取引は不成立

7 パスワードを入力して下の「注文発注」をクリック

※注文内容を確認したいときは、「注文確認画面へ」をクリック

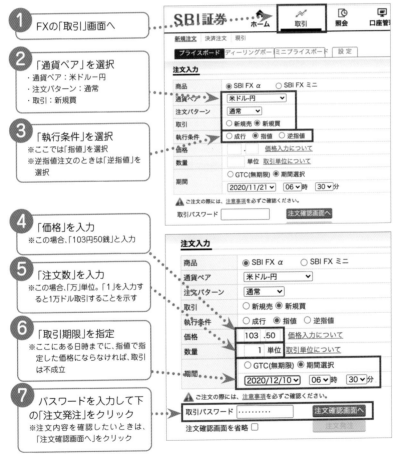

決済注文のしかた

未決済のものは、いつか「利益確定の決済」「損切りの決済」を執行する。
それら決済の手順を紹介

1 「ＦＸ取引」の画面から、建玉《たてぎょく》（未決済のもの）がある通貨の「決済」から、「売」か「買」を選択する

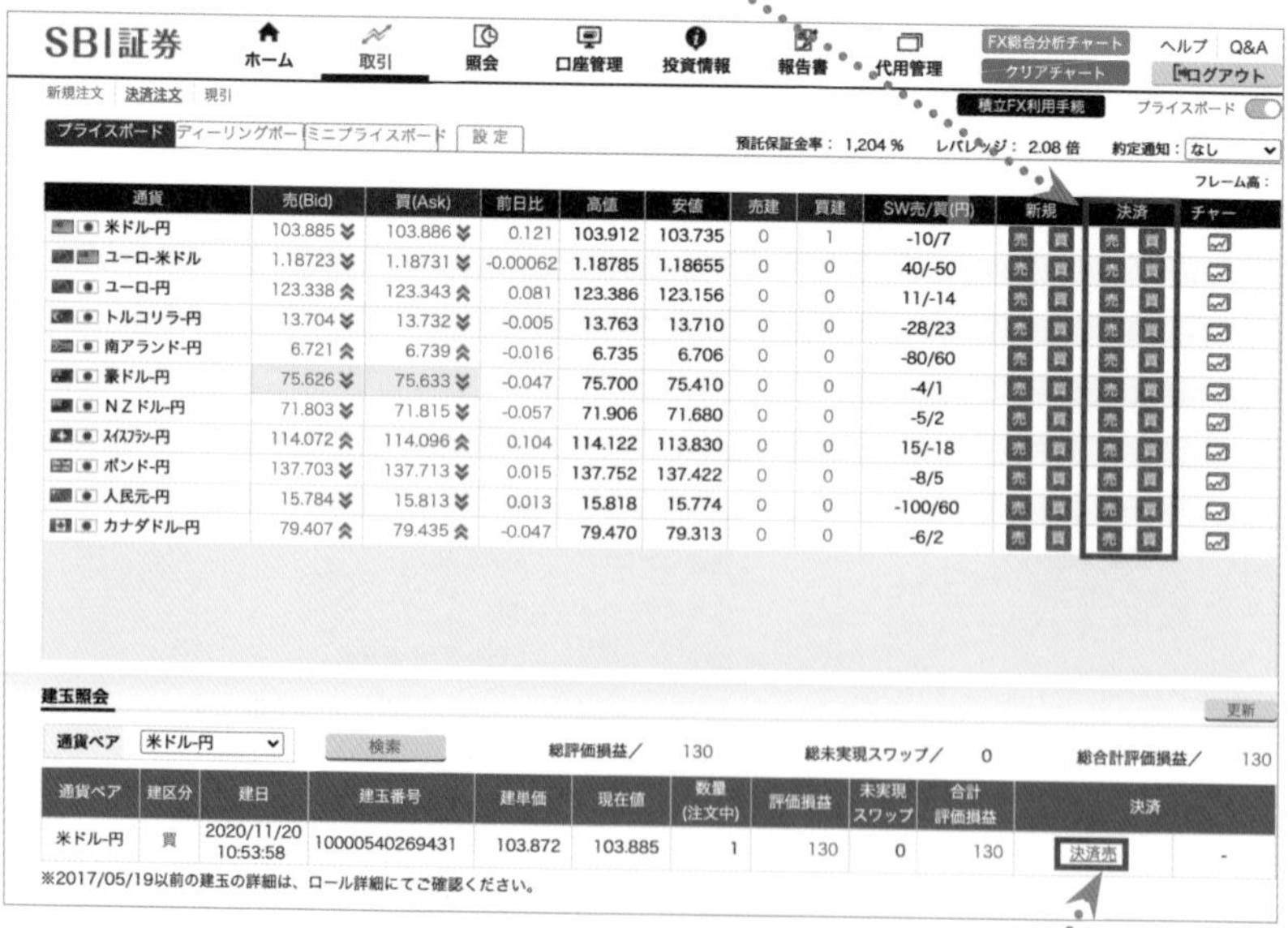

2 「決済売」を選択
（このケースは「ドルの買い建玉」）

決済注文

3 注文パターンは「通常」に設定される

4 「成行」か「指値」「逆指値」を選択する
※「指値」「逆指値」のときは下の「価格」を入力。「成行」のケースは入力しない

5 「決済する数量」を入力する
※この場合「万」単位

6 「指値」「逆指値」の場合は決済期限を入力する

7 パスワードを入力する

8 注文内容を確認したいときにクリック
※注文内容をチェックしない場合は、下の「注文発注」をクリック

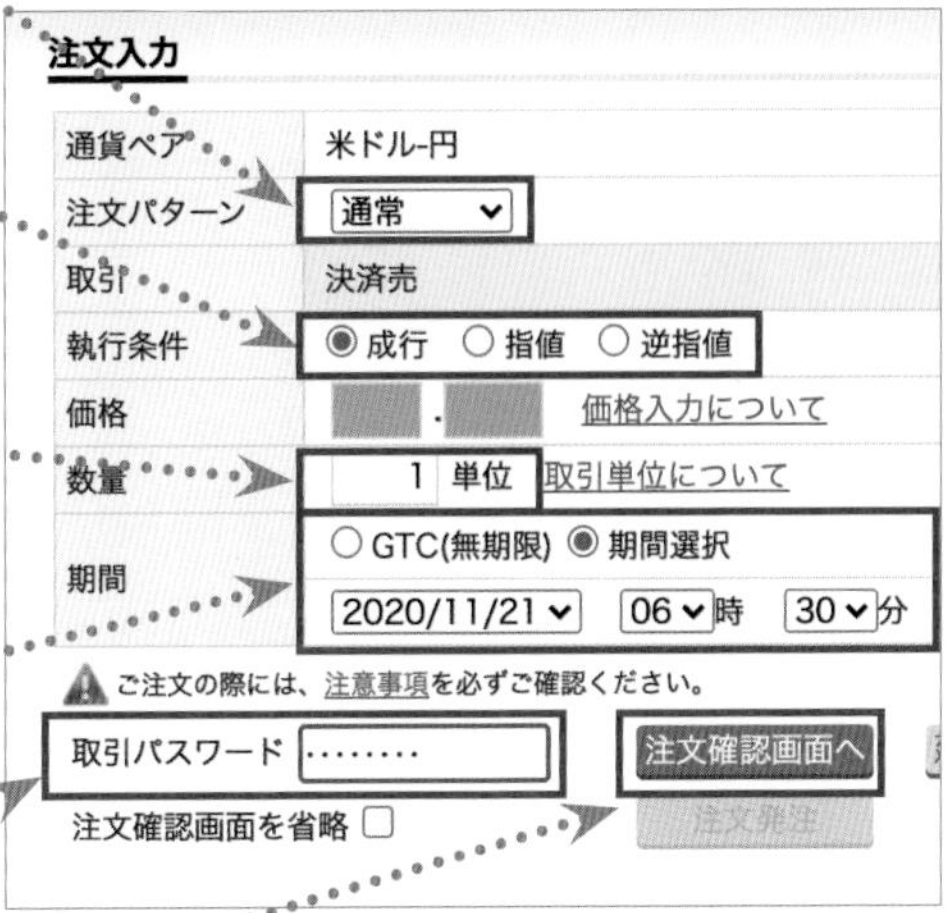

※注文確認画面

注文確認

ご注文内容	
通貨ペア	米ドル-円
注文パターン	通常
取引	決済売
執行条件	成行
参考価格	103.885
数量	1 単位
参考価格提示時間	2020/11/20 11:24:57

建玉指定				
建区分	建日	建単価	数量	未実現スワップ
買建	2020/11/20 10:53:58	103.872	1 単位	0

注文発注　注文入力画面へ戻る

9 注文内容に誤りがあったときは、注文入力画面に戻って入力し直す

10 注文内容を確認したら「注文発注」をクリック

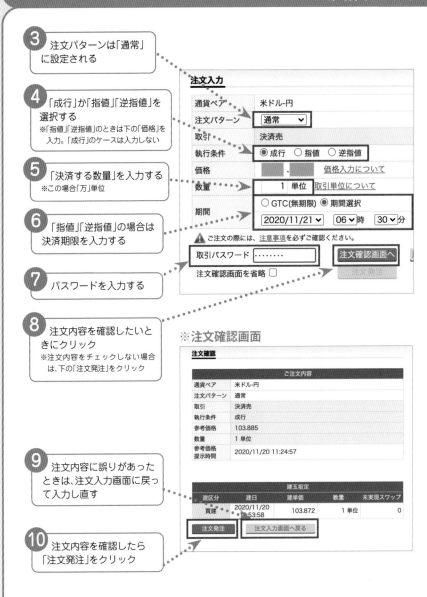

18

便利な注文方法①

「買い」と「売り」が同時に出せる「IFD《イフダン》注文」

自動売買注文とは

為替市場は、24時間開いています。しかし、その間ずっとパソコンの前に張り付いて値動きをチェックしているわけにはいきません。ところが、目を離したすきに相場が急変し、思わぬ損失をこうむることもあります。

それを避けるために「自動売買注文」というテクニックがあります。

あらかじめ売買する為替レートを設定しておくのです。

「指値注文」や「逆指値注文」も自動売買注文ですが、ここで紹介する「**IFD《イフダン》注文**」「**OCO《オーシーオー》注文**」「**IFO《イフダンオーシーオー》注文**」は、指値・逆指値注文を組み合わせたテクニックです。

取引成立と同時に自動的に次の注文

取引が成立したら、次の決済のための注文（反対売買）が自動的にセットされるのが「**IFD注文**」です。

たとえば、1ドル＝120円でドルを買うという注文と同時に、1ドル＝121円になったらドルを売るという注文を出しておきます。

二つ目の反対売買の注文は、最初の注文が成立したときに初めて有効となります。

IFD注文は**利益確定を想定して出しますが、その逆の損切りのときにも使えます。**パソコンの前から離れなければならなくなったときに、大きな損失を避けるためです。

ワンポイント IFD注文のメリット、デメリット

IFD注文のメリットは、ロスカットや利食い売りのチャンスを逃さずに済むことにある。ただし、一つ目の注文と二つ目の注文の間にサプライズ発表があったときなど、状況変化についていけないデメリットも。

一度に「買い」「売り」の注文が出せる

●IFDで利益を確定

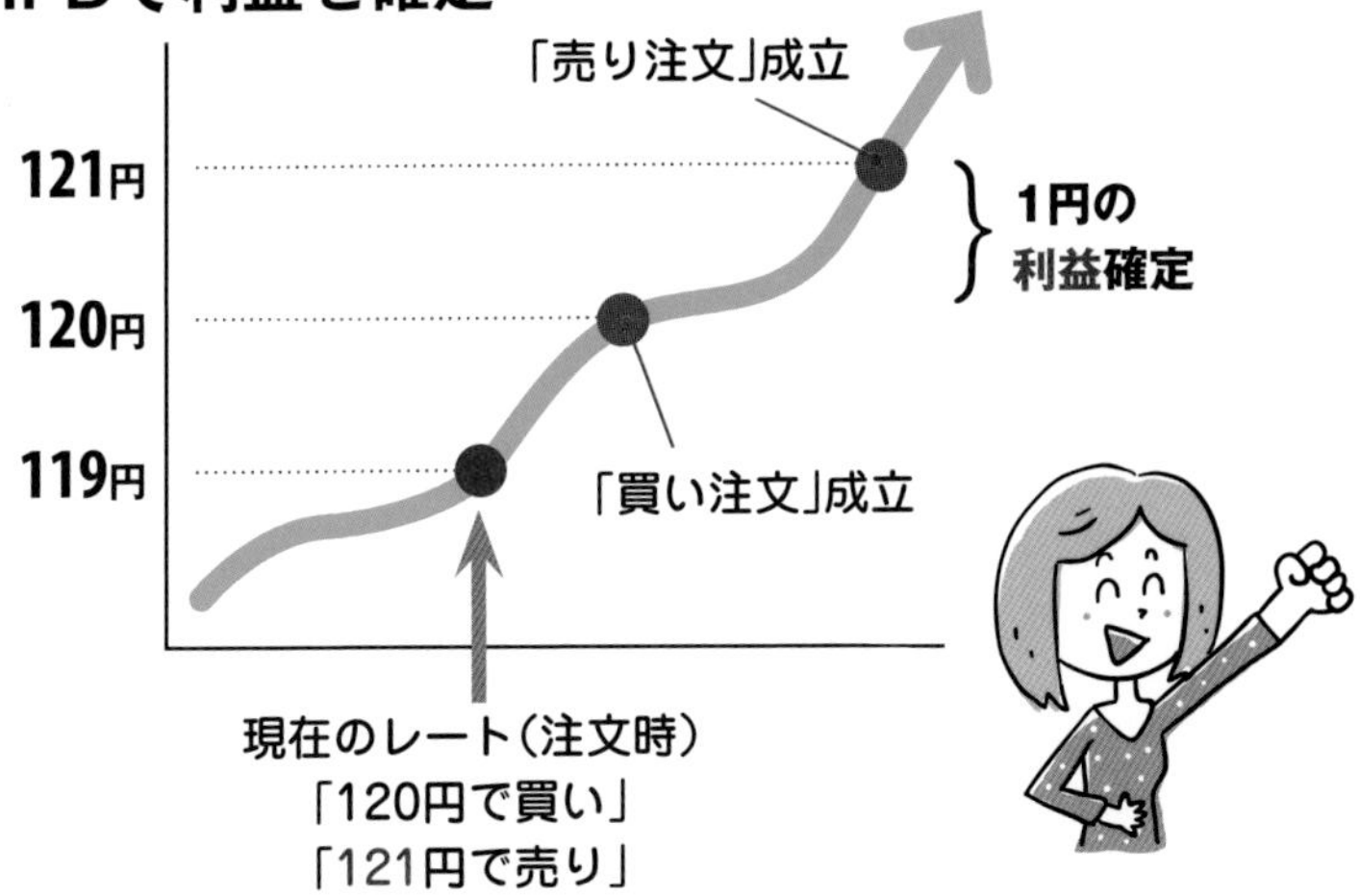

●IFDで損失を限定

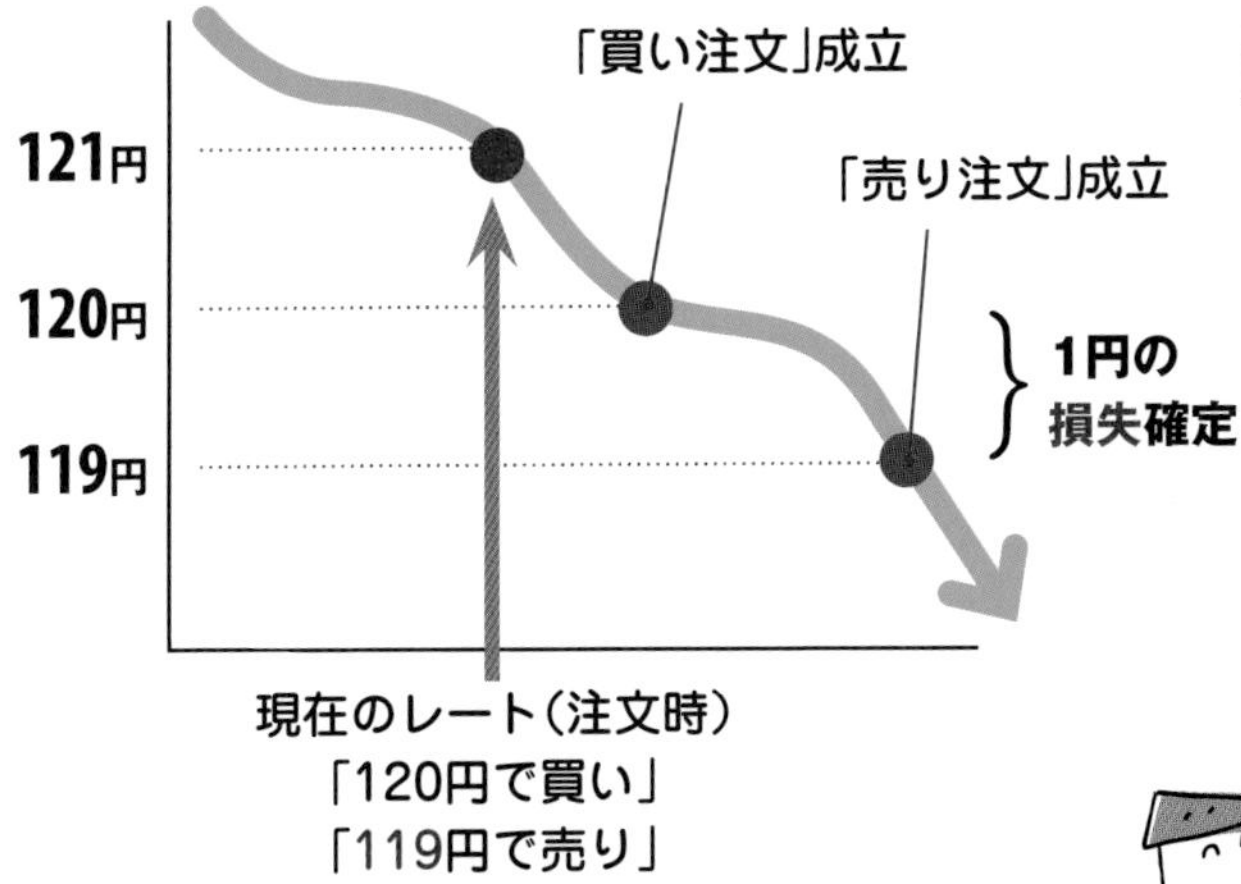

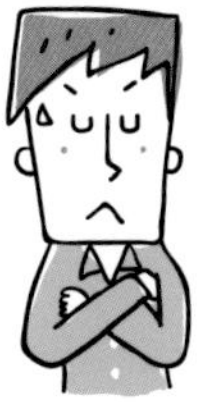

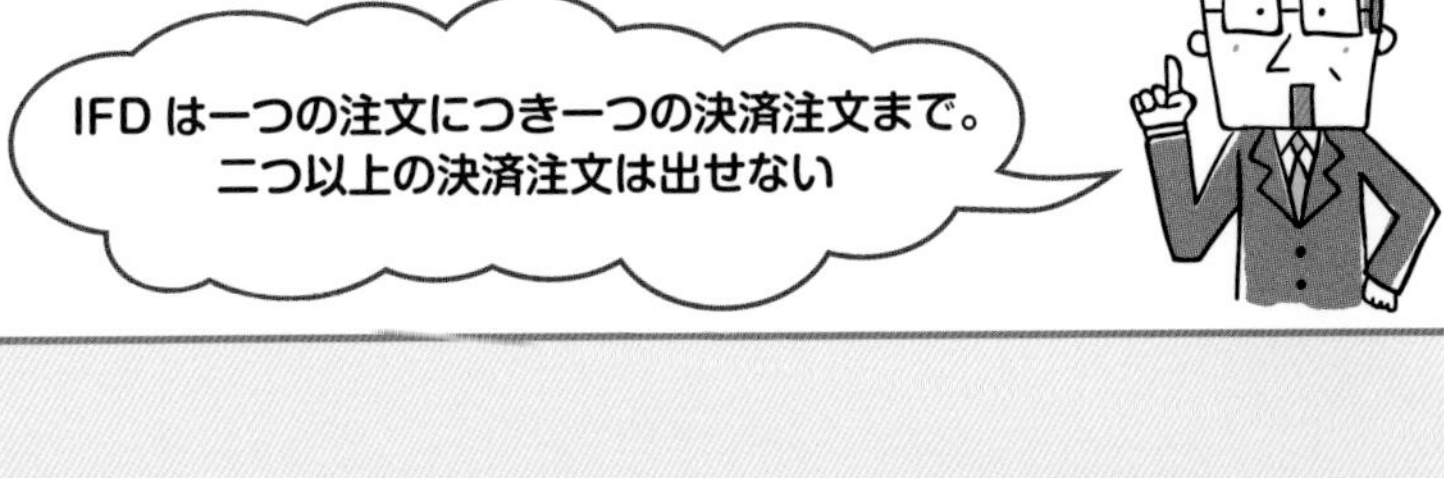

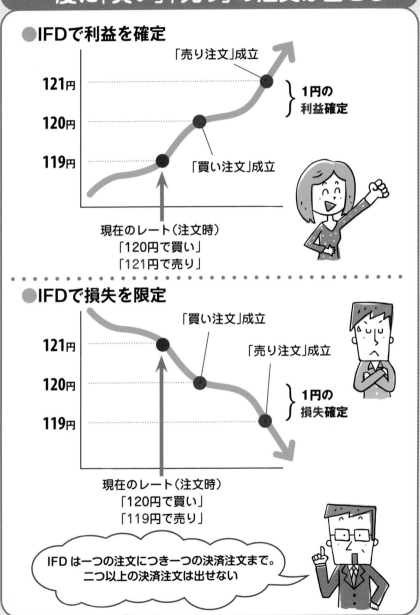

の手順（SBI証券の場合）

●IFD注文のケーススタディ

・取引額：5万米ドル

・現在のレート：1米ドル＝120円

・取引条件：1米ドル＝119円で買い（指値）

1米ドル＝120円50銭で売り（指値）

1 取引画面を開いたら、まず、通貨ペアを選択する

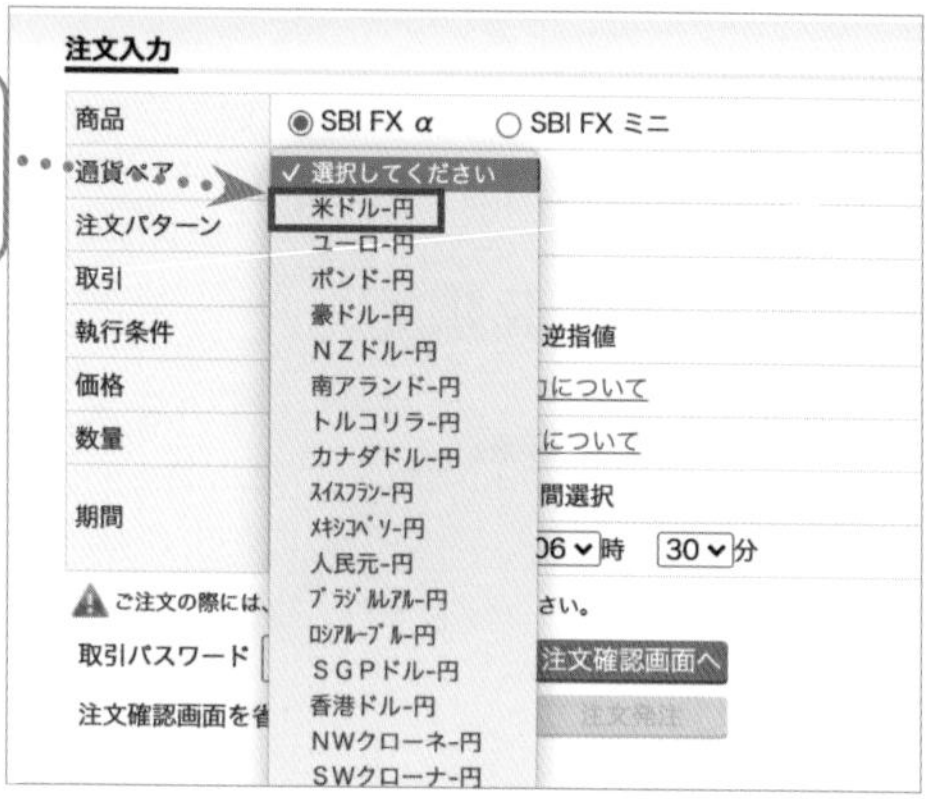

2 注文パターンで「IFD」を選択する

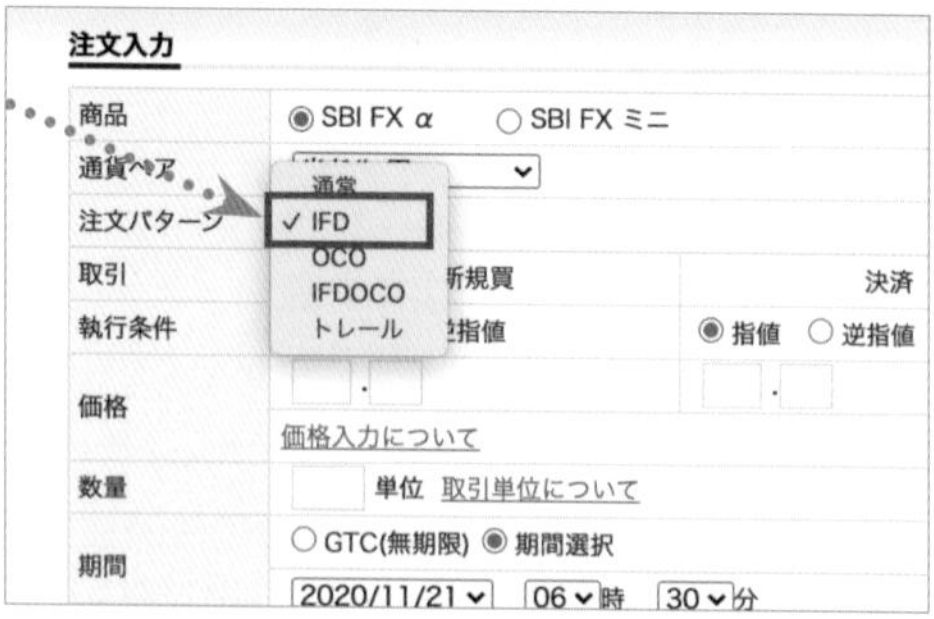

IFD注文

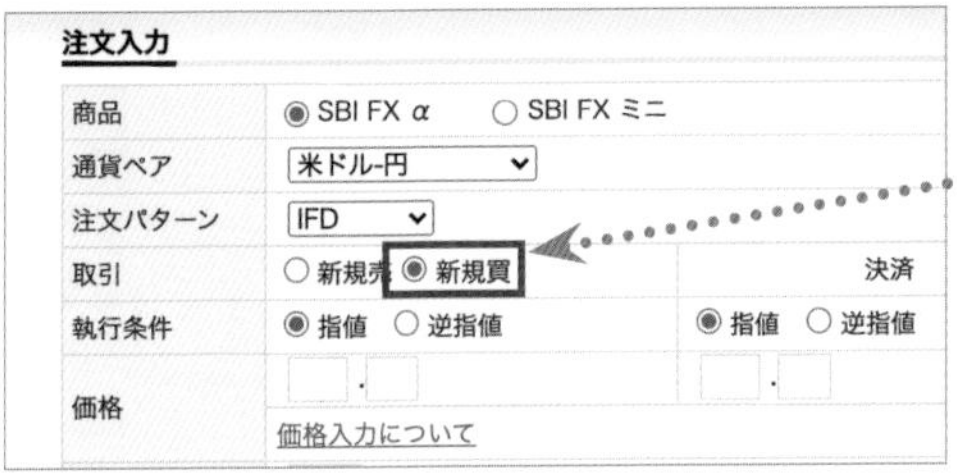

3 「新規買」を選択する

4 「新規」の指値と「決済」の指値の金額を入力する
※ここでは新規119円、決済は120円50銭

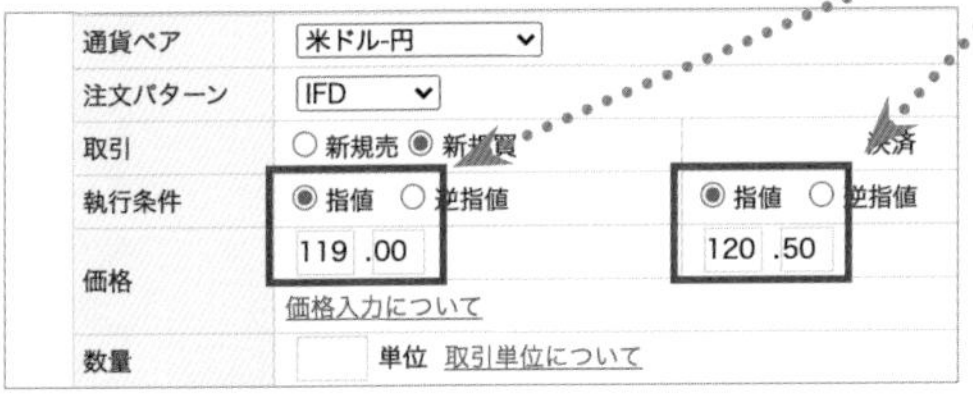

5 注文数を入力する

6 有効期限を入力する

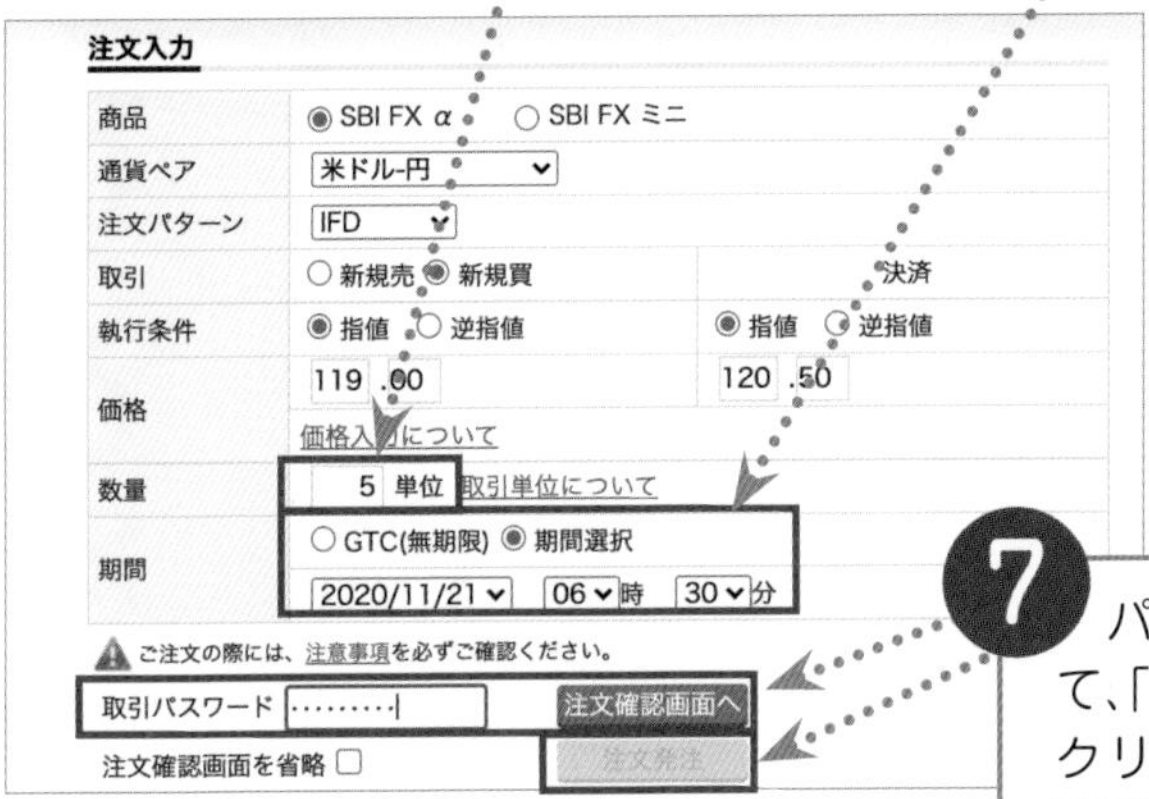

7 パスワードを入力して、「注文確認画面へ」をクリック。注文内容を確認したら「注文発注」をクリック

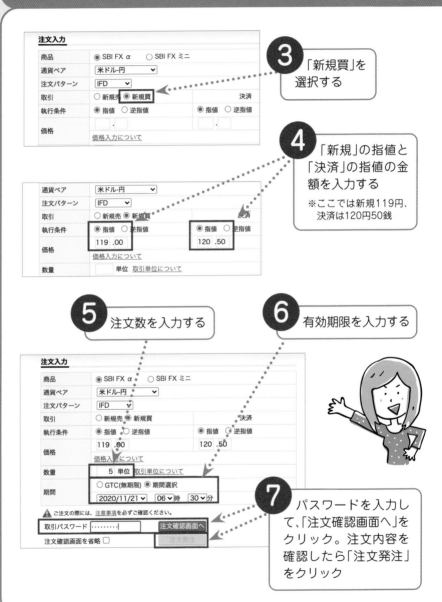

19

便利な注文方法②

一度に二つの注文を出す「OCO《オーシーオー》注文」

▼二つの反対の注文を出す

二つの注文を出して、一方の注文が成立したらもう片方の注文が取り消されるのが、「**OCO注文**」です。

たとえば高い為替レートになったときの「売り注文」、安い為替レートになったときの「売り注文」の二つを出し、先に該当するものが成立するという注文方法です。この二つの注文に優先順位はありません。

たとえば1ドル＝118円で買いポジションがあったとします。

現在、円安が進行して1ドル＝120円になって2円の利益が出ています。今すぐ決済すれば2円の利益確定です。

しかし、円安がさらに進行すれば、進行した分の利益が得られません。

逆に円高になれば、利益が減ってしまう、あるいは損失をこうむってしまいます。

そこで、**「121円の指値の売り注文」「119円の逆指値の売り注文」を同時に出すのです**（前者では3円、後者では1円の利益確定になる）。これが決済注文を二つ出せるOCO注文です。

▼利益確定の値幅を広げるのも手

利益確定と損切りの値幅を同じに設定して、勝率が5割なら収支はトントンです。同じ勝率5割でも、利益確定の値幅を大きくしておけば、利益は出ます。

ワンポイント　**OCO注文のメリット、デメリット**

OCO注文のメリットは、機械的に利益確定・損切りができる点。ただ、想定以上に変動が大きいとき、利益確定の利幅を変える前に、利益確定されかねない。さらに、注文の半分だけといった一部だけの決済注文ができない。

二つの注文のどちらかを成立させる

●二つのシミュレーションを想定する
（ポジションを持っているケース）

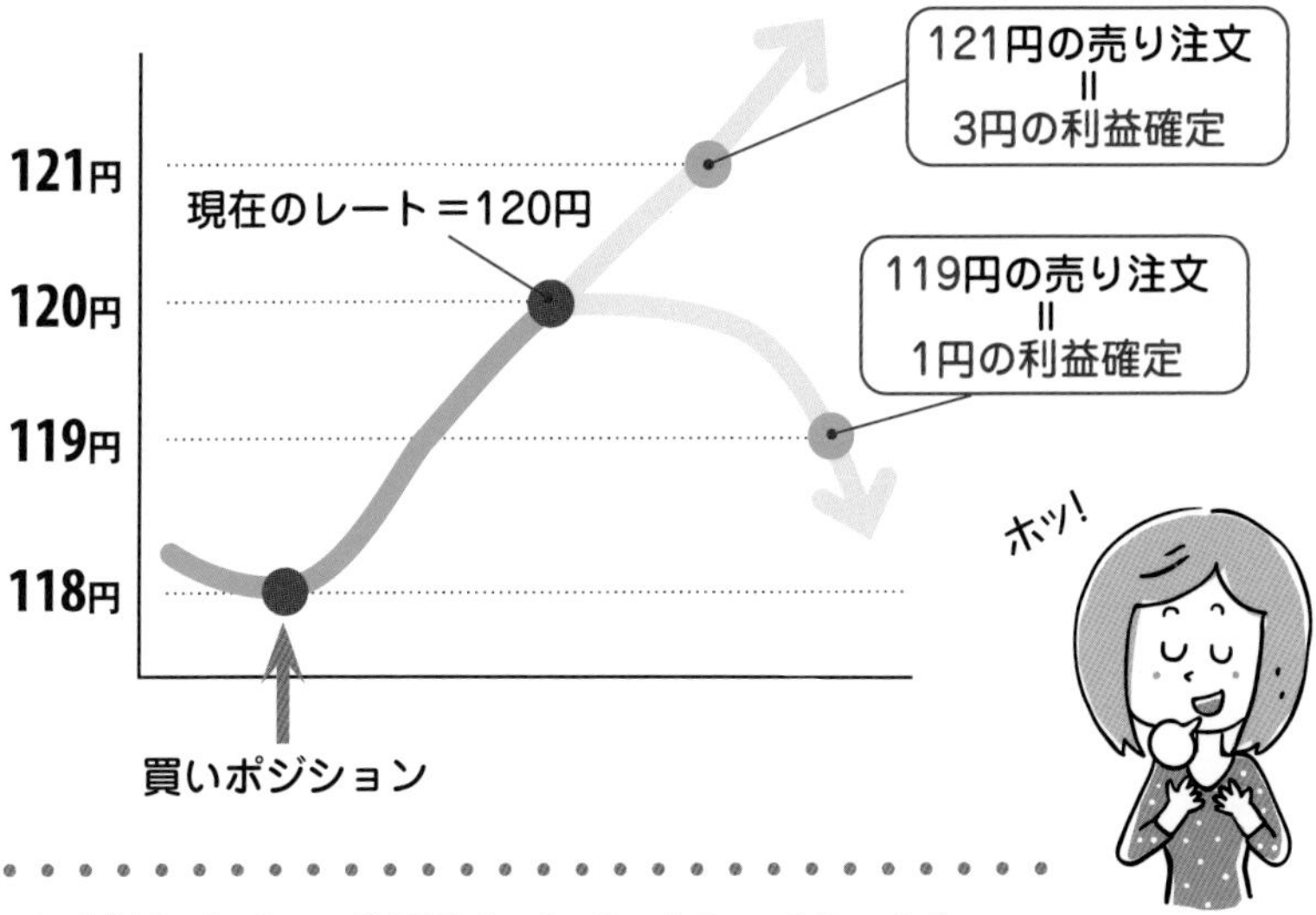

●利益確定の利幅を大きくしておくと……

1ドル＝120円の買いポジション

↗ **122円の売り**注文（利益確定）

↘ **119円の売り**注文（損切り）

10回やって5勝5敗としたら……

勝ち　（122円―120円）×5＝ **10円**………❶

負け　（119円―120円）×5＝ **－5円**………❷

❶❷のトータルで5円の利益

※ポジション：取引に参入後、そのまま維持している状態

の手順（SBI証券の場合）

●OCO注文のケーススタディ

・ポジション：5万米ドル
・買建玉：1米ドル＝120円
・取引条件：1米ドル＝121円で売り（指値）
　　　　　　1米ドル＝119円50銭で売り（逆指値）

1 通貨ペアを選択する

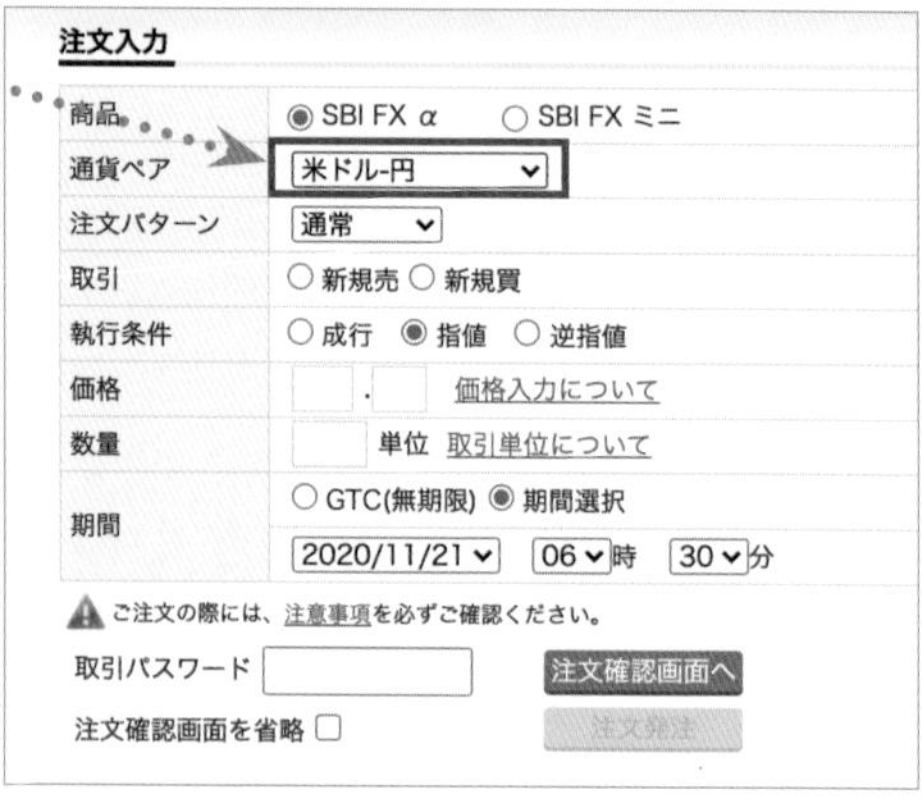

2 取引方法で「OCO」を選択する

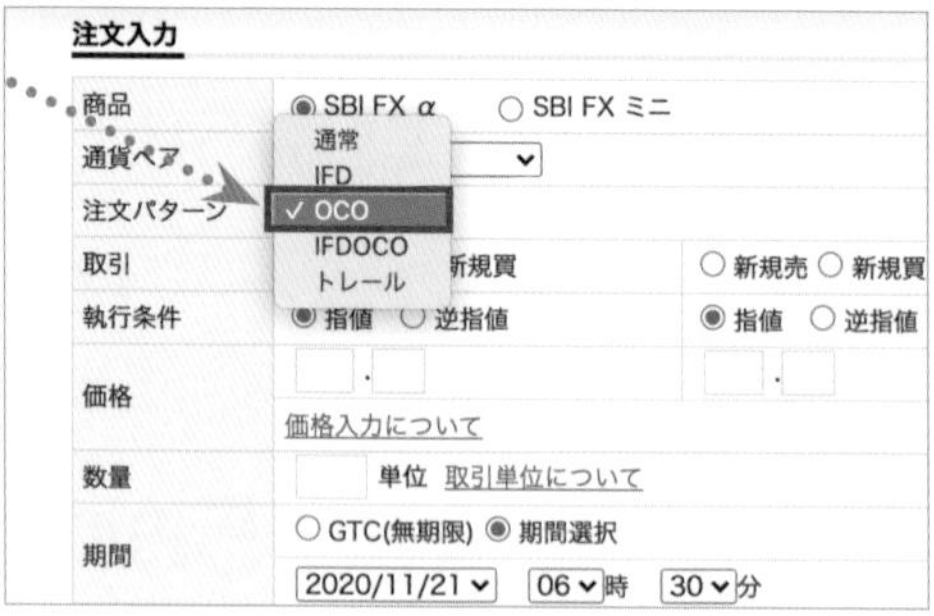

OCO注文

3 「指値」の金額を入力する

4 「逆指値」の金額を入力する

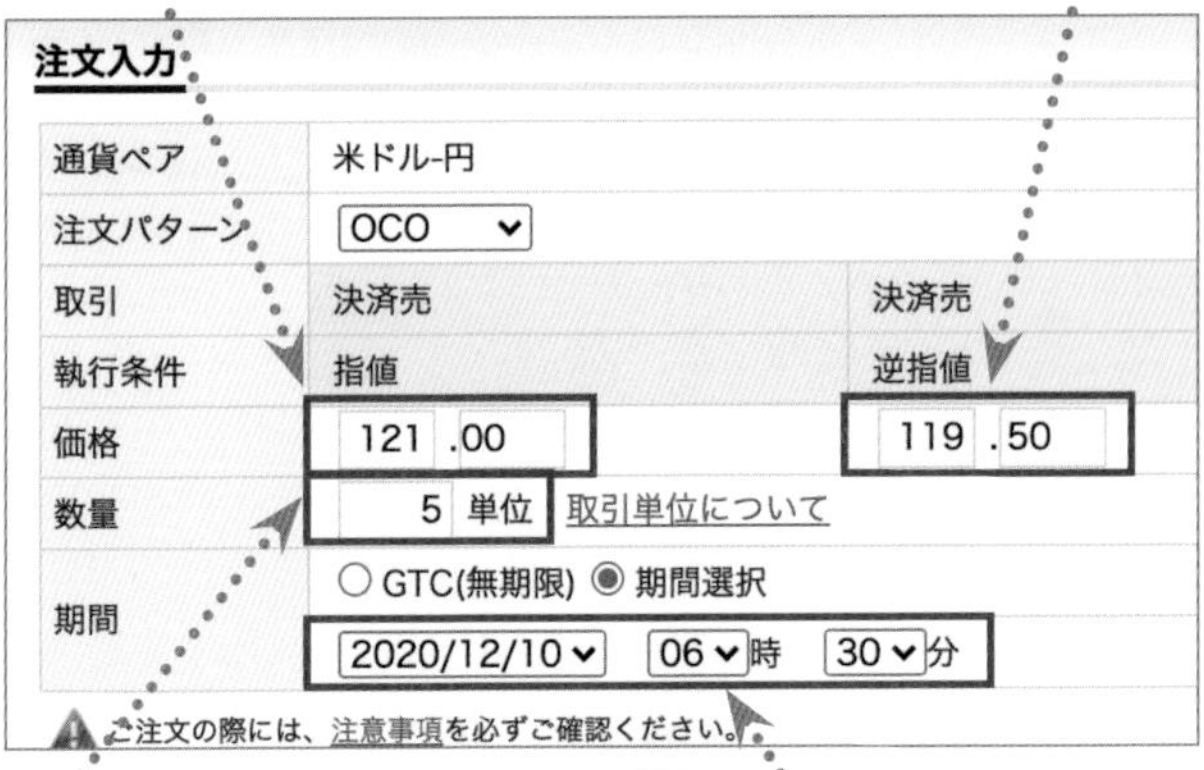

注文入力

通貨ペア	米ドル-円	
注文パターン	OCO	
取引	決済売	決済売
執行条件	指値	逆指値
価格	121 .00	119 .50
数量	5 単位 取引単位について	
期間	○ GTC(無期限) ◉ 期間選択	
	2020/12/10 06 時 30 分	

ご注文の際には、注意事項を必ずご確認ください。

5 注文数を入力する
※この場合、「万」単位

6 有効期限を入力する

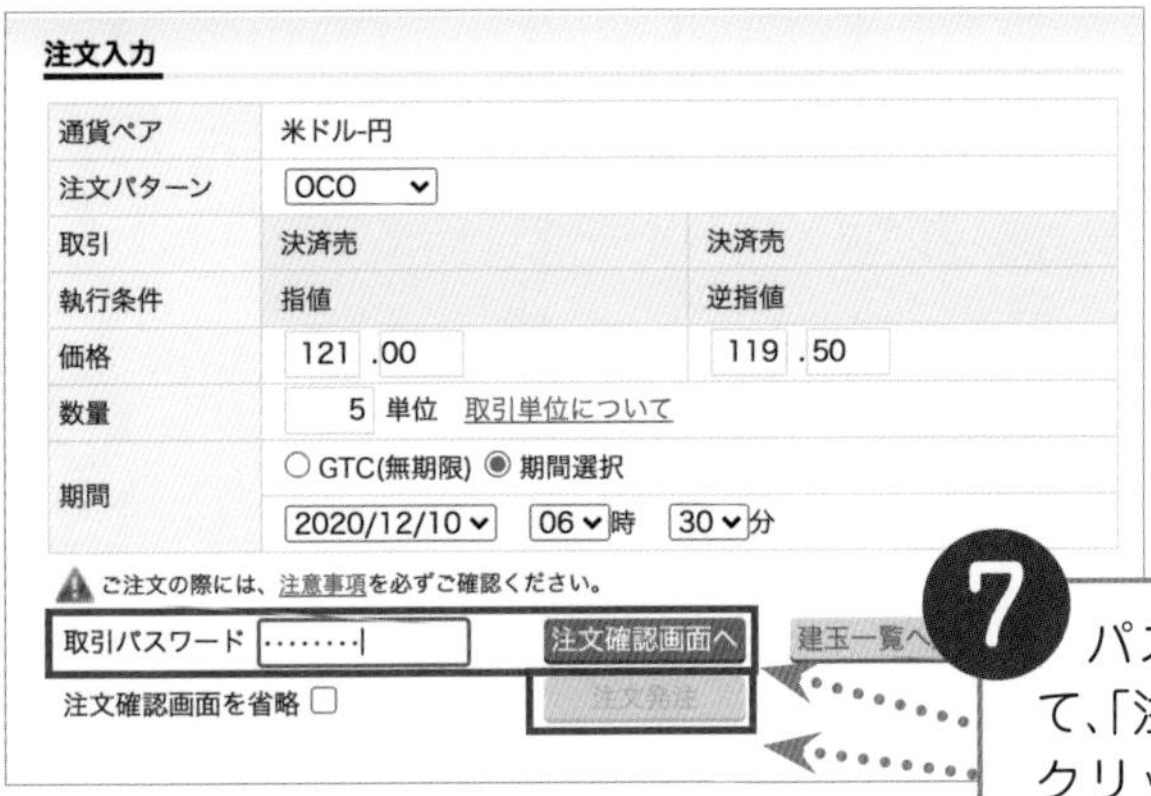

注文入力

通貨ペア	米ドル-円	
注文パターン	OCO	
取引	決済売	決済売
執行条件	指値	逆指値
価格	121 .00	119 .50
数量	5 単位 取引単位について	
期間	○ GTC(無期限) ◉ 期間選択	
	2020/12/10 06 時 30 分	

ご注文の際には、注意事項を必ずご確認ください。

取引パスワード ········ 注文確認画面へ 建玉一覧へ

注文確認画面を省略 □ 注文発注

7 パスワードを入力して、「注文確認画面へ」をクリック。注文内容を確認したら、「注文発注」をクリック

20

便利な注文方法③

IFDとOCOを合わせた「IFO《イフダンオーシーオー》注文」

一度に三つの注文を出す

IFD注文とOCO注文を組み合わせた注文方法が、「**IFO注文**」です。

最初の注文が成立したら、あとは自動的にOCO注文が発動するという注文方法です。

たとえば1ドル＝118円のとき、「1ドル＝117円で買い」という注文を出します。この注文が成立したときに、次のOCO注文が自動的に発動されるように設定します。

つまり、「1ドル＝119円で売り」という**利益確定の注文**と「1ドル＝116円で売り」という**損切りの注文**を同時に出せるのがIFO注文の特徴です（どちらかが成立したら、もう一方は不成立）。一度で「新規」「利益確定」「損切り」と、三つの注文ができるというスグレモノです。

投資スタイルに合わせて使おう！

これらは、しくみさえわかれば、常時、為替の動きをチェックできない投資家には、ありがたい注文ツールといえます。

しかし**注意したいのは、取引業者によって取り扱っている注文方法が異なるという点です**。

これまで紹介した三つの自動売買は、たいていの取引業者で取り扱っていますが、さらにもっと複雑な注文方法を取り扱っている業者もあります。投資スタイルに合った方法を選択しましょう。

用語解説　トレール注文

利益確定や損切りの逆指値注文に値幅指定を追加する注文。値動きに合わせて逆指値価格が自動的に有利な方向へ移動する。最も有利に動いた値から指定した値幅ぶん不利に動くと決済される。チャートを常時チェックできないときに便利。

三つの注文が同時に出せるIFO注文

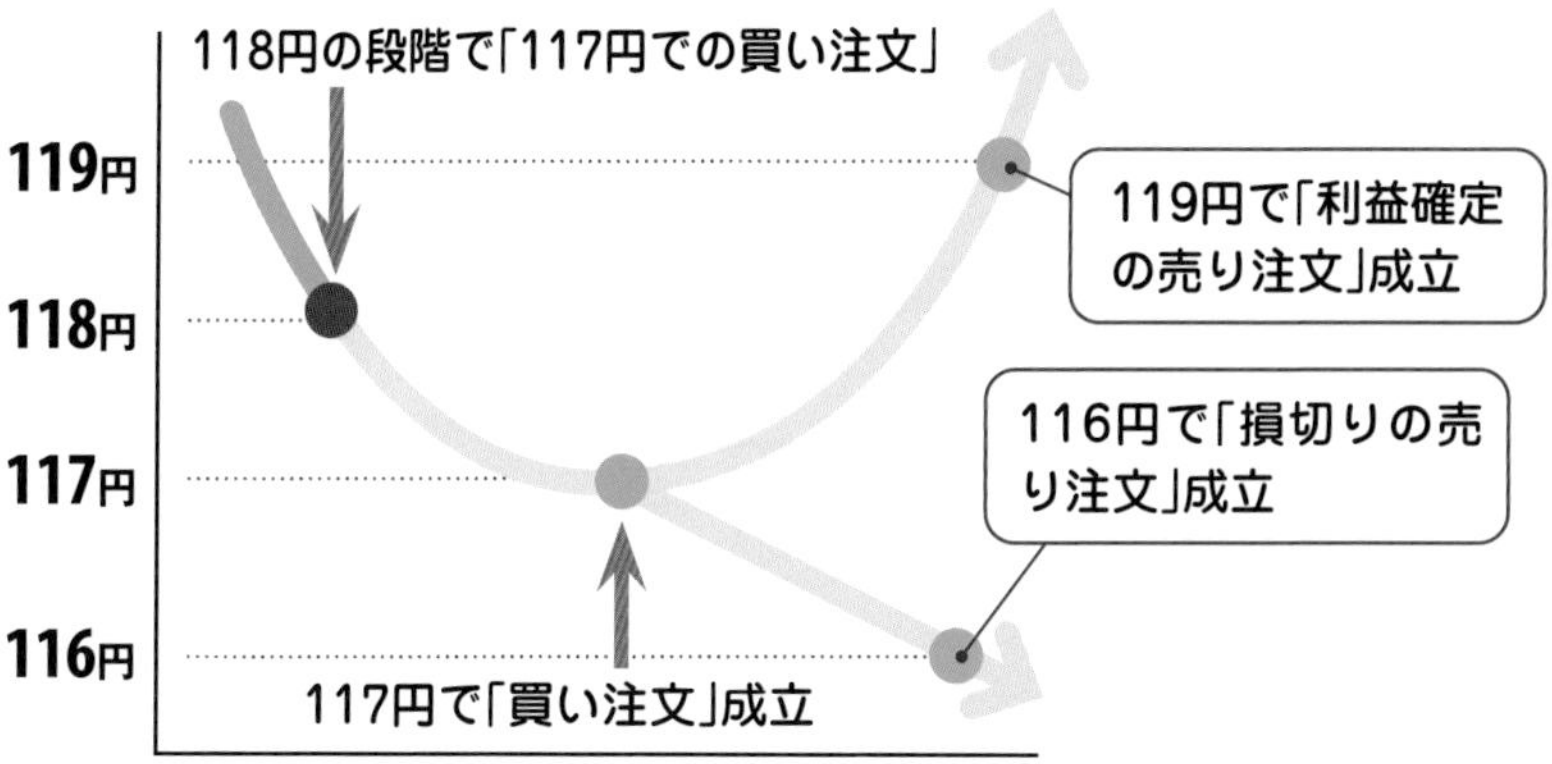

上記のIFO注文の内訳はこうなる！

❶1ドル=117円で1万ドル買い

⬇

❷1ドル=119円になったら売り　→　利益確定売り
❸1ドル=116円になったら売り　→　損切り売り

❶1ドル＝117円
117（円）×10,000（ドル）＝1,170,000（円）

❷1ドル＝119円では……
119（円）×10,000（ドル）＝1,190,000（円）
1,190,000（円）－1,170,000（円）=20,000（円）
……**2万円の利益確定**

❸1ドル＝116円では……
116（円）×10,000（ドル）＝1,160,000（円）
1,160,000（円）－1,170,000（円）＝－10,000（円）
……**1万円の損切り**

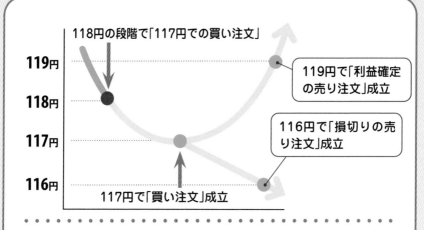

の手順（SBI証券の場合）

●IFO注文のケーススタディ

・取引額：5万米ドル

・現在のレート：1米ドル＝120円50銭

・取引条件：1米ドル＝120円で買い（指値）

1米ドル＝121円で売り（利益確定の指値）

もしくは

1米ドル＝119円50銭で売り（損切りの逆指値）

1 通貨ペアを選択する

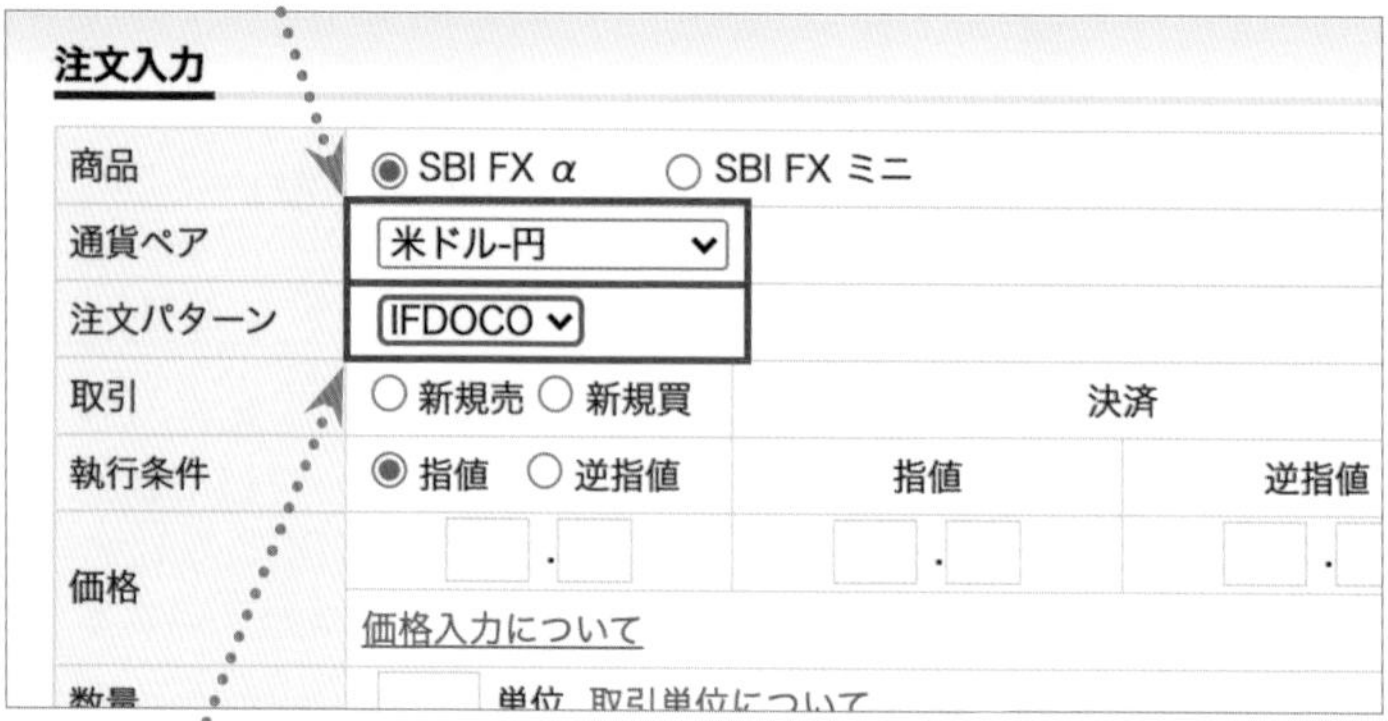

2 取引方法で「IFO」を選択する

※ここでは、IFDOCO

IFO注文

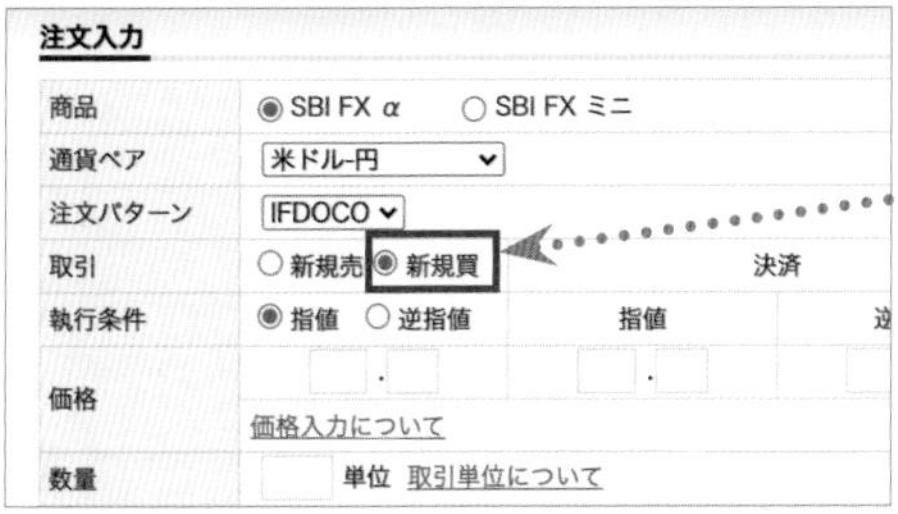

3 「新規買」を選択する

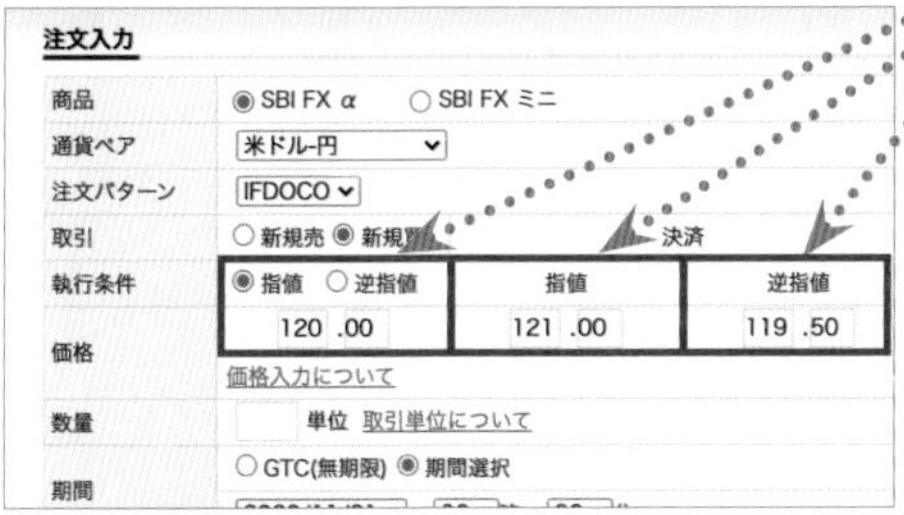

4 「新規買」の指値、「決済売」の指値(利益確定)、「決済売」の逆指値(損切り)の金額を入力する

5 注文数を入力する
※この場合、「万」単位

6 有効期限を入力する

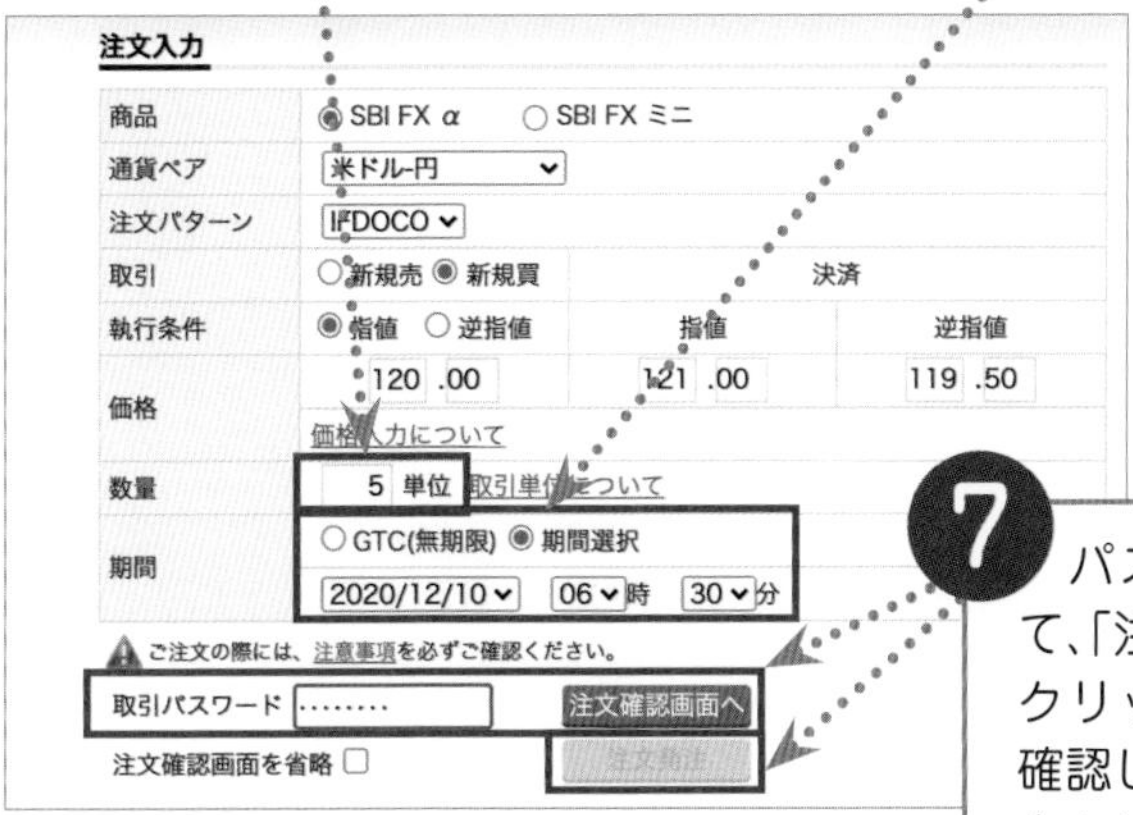

7 パスワードを入力して、「注文確認画面へ」をクリック。注文内容を確認したら、「注文発注」をクリック

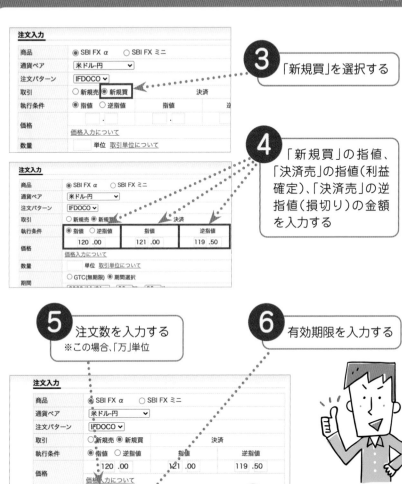

21 自動売買の方法①

システムトレードってなに？

▼24時間いつでもチャンスを逃さない

ＦＸ取引には、投資家がみずから売買し、利益を出すやり方である「**裁量トレード**」のほかに、自動売買ツールを使って取引する「**システムトレード**」があります。

取引業者が販売・提供する自動売買ツールは、**あらかじめ設定されたプログラムが、為替の動きを読み取って、ルールに従い自動的に繰り返し売買をします**。

「レートが前日の高値《たかね》を抜いたら売り」というルールを設定すると、その条件を満たすタイミングで取引してくれるのです。つまり、「パソコンから目を離しているスキに、売買のチャンスを逃す」ということがなくなります。

▼あらかじめ設定された取引ツールがある

システムトレードには「**開発型**」と「**選択型**」の2種類があります。

「開発型」は、投資家自身が自動売買プログラムを作成するものです。売買条件設定の自由度は高いのですが、プログラミングの知識が必須で、初心者には手が出しにくいでしょう。

これに対して「選択型」は取引ツールに自動売買のプログラムがあらかじめ搭載されています。**投資家は「ストラテジー」といわれる戦略や、通貨ペアを選ぶだけでＯＫ**。面倒な設定を行う必要がないので、初心者向けといえます。

ワンポイント　システムトレードは取引業者によって違う

初心者がシステムトレードを選ぶときは、あらかじめプログラミングされた「選択型」から始めるといい。ただ提供する業者によってプログラムは異なるので、業者によってその戦績に差が出てくる。

自動売買のイメージ

条件を決める

- 米ドル一円
- 買いでエントリー
- 値幅15銭で決済
- 最大ポジション数 3

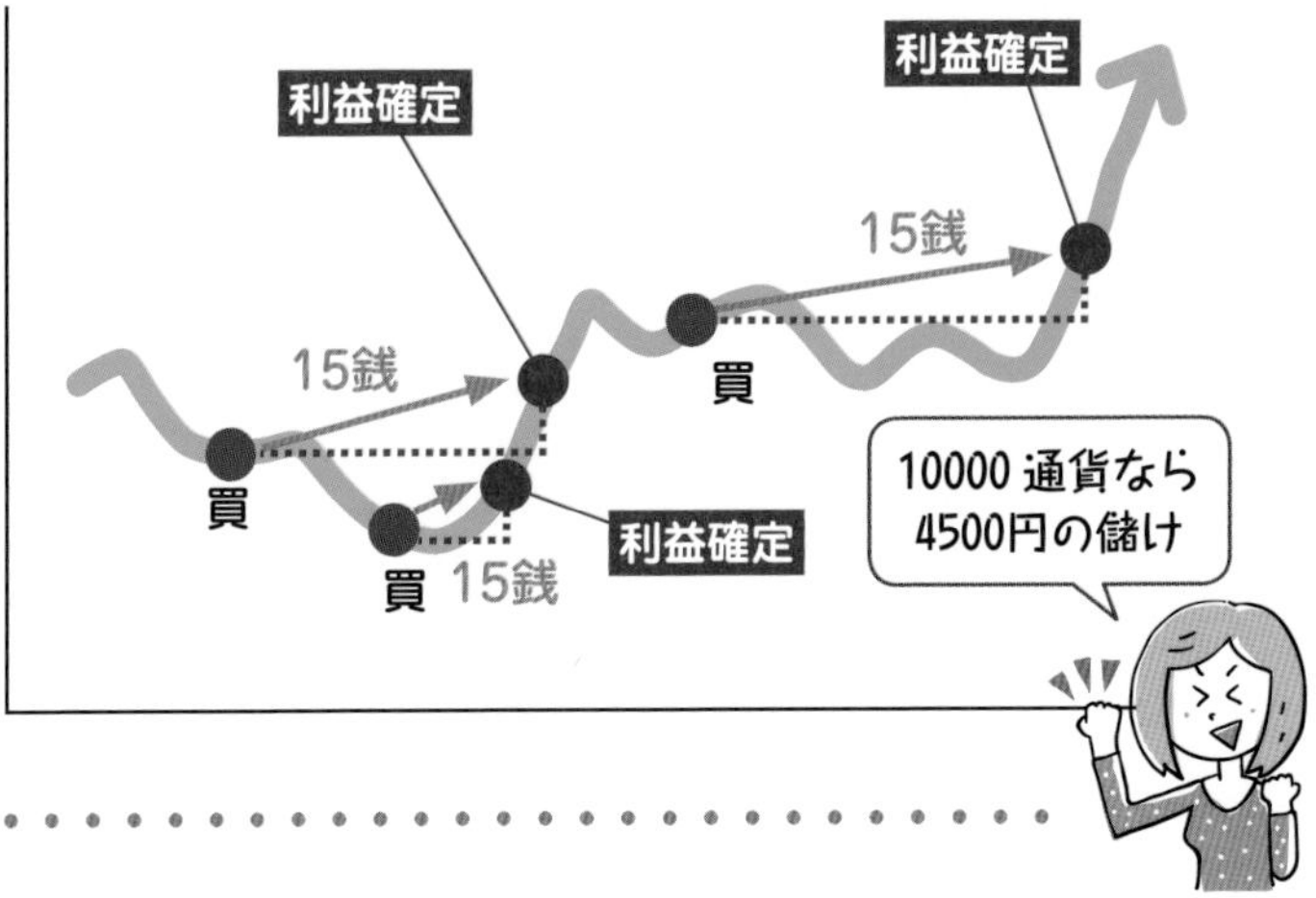

●相場が逆方向に動いてもリスク軽減

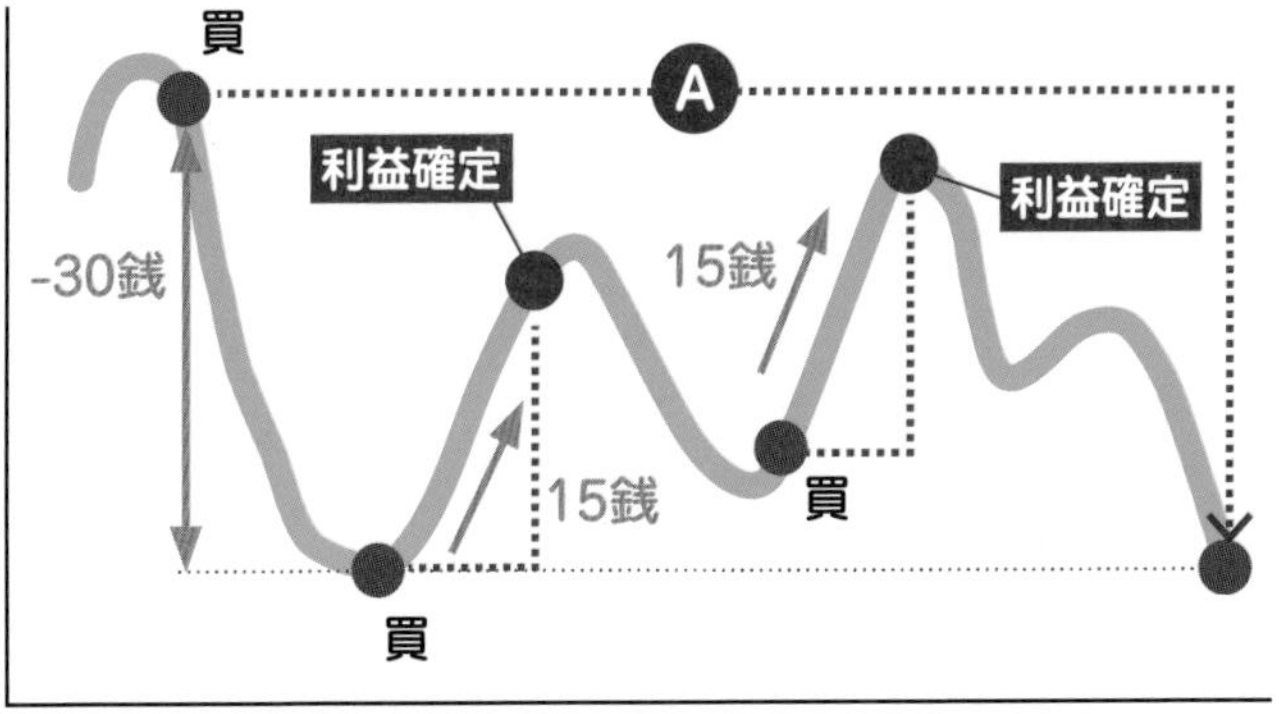

A 通常のFX取引ならー3000円(10000通貨の場合)

システムトレードなら小刻みの利益を生むので±0円

22

自動売買の方法②

自動売買ツールのメリット・デメリット

感情に流されずに取引できる

自動売買ツールのいちばんのメリットは、**パソコンに張り付く必要がなくなる**ことです。たとえば、投資家がぐっすり寝ている深夜に為替が大きく動いたとしても、チャンスを逃しません。

また「**選択型**」のツールは、用意された複数のプログラムから好みの方針を選ぶだけで取引でき、難しいチャート分析を投資家がみずから行わずに済みます。

さらに、市場の動きをもとに機械的に売買できるのも大きな利点です。「**もっと儲けたい**」「**損したくない**」といった、**感情に流されたせいで起こる失敗がなくなります**。

相場の急変についていけないことも

ただし自動売買はいいことずくめとは限りません。一度設定すれば、ツールにお任せできるとはいえ、**災害や有事、政情不安など、経済にダメージを与える不測の事態で大きく為替が動くと対応できない**こともあります。

また、各社が開発した自動売買ツールのなかには、設定が難しいものもあります。自分に理解できる範囲で、カンタンに設定できる取引ツールを選びましょう。

自動売買ツールを使った場合も、取引の損益は自己責任です。決して任せきりにせず、上手に活用することが大事です。

ワンポイント どの注文方法を選択すべきか？

どの注文方法がいいかは、その投資家の投資スタイルや生活スタイルによって変わってくる。また、投資資金に対してどこまでリスクを取れるかによっても損切りの水準は変わる。初心者は、なるべく早めに損切りしたい。

システムトレードのメリット・デメリット

●システムトレードの種類

取引業者が提供するシステムトレードは、ストラテジーもカスタマイズ性もさまざま。
各社ホームページを見て、わかりやすいものを選ぼう。
裁量取引よりスプレッドが大きいものや、手数料がかかるものもある。

名称	取引業者	詳細
トライオートFX	インヴァスト証券	https://www.invast.jp/triauto/
ちょいトレFX	FXプライムbyGMO	https://www.fxprime.com/
FXダイレクト	セントラル短資FX	https://www.central-tanshifx.com/
ループ・イフダン	ひまわり証券	https://sec.himawari-group.co.jp/
ループイフダン	アイネット証券	https://inet-sec.co.jp/

（2022年11月現在）

メリット

- ●24時間、いつも自動で売買してくれる
- ●自分でチャート分析する手間が省ける
- ●感情に振り回されずに売買できる

デメリット

- ●急激なファンダメンタルズ（76ページ参照）の変化に対応できない
- ●裁量トレードよりスプレッドが大きい場合がある
- ●状況に応じて設定を変える必要がある

Column

投資の基本②

設定しておきたい「損切り」

為替は上げ下げを繰り返しながら一方向に動く傾向があります。世界から数多くの投資家が参加しているため、ごく一部の投資家の売買にその動きが左右されることはありません。そのため、チャートが比較的きれいな形を作ることが多く、後述するテクニカル分析が使いやすいといえます。

しかし、相場は水物です。ファンダメンタルズの大きな変動によって、為替相場が思惑と違った方向へ動くことも珍しくありません。

そのときの対応法として損切りを設定しておきましょう。投資資金のうち、たとえば10%の損失が生じたときは、見切り売りしてしまうのです。

下がった水準で買い増すという「**ナンピン買い**」という方法もありますが、投資効率の面であまりおすすめできません。損失を拡大しロスカットの危険性もあります。

相場は思惑通りに行かないものと考えて投資に臨み、損失をこうむることも想定して損失を最小限に抑えるようにします。

為替は一方向に動きやすい

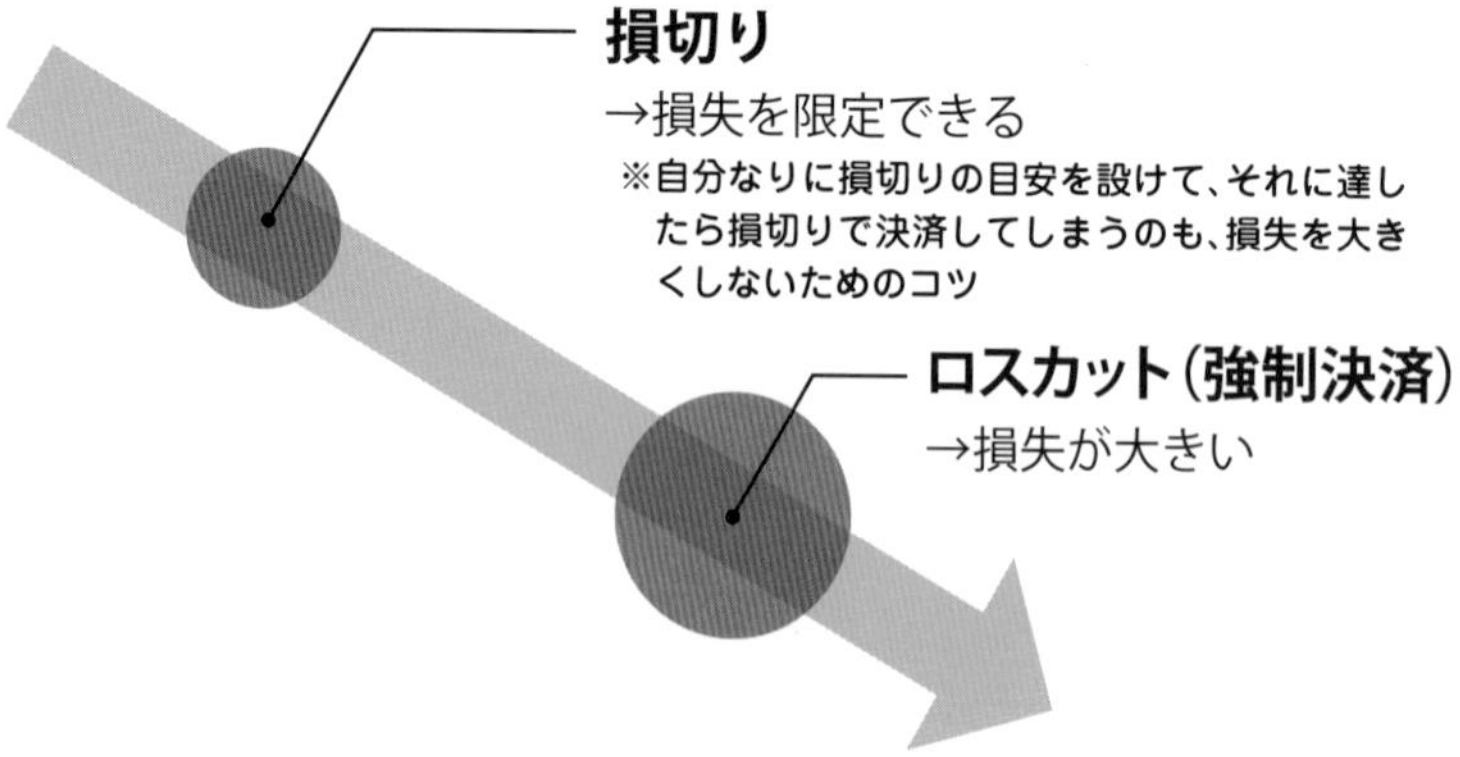
損切り
→損失を限定できる
※自分なりに損切りの目安を設けて、それに達したら損切りで決済してしまうのも、損失を大きくしないためのコツ
ロスカット（強制決済）
→損失が大きい

Part 3

こんなとき 通貨は動く

経済状況から トレンドをつかもう

Currency Fluctuations

23

為替が動くとき①

ファンダメンタルズ分析とは

▼経済状況が大きく影響する

FXで利益を得るには、為替の動きを予測しなければなりません。それには、なぜ為替が動くのかを知っておく必要があります。

為替は、その通貨を発行する国家の経済などの状況によって動きます。この経済の基礎的条件をファンダメンタルズといいます。景気動向や金利などを分析して為替の動きを探る作業を「**ファンダメンタルズ分析**」と呼びます。

経済が強い国、あるいは景気がいい国の通貨は高くなる傾向にあります。逆に景気が悪くなったり、政情不安になったりすれば通貨は安くなる傾向にあります。

▼大きなトレンドをつかむ

ここで注意しなければならないのは、為替を動かす経済的要素は複数あるということです。経済指標は数多くあり、それらが複雑に組み合わさって動きます。

もう一つ注意しなければならないのは、ファンダメンタルズ分析は、大きなトレンドを読むのにはふさわしい半面、目先の動きを追うのには向かない点です。とくに超短期で売買するスキャルピングやデイトレードでは、Part4で紹介するテクニカル分析のほうが、より重要性を増します。

ただ、一つの経済指標の発表でトレンドが大きく変わることもあるので無視できません。

ワンポイント **ファンダメンタルズ分析のメリット、デメリット**

為替を動かすファンダメンタルズは、株式投資と比較した場合、じつは数少ない。それだけに一つひとつの経済指標が為替に与える影響は大きい。ただし、中立要因であれば、為替はまったく反応しないことも。

通貨は「経済環境」で動く

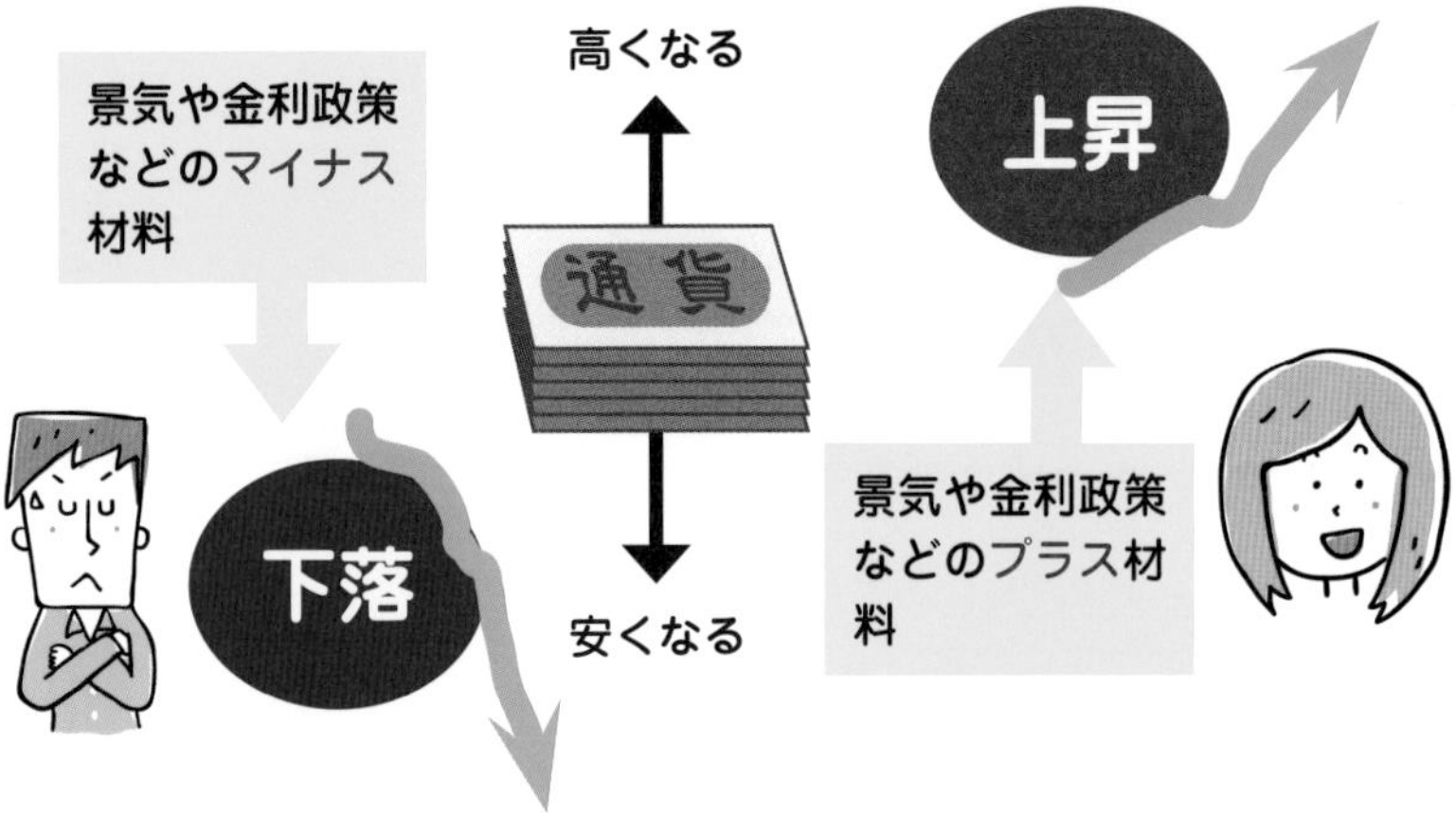
高くなる
景気や金利政策などのマイナス材料
上昇
通貨
下落
景気や金利政策などのプラス材料
安くなる

ファンダメンタルズで動く為替

大きなトレンドの転換はファンダメンタルズの変化による
細かい動きは「需給」が作用する
為替は国家の経済状況で大きく動く

24

為替が動くとき②

なぜ通貨の価値は変わるのか

通貨の価値を変える要素

商品の価格は需給で決まります。その商品が欲しいという人が増えれば、価格は上昇し、欲しいという人が少なければ価格は下がります。同様に、**ある国の景気がよく、その国に投資したいという人が増えれば、その国の通貨を必要とする量も増えて、通貨の価格は上昇します。**

また景気が悪くなったり、国力が落ちたりすれば、その国の通貨は敬遠され、価格は下がってしまいます。

通常、為替を左右する要素としては**①景気 ②金利 ③地政学リスク ④原油などの商品価格 ⑤政治の安定度**などが挙げられます。

なかでも景気動向には、国内総生産（GDP）や失業率、貿易収支などが大きく関わります。

金利と通貨高は連動する

ただし、「通貨が高くなる」「通貨が安くなる」のは、**二国間の関係によります。**

たとえばA国の景気がよかったとしましょう。しかし、B国がそれを上回る景気のよさであれば、B国通貨はA国通貨に対して上昇することになります。

これは金利についても同じことがいえます。金利が上昇すれば一般に通貨は高くなる傾向にあります。しかし、金利が高くても、それ以上に相手国の金利が上昇すれば、相対的に通貨の価格は下がります。

ワンポイント　地政学リスク

テロや戦争、財政破綻などから生じるリスク。原油価格の上昇など経済的な混乱を招く。2001年のアメリカ同時多発テロでニューヨークの株式が急落したことが、その一例。最近では「有事の円買い」の傾向が強い。

なぜ通貨の価値は変わるのか

金
金
金
資金が集まる
A国
好景気
A国の通貨が上昇
A国に投資すると
儲けられそうだ……！

オリンピック開催が決まったA国。国内インフラ整備など、内需が拡大し景気が上向く。

海外から資金も流入。A国政府は景気の過熱感を抑えるため、金利を引き上げる。

さらに資金が流入し、A国通貨は上昇！

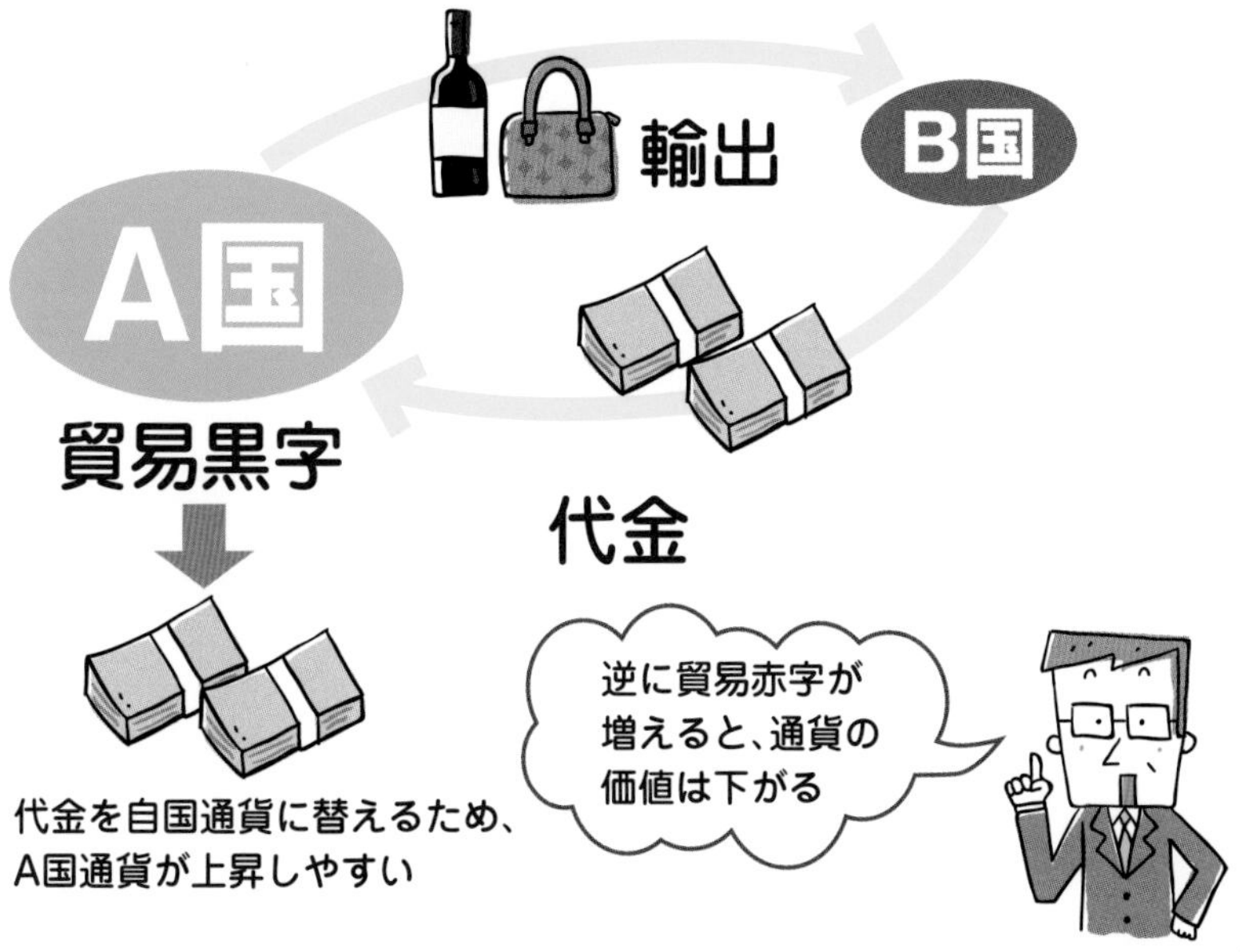
輸出
B国
A国
貿易黒字
代金
代金を自国通貨に替えるため、
A国通貨が上昇しやすい
逆に貿易赤字が
増えると、通貨の
価値は下がる

25

為替が動くとき③

金利が上がれば通貨は上昇傾向

▼金利が上がると一般に通貨も上がる

「金利を引き上げる・引き下げる」という金利政策は、各国政府が行っています。

景気が悪くなれば、市中に出回るお金の量が減ります。そこで金利を下げることによって、市中に出回るお金の量を増やし、景気刺激策とします。

好景気がつづくと、消費や投資に過熱感が出てインフレ懸念が生じます。そのため金利の〝引き上げ〟を行うことによって、市中に出回るお金の量を減らしてインフレ懸念を抑え込みます。

金利が上がるとどうなるか。**金利が低いA国からすれば、金利が高いB国は投資先として魅力的になります。**B国の銀行に預金すればより高い利息が得られるからです。そのため金利が高いB国の通貨の価格が上昇するのです。

▼金利が高いと利息も魅力的

既出のとおり、金利の「高い」「低い」は二国間の相対的な関係によります。

金利がより高い国に通貨は流れがちになります。

スワップポイント（26ページ参照）も、金利が低い通貨を売って、**金利が高い通貨を買えば、その金利差分だけの利息がつきます。**

金利がより高い国の通貨が買われやすい理由が、そこにもあります。

ワンポイント インフレと景気の関係

好景気によるインフレなら、金利引き締めで利上げを行うので、通貨高につながる。一方、原材料高騰や国家財政の不安定化に起因するインフレなら、通貨は売られやすくなる。さまざまな要因が絡むので注意！

金利と為替の関係

●金利が上がると通貨高になるワケ

金利上昇 ＝ 通貨高

A国

買われる量が
増える！

A国に投資すれば、
より高い利息がもらえる！

●金利差に目をつけてスワップポイントを狙う

C国 ＜ A国 ＜ B国

A国より
金利が低い

A国より
金利が高い

- C国の通貨を売って、A国の通貨を買う
- A国の通貨を売って、B国の通貨を買う
- C国の通貨を売って、B国の通貨を買う

経済的な発展が遅れている国・地域の通貨の金利は高い傾向にある。そのため、「金利が上がった（下がった）」ときの一時的なニュースで資金の移動が起きやすい（＝通貨の変動が起きやすい）

26

為替が動く指標（日本）

円の動きを左右する経済指標

経済指標は将来の金利も左右する

為替を動かす要因に**経済指標**があります。指標は経済状況を示すだけでなく、政府の経済政策を左右し、将来の金利に影響します。

たとえば景気が悪いという指標が出た場合、市場は「今後、政府は政策金利を下げる」と予測し、その通貨は弱含み＝割安になります。指標は国内だけでも「景気動向指数」「国内総生産（GDP）」など数多くあり、市場に与える影響力も異なります。

指標公表時に注意が必要なのは、予想外の結果（**サプライズ**）が出た場合です。指標公表前の時点で市場関係者は指標の数値を予測し、為替はそれを織り込んだ水準になっています。ところが発表された数値が予測と大きく乖離《かいり》していた場合、動揺が広がり為替は大きく動きます。

サプライズにそなえて建玉を減らす

たとえば、失業率の数値が事前予想より高いと、経済実態が想定以上に悪かったことになります。市場には景気悪化と金利低迷の懸念が広まり、通貨安になるのです。

重要な経済指標の発表を控えたときは、事前に**建玉**を減らして、サプライズに警戒しておくのが大切です。発表と同時に、大きく動いた方向にのって売買するやり方（**順張り**）もありますが、大きな動きは反動も伴うので、短期間の勝負と割り切りましょう。

ワンポイント　**経済指標は取引業者のアプリでチェック**

為替の動きに大きく影響を与える経済指標は、取引業者や金融専門情報のアプリでチェックする。市場の事前予測も併せて情報提供してくれているので、その点も確認。実際の発表との乖離に注目する。

経済指標の発表時は要注意

●市場は事前に指標の数値を予測している

GDP予想
年率△0.4%
不況だし、設備投資も弱いからマイナス成長だよね
政府は金利を引き下げるかも

GDP
GDP速報です。年率2.1％のプラス成長です

チャートがすごい動き
サプライズ
急いで決済しなきゃ

●重要な経済指標発表時の注意点

- 建玉（ポジション）を整理して証拠金に余裕を持っておく
- 事前に損切水準を決め、逆指値注文を出しておく
- パソコンの前で発表を待てるなら、大きなトレンドの動きにのって、スキャルピングで稼ぐ

チェック!（日本の場合）

国内総生産（GDP）

●発表元／内閣府　●発表日／年1回（速報値は3か月ごと）

国内で新しく生産された付加価値（商品・サービス）の総額。この伸びが国の経済成長率となる。3か月ごとの速報値は目安で、後日確報値が発表される。

➡ 国内の経済状況を示し、国の金利政策の根拠にもなる。想定外に高ければ金融引き締め（金利上昇）、低ければ金融緩和（金利低下）がセオリー。ただし、GDPの悪化によって、国がさらなる経済対策を行うのでは？　と市場が大きく期待を寄せる場合もある。

景気動向指数

●発表元／内閣府　●発表日／毎月

産業・労働・金融といった経済活動における指数動向をもとに算出する。景気に先行して動く「先行指数」、ほぼ一致して動く「一致指数」、遅れて動く「遅行指数」などがある。

➡ GDPより高頻度で発表されるので、今後の国内景気の予測に使用できる。

鉱工業指数

●発表元／経済産業省　●発表日／毎月

日本の鉱業と製造業の活動状況を総合的に見る指数。経済産業省が各事業所に行う生産動態統計調査をもとに算出する。これは製品の生産・出荷等の規模や金額を調べる統計で、約600品目について、毎月の生産量を基準年の平均値で割って、月々の指数を作成している。

➡ 速報性が高く、景気動向を早期に判断できる。製造数が多くなれば数値は高くなり、景気が上向いたと判断される。

景気ウォッチャー調査

●発表元／内閣府　●発表日／毎月

タクシー運転手やコンビニの店長、娯楽産業の店員など仕事を通して地域の景気動向を観察できる立場にある全国11地域・計2050人を対象にした調査。やり方としては3か月前と比較した景気の現況、および2〜3か月後の景気先行などを5段階評価で回答してもらった結果を指数化。

➡ 鉱工業指数よりさらに３か月ほど先行しているといわれ、景気の先行きを見通せる。

この経済指標を

消費者物価指数

●発表元／総務省　●発表日／毎月

小売物価統計調査（総務省調査）の小売価格の平均から個別の指数を作成。さらに家計調査（総務省調査）からウエイトを作成、統合して全体の指数を作成する。

➡ 国民の生活水準を示す指標の一つとなる。“経済の体温計”ともいわれ、経済政策を決定するうえでの参考値ともなる。

全国企業短期経済観測調査（日銀短観）

●発表元／日本銀行　●発表日／4月・7月・10月の上旬、12月中旬

全国の資本金2000万円以上の民間企業21万社のなかからおよそ1万社を抽出して調査。「売上高」や「雇用者数」「借入金」などについて計数・マインドの双方から実績や今後の推移を問う。

➡ 景気がいいとする企業の比率から悪いとする企業の比率を引いた景況判断指数（ＤＩ）は、市場に大きな影響を与えるので要チェック。

有効求人倍率

●発表元／厚生労働省　●発表日／毎月

「仕事を求めている求職者数」1人あたりの「企業が求めている求人数」の割合。仕事を探している人に対し、どれだけ働き口があるかを示す。経済指標として重要な数値で、景気の影響を大きく受ける。

➡ 有効求人倍率が高くなれば、景気にプラスとみることができる。雇用情勢を調べるために必ず参照される。

完全失業率

●発表元／総務省　●発表日／毎月

15歳以上の働く意欲のある労働力人口のうち、完全失業者（職についておらず求職活動をしている人）が占める割合。全国およそ4万世帯をサンプル調査して求める。

➡ 数値が高いほど仕事を求めている人が多いことを示し、失業率が上がれば景気にマイナスと判断される。

27

為替が動く出来事(日本)

円の強いときと弱いとき

大幅な金融緩和で円が下落

2013年4月、日本銀行総裁に就任して2週間目の黒田東彦《はるひこ》総裁は、「量的・質的金融緩和」を発表しました。

デフレ脱却を目標に掲げた金融緩和の内容は、2年間で前年比2パーセントの物価上昇を目指すもので、市場に供給するお金の量(マネタリーベース)を倍増させるというものでした。前年に発足した安倍政権の「大胆な金融緩和を」という要請に基づくもので、市場の予想を大幅に超える大胆な金融緩和でした。いわゆるアベノミクスの一環です。

このサプライズで、米ドル-円は2円以上も円安に振れました。それまで1ドル=90円台前半だった為替は、ここから**円安傾向に振れたのです**。

10年債利回りは史上最低水準を更新し、市場に出回るお金の量が増えることで、円の下落が始まったのです。

追加の金融緩和策で円安が進む

消費増税の影響で景気回復が正念場を迎えた2014年11月、日本銀行は、さらなる金融緩和を発表し、市場に衝撃を与えました。マネタリーベースを年10兆~20兆円増やす、長期国債の買い入れ量も増やすというものでした。

この結果、1ドル=114円台とおよそ7年ぶりの水準まで円安が進みました。

ワンポイント ほかにもこんなとき円は動く

テロや戦争などの有事でも為替は大きく動く。かつては「有事のドル買い」といわれていたが、近年ではアメリカが紛争の当事者となるケースが多く、ドル安につながりやすい。こんなとき「円」が買われやすい(円高になる)。

円高・円安を招いた大きな出来事

為替は世界の経済状況や政局によって動く。政情が不安定になれば、その国の通貨は下落する傾向にある

円安
ドル高

東日本大震災

大震災など大災害もその国の経済に悪影響を与えることから、通貨は下落する。2011年3月11日に発生した東日本大震災も日本経済に暗い影を落とし、円安を招いた。さらに原発が停止したことにより、火力発電をフル稼働させなければならなくなり、原油の輸入量が増えた。この結果、貿易赤字が膨らみ、円安要因となった。

アベノミクス始動

円安
ドル高

2012年末、民主党野田内閣は衆議院を解散すると明言。その選挙の結果、自民党が政権に返り咲き、誕生した第二次安倍内閣は「マイナス金利政策」を導入した。1ドル=80円前後をうろうろしていた為替は1ドル120円を超える円安になった。

新型コロナ猛威を振るう

円高
ドル安

2020年春、新型コロナウイルスが世界的に流行。とりわけ欧米で猛威を振るい、多数の死者を出した。日本では感染者数、死者数も比較的少なかったが、緊急事態宣言で経済活動が停滞。1ドル=110円水準だったドル一円は次第に水準を切り下げていった。

28

為替が動く指標（アメリカ）

米ドルの動きを左右する経済指標

アメリカ経済で世界は動く⁉

為替は二国間の通貨の交換レートの変動です。つまり海外の動向も無視できないようになっているのです。そのなかでも**アメリカ経済は、世界経済に多大な影響を及ぼします。**そこで、アメリカの経済指標にも注目したいところです。

アメリカの金融政策を決定するのは「ＦＯＭＣ（連邦公開市場委員会）」です。年8回、およそ6週間おきに委員会が開かれ、そこで金利やマネーサプライといった金融政策が決定されます。

とくに政策金利である「ＦＦレート」の水準は、為替に多大な影響を与えます。

事前の市場の予測もチェックする

世界中から注目されるＦＯＭＣの金融政策を左右するアメリカの経済指標には、「非農業部門雇用者数（ＮＦＰ）」「ＩＳＭ製造業景況指数」「鉱工業生産指数」「住宅着工件数」などがあります。

アメリカには、為替に影響を与える経済指標が１００はあるといわれます。とくに前述した代表的な指標に注目してください。注意するのは日本の指標発表と同じく、**市場が事前に予想した数値と、実際に発表された数値とがどれくらい乖離しているかです。**乖離が大きければ大きいほど、サプライズとして為替が大きく動くのです。

ワンポイント　FOMCとFFレート

ＦＯＭＣは、アメリカの中央銀行でもあるＦＲＢ（連邦準備制度理事会）の理事７名と、各地の連邦準備銀行総裁５名で構成されている。そこで決定される政策金利であるＦＦレートはアメリカの代表的な短期金利。

この経済指標をチェック!（アメリカの場合）

日本の場合と同様、通貨の価格は、市場の事前予想に対して実際がどのくらいプラスだったかマイナスだったかにも影響されやすい（83ページ参照）。

非農業部門雇用者数（NFP）

●発表元／アメリカ外務省
●発表日／毎月

通称**「雇用統計」**。農業以外の産業で働く労働者数が、どれくらい増えたか（減ったか）を示す指標。月ごとの変動が大きいという特徴があり、またすでに発表されている前月の値が修正されることも多い。発表されるのは日本時間の毎月第一金曜日の午後9時30分（冬時間では午後10時30分）で、為替相場に非常に大きな影響を与える指標。

➡ 数値が大きくなるほど（働く労働者の数が増えるほど）米国の景気は上向いていると判断される（ただし経営者や自営業者の数は除く）。

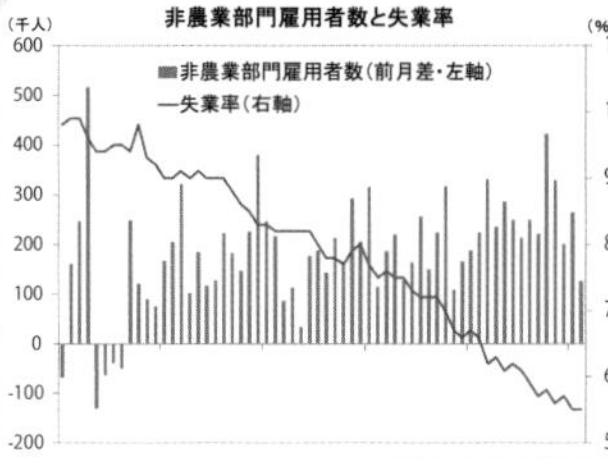

（出所）マネックス証券作成

ISM製造業景況指数

●発表元／全米供給管理協会
●発表日／毎月

企業の景況感を示す指標。ISM（Institute for Supply Management=全米供給管理協会）が全米の製造業350社の購買・供給管理の責任者にアンケートを実施した結果。新規受注（30%）、生産（25%）、雇用（20%）、入荷遅延（15%）、在庫（10%）の5項目につき「よくなっている（1）、変わらず（0.5）、悪くなっている（0）」の三者択一の回答を、カッコ内の数値でウエイトづけした加重平均で点数化。

➡ 50が好況と不況の分岐点となる。

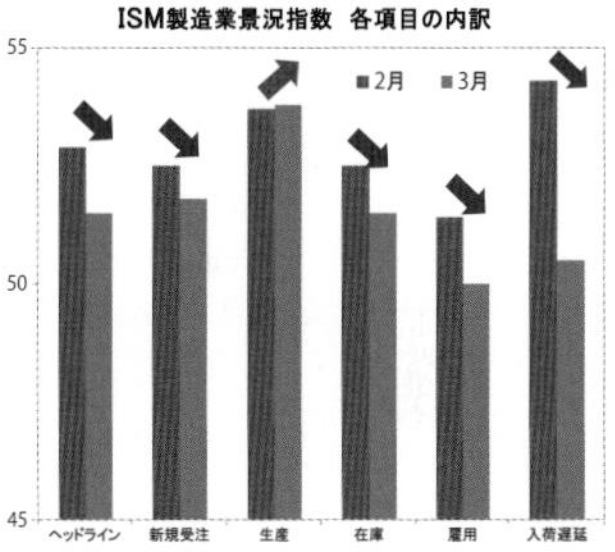

（出所）マネックス証券作成

チェック!（アメリカの場合）

鉱工業生産指数

●発表元／FRB（連邦準備制度理事会）　●発表日／毎月

鉱工業部門（製造業・鉱業・電力・ガス）の生産活動状況を指数化したもの。景気全般の動向と密接な関係があり、GDPと強い相関関係にある。同時に発表される設備稼働率は、設備投資やインフレの先行指数となる。

➡ 月次で発表される分、3か月に一度の発表のGDPに比べて速報性がある。また、設備稼働率は、80％を超えると投資が活発化するといわれている。

住宅着工件数

●発表元／住宅着工件数　●発表日／毎月

アメリカ国内において、1か月のうちに建設された新築の住宅の戸数。住宅の建設は季節ごとのばらつきが大きいため、調整をかけたうえで年率換算を行う。一戸建て住宅と集合住宅に分けて集計。さらに北東部、中西部、南部、西部の4地区ごとに発表される。

➡ 数値が高いほど景気がよいと判断。住宅の購入には、家具、家電など耐久消費財の購入を伴うことが多く、個人消費への波及効果が大きいので景気への信頼感が高い。

GDP統計

●発表元／アメリカ商務省　●発表日／1月・4月・7月・10月

アメリカの国内総生産。アメリカ国内で新たに生み出された財やサービスの付加価値を合計した名目GDPから、物価変動の影響を除いた数値。個人消費、設備投資、住宅投資、在庫投資、政府支出、輸出から輸入を差し引いた純輸出で構成される。

➡ 経済全体の成長率を推し測り、国内全体の生産活動を把握できる。GDPデフレーターの数値から、インフレの状況を読み、金利政策の推測にも使える。

この経済指標を

消費者物価指数

●発表元／アメリカ労務省　●発表日／年8回

都市部の消費者が購入した商品／サービスの価格の変化を調査し、指数化したもの。変動が激しい食品とエネルギー価格を除いた指数も発表される。

➡ 発表時期が対象月の翌月15日前後と、ほかの物価関連指数と比べて早いため、注目度は高い。物価の動向をふまえて、金利上昇（＝通貨高の要因）につながるインフレの兆候も探ることができる。

ベージュブック

●発表元／FRB（連邦準備制度理事会）　●発表日／年8回

地域の経済状況をアメリカ国内に12ある地区連邦準備銀行が、それぞれ管轄する地域の経済の現況をまとめたもの。これが連邦公開市場委員会（FOMC）に報告書として提出される。総合判断のみならず個人消費動向、製造業、金融サービス、不動産、雇用など分野ごとに報告される。表紙がベージュ色のためこの名がある。

➡ FOMCの金融政策の判断材料に使われるため、アメリカの金利政策の予測に使われている。

アメリカの経済指標発表日をまとめると……
毎月上旬に発表……失業率／非農業部門雇用者数（第1金曜日）／ISM製造業景況指数
毎月中旬に発表……鉱工業生産指数／住宅着工件数／消費者物価指数
その他……GDP統計（速報値1・4・7・10月の下旬／確定値3・6・9・12月の下旬）／
ベージュブック（FOMC開催2週間前の水曜日）

ちなみに日本は……
毎月上旬に発表…景気動向指数（前々月の速報値）／景気ウォッチャー調査（前月分）
毎月中旬に発表…景気動向指数（前々月の改定値）／鉱工業指数（前々月の確報値）
毎月下旬に発表…鉱工業指数（前月の速報値）／消費者物価指数（前年同月比）
毎月末日に発表…完全失業率／有効求人倍率
その他…GDP1次速報（2・5・8・11月の中旬）／GDP2次速報（3・6・9・12月の上旬）
日銀短観（4・7・10月の上旬、12月の中旬）

29

為替が動く出来事（アメリカ）

米ドルの強いときと弱いとき

▼戦争が起こるとドル高になる？

ドルを動かすのは、通貨政策のほかに、「景気動向」や「経常収支」、「地政学リスク」があります。

「世界の警察」を自任していたアメリカは、世界各国の紛争に多かれ少なかれ関わってきました。そのため、**世界のどこかで紛争が発生するたびにドルを中心にした為替が大きく動く傾向があります。**

かつては「有事のドル買い」といわれ、紛争が起こるたびに比較的信用の高いドルが買われ、ドル高になる傾向がありました。

しかし近年、地政学リスクが高まったとき、「有事の円買い」「有事のスイスフラン買い」が目立つようになっています。日本やスイスは紛争の影響を受けにくいという連想が働くからです。

とりわけ２００１年の「９・11同時多発テロ」では、アメリカが直接の攻撃対象になったことで、ドルは下がりました。

▼通貨政策も為替を動かす

アメリカの通貨政策は歴史的にも為替を大きく動かしてきました。

１９８０年代は、レーガン大統領が「強いドル」政策を打ち出し、ドル高がつづきました。

しかし、ドル高の進行でアメリカの産業空洞化が問題化したため、今度はドル安政策（プラザ合意）が採られました。

ワンポイント **プラザ合意**

1985年９月、先進５か国蔵相・中央銀行総裁会議（Ｇ５）で発表された合意。アメリカはドルの独歩高による貿易収支や財政赤字を抱え、対外不均衡を是正するのが目的だった。この結果、ドル安が進行した。

経済に重大な影響を与える出来事には要注意

●新型コロナウイルスによるパンデミック

2019年末より新型コロナウイルスによる感染症が報じられ始め、20年に入ってからその懸念と犠牲者の数が右肩上がりに増えていった。中国発のこの感染症は、２月末から３月初頭にかけて世界各国へと広がり、世界経済に深刻な影響を与えた。

３月11日にはWHO（世界保健機関）がこの感染症を「パンデミック相当」と発表するに至った。とりわけアメリカの被害は深刻で、それによってドル安が進行。２月末には111円台だった米ドルは、３月初めには101円台まで急落した。

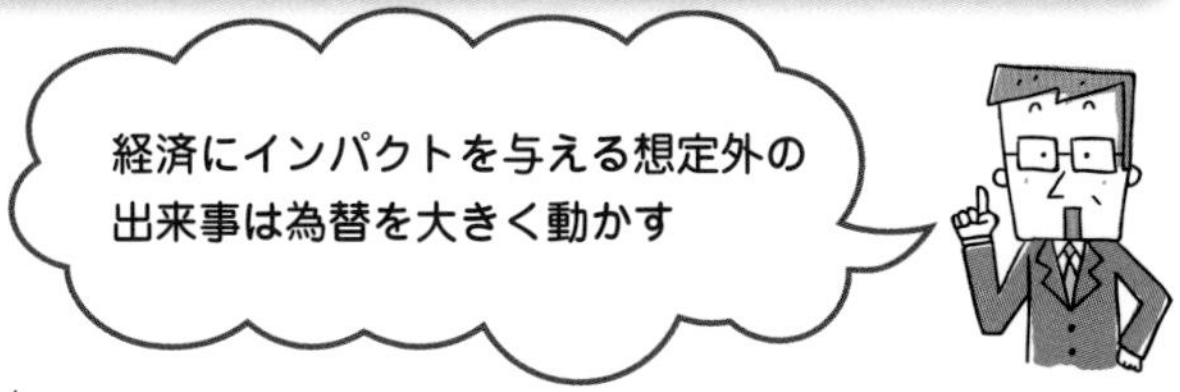
経済にインパクトを与える想定外の出来事は為替を大きく動かす

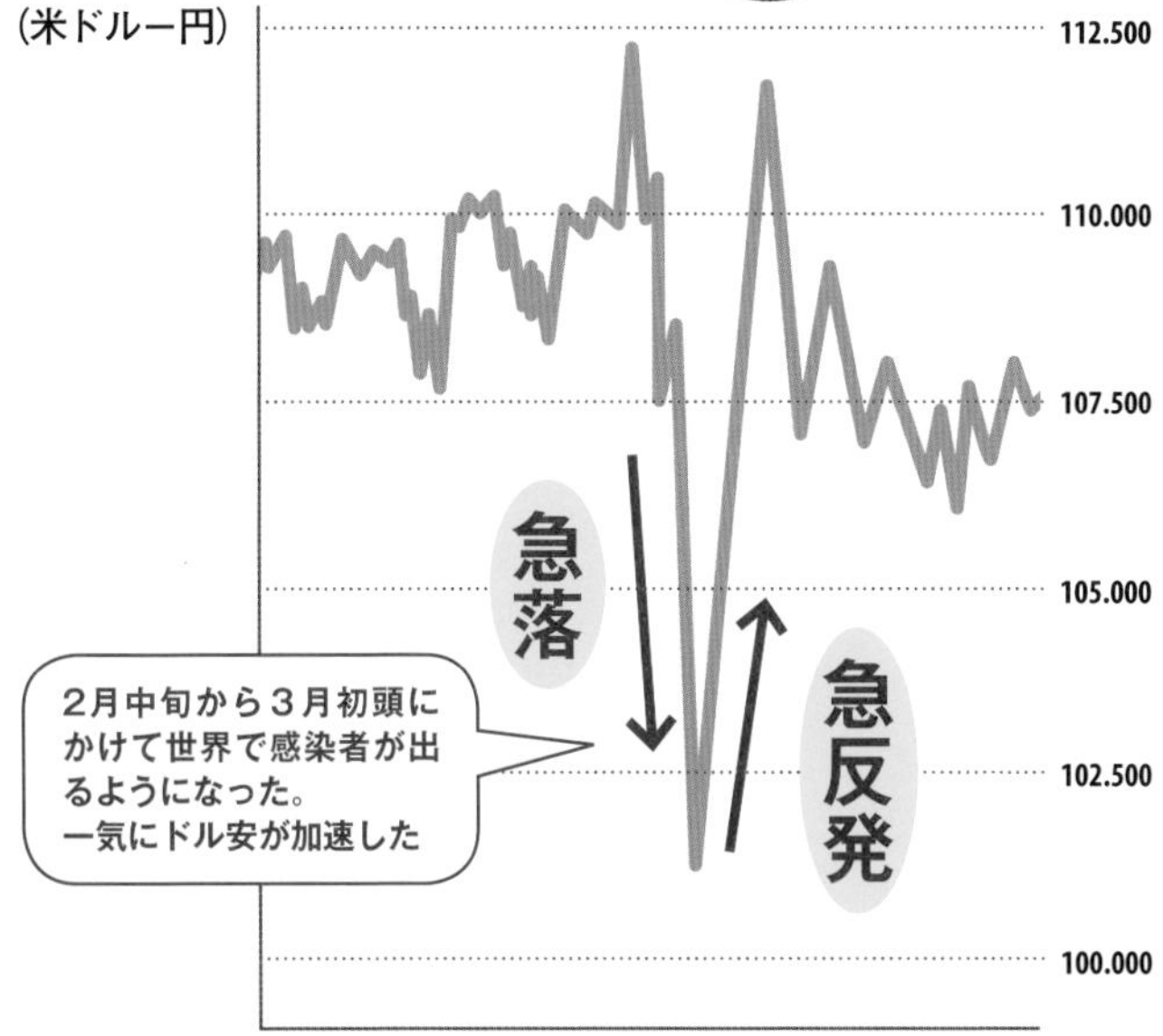
(米ドルー円)
112.500
110.000
107.500
105.000
102.500
100.000
急落
急反発
2月中旬から３月初頭にかけて世界で感染者が出るようになった。
一気にドル安が加速した

― メジャー通貨

日本円(JPY)

米ドル、ユーロについで世界で3番目に取引量が多い。貿易立国であるため、どちらかといえば海外要因で動くケースが多い。とりわけ**アメリカとの連動性が高い**。長年、超低金利政策が採られていたため、キャリートレード※の対象になりがち。

カナダドル(CAD)

オイルサンドや天然ガス、ニッケルなどの天然資源が豊富なため、商品市況に大きく影響される。また地理的にアメリカに近いこともあって、経済的な結びつきも強く、**アメリカの経済がよくなればカナダも景気がよくなるという連動性が強い**。

米ドル(USD)

世界の基軸通貨といわれ、世界で最も取引量が多い。各国間で取引される貿易の決済も米ドルで行われることが多い。各国の中央銀行が外貨準備を行うときも米ドルが使われる。**世界の政情が不安定になると「有事のドル買い」が起こるともいわれている**。

豪ドル(AUD)

オーストラリアは原油や石炭、鉄鉱石といった鉱物資源の輸出比率が高い。そのため**「資源国通貨」と位置づけられている**。商品市況が高くなれば、通貨も買われるという特徴がある。2010年代初頭までは高金利通貨として知られていたが、近年は金利が下がっている。

※キャリートレード：低金利の通貨を調達し、高金利の通貨で運用する。金利差分が利益となる

各国の通貨の特徴その①

イギリスポンド(GBP)

かつては世界の基軸通貨だったイギリスの通貨。今なお大きな影響力を持っている。取引量は、米ドル、ユーロ、日本円についで第４位。値動きが激しいのが特徴。北海油田を抱えているので、資源国としても位置づけられ、**原油価格にも左右**される。

人民元(CNH)

経済発展が著しい中国の通貨。貿易量が増えるとともに人民元の存在感も増している。かつては米ドルに対し固定レートであったが経済実態に合わせて切り上げられた。米中貿易摩擦でその上昇圧力は強い。

ユーロ(EUR)

基軸通貨・米ドルに対抗できるのがユーロだ。西欧諸国が統合されたＥＵ(欧州連合)内の多くで流通する通貨。ＥＵはドイツ、オランダ、フランスなどの国々から構成され、そのうちＥＵ内の多くの国々とＥＵ外の一部の国が共通通貨としてユーロを導入している。

スイスフラン(CHF)

永世中立国家・スイスの通貨。そのため安全性の高い通貨ということで、戦争など世界情勢が不安定になると買われやすい特性がある。**資金流入が多く低金利となっている**。キャリートレード※として、スイスフランを売って高金利の通貨を買うときに使われやすい。

— マイナー通貨

韓国ウォン(KRW)

韓国はサムスンや現代《ヒュンダイ》自動車といったグローバル企業を抱えている。日本円に連動する傾向があったが、近年は日本円に対し、ウォン高がつづいている。貿易立国で自動車や電子部品の輸出に頼っているという経済構造から、韓国政府はウォン高を嫌うので、為替介入に注意。

香港ドル(HKD)

香港はイギリスから中国に返還されたあとも特別行政府として、人民元とは別の、独立した通貨が流通している。香港ドルは米ドルと連動して動くようになっている。金利は米ドルと比べて高い傾向にあるので、米ドルのリスク回避として買われやすい。

メキシコペソ(MXN)

メキシコはアメリカ経済に依存している比重が大きく、米ドルの動きに大きく左右されがち。また石油がおもな産業で、金、銀も産出されるため、資源国としての特徴もある。金利もやや高めなので、スワップポイント狙いの中長期投資に向いている。

ニュージーランドドル(NZD)

資源輸出国としての特徴があり、コモディティ価格※の影響を受けて動く傾向がある。農産物の輸出も大きいので、干ばつといった天候にも左右される。オーストラリアとの経済的なつながりが強く連動するケースが多い。

※コモディティ価格：原油や大豆、トウモロコシなどの商品先物取引での価格

各国の通貨の特徴その②

ノルウェークローネ(NOK)

ユーロとの関連が強い。政情は極めて安定しており、1人あたりのＧＤＰ値も高い。財政収支、貿易収支ともに黒字がつづき、**世界的にも安定した通貨の一つ**。北海油田から産出される原油の輸出量は有数の規模となっていて、資源国としての特徴もある。

ポーランドズロチ(PLN)

ポーランドは、石炭などの資源が豊富な国であり、**比較的安定した通貨。ユーロの動きに影響されやすい**。東欧諸国のなかでも流通量が多い。以前は、インフレ懸念から高金利に据え置かれていたが、新型コロナウイルス感染症の影響で引き下げられた。

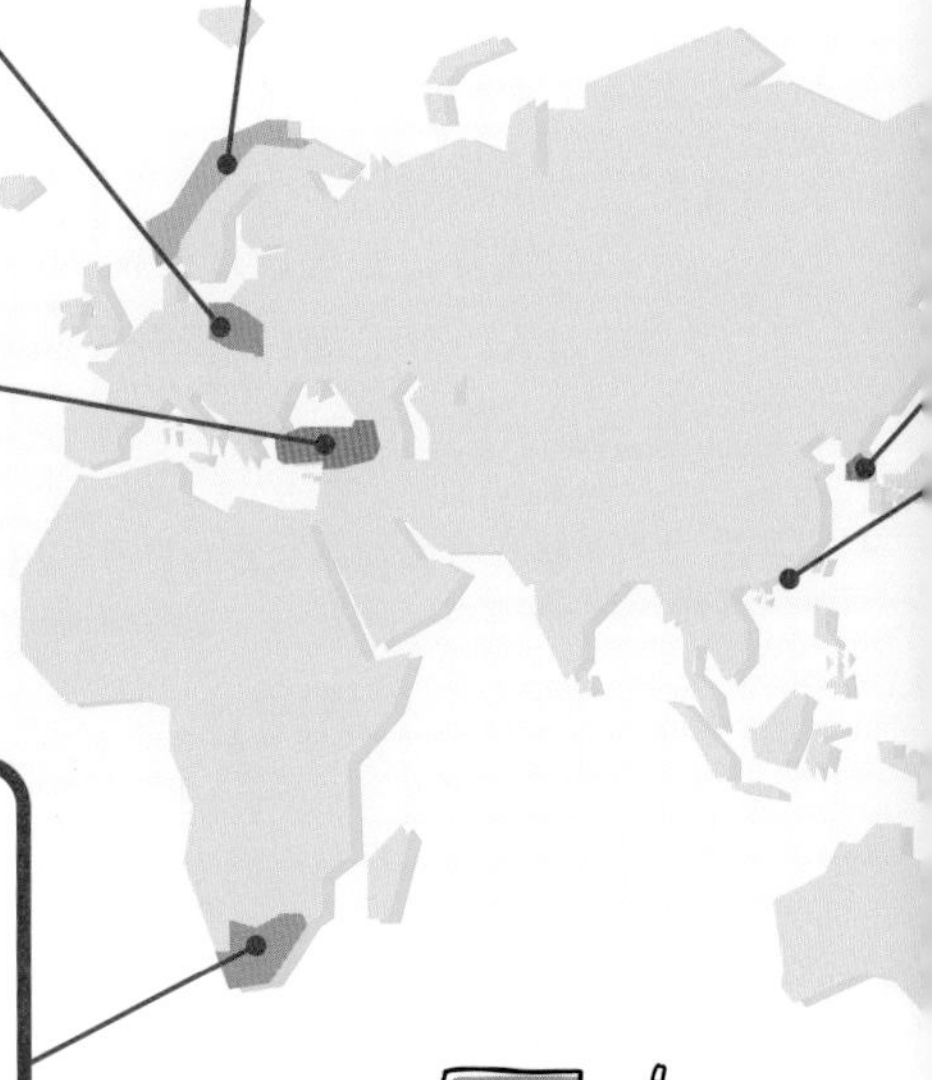

トルコリラ(TRY)

トルコは高金利政策を採用しているためスワップが魅力となっている。ただ**流動性が低く値動きが激しい**。近年、アメリカとの摩擦が激化し経済制裁を受け、リラ安傾向にある。下値不安は小さいが上昇のきざしはない。

南アフリカランド(ZAR)

南アフリカ共和国は、金やダイヤモンド、レアメタルといった鉱物資源に恵まれている。金の価格に連動して為替が動きやすい。金の価格が上昇すれば南ア・ランドも上昇しやすい。高金利なのでスワップ狙いにはもってこいの通貨だが、**政情不安になることも多い**。

Column

投資の基本③

地政学リスク

通貨には米ドルやユーロ、日本円といった「メジャー通貨」のほかに、トルコリラや南アフリカランドといった新興国通貨があります。

新興国は高金利政策を採っているケースが多く、スワップポイント狙いの投資対象として人気です。また、新興国通貨は取引量が少ない（**流動性が低い**）ので値動きが大きく、利益を得やすい点も魅力です。しかし、裏目に出たときは大きな損失を負うことに注意しましょう。

さらに、新興国には**地政学リスク**がともないます。

たとえば、2018年、トルコリラは、高金利でスワップポイント狙いの対象として人気がありました。

ところがその年の８月。対円で22円台後半だったトルコリラは15円台まで急落しました。原因は対米関係の悪化でした。トルコリラを所持していた投資家は大きな損失をこうむってしまったのです。

このように**新興国は政情不安の懸念や経済的に不安定な面も否定できません**。初心者は、流動性が低く値動きが激しい新興国通貨を避け、米ドル - 円といったメジャー通貨から始めるといいでしょう。

2018 年 8 月からのトルコリラ / 円チャート

エルドアン大統領の中央銀行への介入が不安視されているなかで、アメリカのトランプ大統領が対トルコへの経済制裁となる関税引き上げを発表した

Part 4

チャートを知って売買しよう

売買のタイミングがわかる!

Chart Trade

30

値動きを見る

テクニカル分析ってなに?

▼チャートを見るとトレンドがわかる!

これから為替がどう動くのか、過去の価格や取引量といったデータの時系列パターンから判断する手法を「**テクニカル分析**」といいます。経済的要因から予測するファンダメンタルズ分析と対をなす手法です。

テクニカル分析で使われるツールが、**チャートと呼ばれるグラフです**。これは為替の水準を時系列にあらわしたものです。

たとえばドルが、対円で過去の価格と比べて、どれくらいの水準にあるのか、トレンドとして「上昇しているのか」「下降しつづけているのか」などが一目でわかるようになっています。

ファンダメンタルズ分析は、おもに長期的な動きを探るのに有効ですが、テクニカル分析は、短期的な動きを探るときに使います。

▼短期間の取引に使えるテクニカル分析

通貨に与えるファンダメンタルズ要因は、数多くあります。通貨を取り巻く経済的要因は世界規模なので、すべてをチェックするのは困難です。そこで、**おもな経済指標だけを見て、あとはテクニカル分析で取引するスタイルが、ＦＸにはふさわしいようです**。

とくにデイトレードやスキャルピングなどでは、刻一刻の値動きが重要です。リアルタイムの値動きをチェックしていく必要があり、それにはチャートによる分析が欠かせません。

ワンポイント **テクニカル分析は難しい?**

テクニカル分析を「なんとなく難しそう」と敬遠する投資家がいるが、ＦＸではテクニカル分析は欠かせない。基本的な見方さえ覚えれば、算出法まで知らなくてもよい。とくにインターネットの発達で使いやすくなった。

テクニカル分析とファンダメンタルズ分析

●テクニカル分析

おもにチャートを使って
通貨価格の動きをチェック

上へ行くか？
下へ行くか？

どちらかといえば、
短期の動きをチェック

●メリット

市場の心理を読み取ることができ、目先の動きを把握できる。

●デメリット

経済状況の変化によるトレンド転換をつかめない。

●ファンダメンタルズ分析

経済を取り巻く要因で
為替の動きをチェック

金利は？
経済成長率は？
貿易収支は？
失業率は？

どちらかといえば、
中長期の動きを予測

●メリット

為替相場の大きな転換点が把握できる。トレンドをつかめば大きな利益ゲットにつながる。

●デメリット

短期の小刻みな動きをつかむことができない。デイトレードなどには不向き。

短期間の取引にはテクニカル
分析のほうがふさわしい

31

チャートのきほん

「ローソク足」の読み方

▼記号に秘められた「四つの価格」

チャートにもいろいろな種類があります。為替の値動きを、単純に折れ線グラフにしたチャートもありますが、FXや株式投資でおもに使用されるのが**「ローソク足」**と呼ばれるものです。

1日や1時間といった一定期間内の為替の動きを一つの記号であらわします。この記号が、「ろうそく」の形に似ているので、こう呼ばれています。

ローソク足は、通貨の「始値《はじめね》（寄《よ》り付《つ》き）」「高値《たかね》」「安値《やすね》」「終値《おわりね》（引《ひ》け値《ね》）」の四つの価格を示します。

1時間ごとのローソク足を「1時間足」、1日ごとのローソク足を「日足《ひあし》」と呼びます。これらは投資スタイルによって使い分けます。

▼投資スタイルに合ったローソク足を使う

スキャルピングという超短期売買なら、それこそ「1分足」「5分足」といったチャート、あるいは「ティック・チャート」というリアルタイムで価格を表示する「折れ線グラフ」を使用します。**デイトレードなら「1時間足」や「日足」、スイングトレードなら「日足」のほか「5日足」や「週足《しゅうあし》」といったチャートを使います。**超短期売買に、「週足」や「月足《つきあし》」といったチャートはあまり意味をなしません。ただし、長期のトレンドを確認するためには必要になってきます。

ワンポイント **ティック・チャート**

約定した取引を点であらわしたチャートで、点が増えればいくつにも重なり見えにくくなる。取引量が少ないと点がまばらになる。単純に価格の変化だけをとらえた折れ線グラフであらわされることもある。

ローソク足には陽線と陰線がある

●始値より終値が高くなったとき

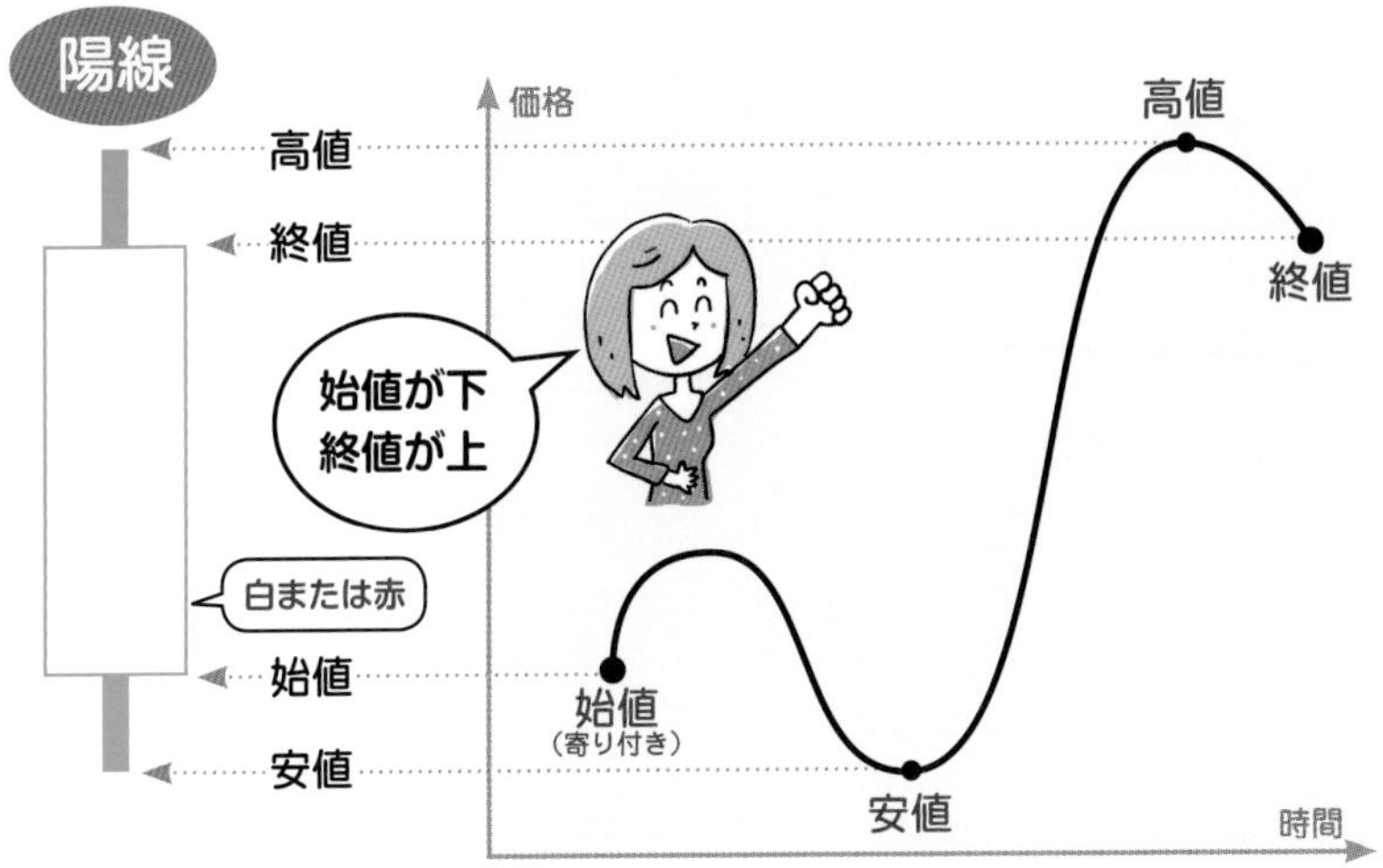

●始値より終値が安くなったとき

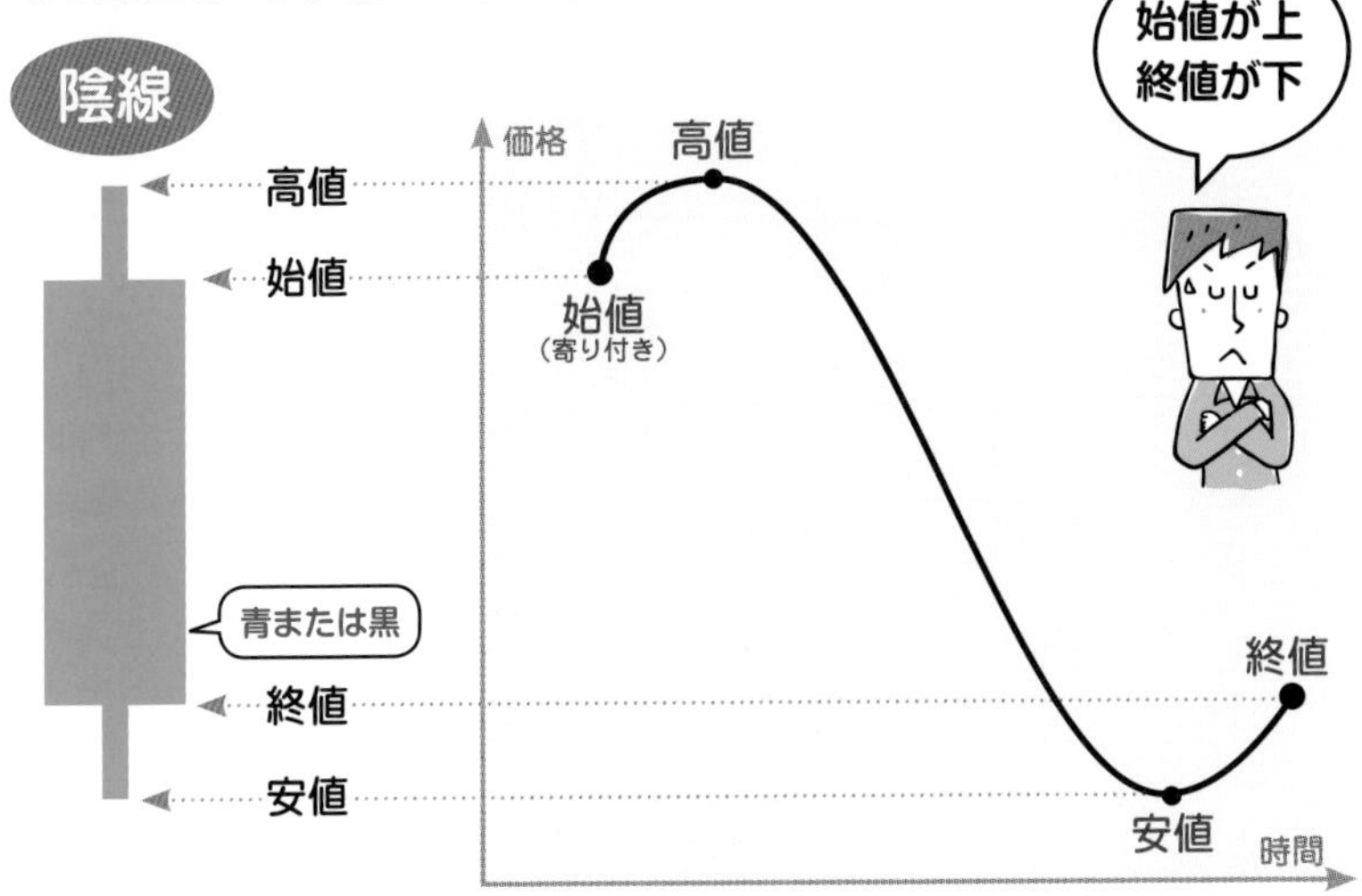

※陽線を緑（青）、陰線を赤であらわしたチャートもあるので注意

32

ローソク足のきほん

陽線と陰線について知っておこう

▼ローソクの色にも意味がある

始値より終値が高くなったときは、「ローソク足」の太い部分（「柱」といいます）は白（または赤）で記します。このローソク足をとくに「**陽線**」といいます（103ページ参照）。

終値が始値を下回ったとき「柱」は黒（または青）で記します。このローソク足を「**陰線**」といいます。

また、始値と終値の間、つまり柱の部分から上下に線が伸びているケースがあります。この部分をとくに「ヒゲ」といいます。陰線なら始値より高値をつけた部分、あるいは終値より安くなった部分です。高値部分をとくに「上ヒゲ」、安値部分を「下ヒゲ」といいます。

▼ローソクの形状で上昇・下降が読める？

ローソク足一つひとつの足型は、その形状から「大陽線」「大陰線」「小陽線」「小陰線」「十字線」に大別できます。

「大陽線」は始値から終値まで大幅に上昇したときの足型です。

逆に**始値から終値まで大幅に下落したときの足型を「大陰線」といいます。**

小幅な値動きのときは、それぞれ「小陽線」「小陰線」といいます。「十字線」は始値と終値が一致したケースです。

これにヒゲがどのようにつくか、あるいはその有無などで、相場の先行きも占えます（106～107ページ参照）。

ワンポイント　陽線と陰線はそれぞれどんな状態にあるか

陰線は始値より終値が安くなったケースで、陽線はその逆。チャートで上昇相場がつづけば、陽線が増える傾向にある。逆に下落相場がつづくと、陰線が増える。チャート図が白っぽければ（モノクロのケース）上昇相場。

ローソク足、五つの基本形

大陽線

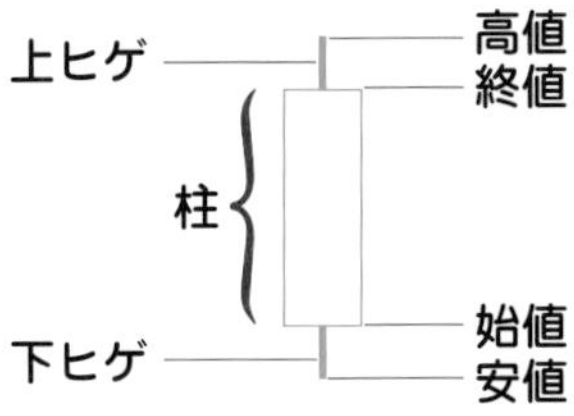

始値から終値まで大幅に通貨の価格が上昇したときにあらわれる。柱の部分が長い。

大陰線

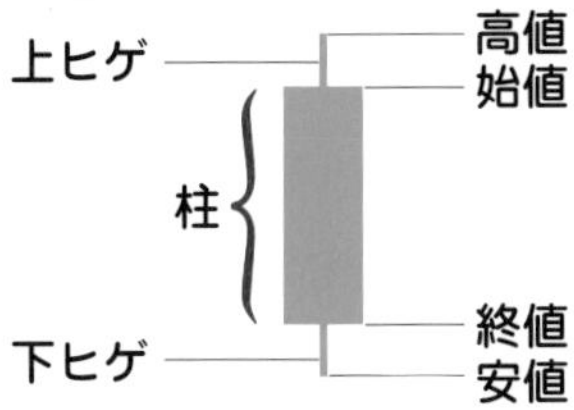

始値から終値まで大幅に通貨の価格が下落したときにあらわれる。柱の部分が長い。

小陽線

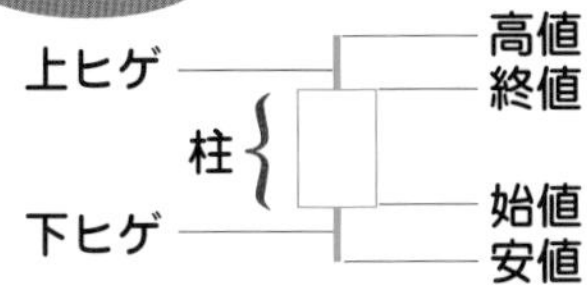

始値から終値までの上昇幅が小さいケース。大陽線と小陽線との明確な区分はない。

小陰線

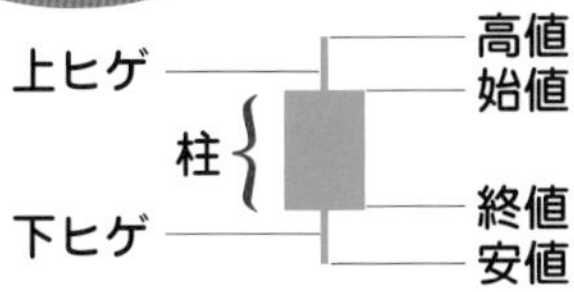

始値から終値までの下落幅が小さいケース。大陰線と小陰線の明確な区分はない。

十字線

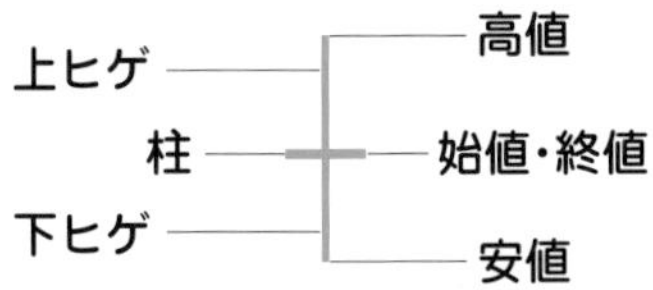

始値と終値が同じ価格のときにあらわれる。柱がなく、横一線であらわされる。

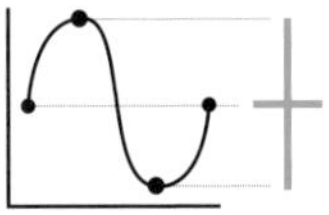

あらわすシグナル

大陽線のバリエーション

上昇気運　下落気運

陽の丸坊主

始値が最安値、終値が最高値となったケース。上ヒゲ、下ヒゲがない。買いの勢いが強いシグナル。

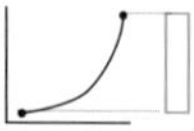

陽の大引け坊主

寄り付き後に安値となり、その後上昇。終値が高値となった。さらなる上昇が期待できる。

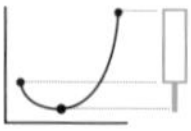

陽の寄り付き坊主

始値から一度も下がらず上昇、終値が高値をやや下回った。上昇相場で警戒感が出てきた。

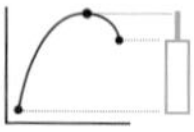

大陰線のバリエーション

陰の丸坊主

価格が大幅に下落。始値がいちばん高く、終値が最安値となった。さらなる下落の恐れ。

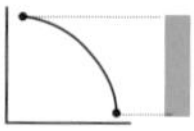

陰の大引け坊主

始値より少し上昇したものの、売りの勢いが強く大幅に下落。終値が最安値。さらに下落しやすい。

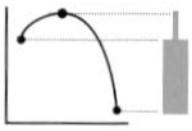

陰の寄り付き坊主

始値から大幅に下落。終値が最安値からやや上昇して引けた。上昇する可能性もあり。

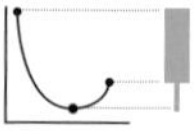

十字線のバリエーション ※トレンドの転換期にあらわれることも多い

一本線

始値、終値、安値、高値がまったく同じ。為替相場では、超短期線でない限り、めったにあらわれない。

足長同事線

十字線

長い上ヒゲと長い下ヒゲ。上下に激しく価格が動いた。

トンカチ

上ヒゲがなく、下ヒゲが長い十字線。

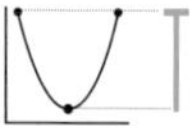

トウバ

下ヒゲがない十字線。

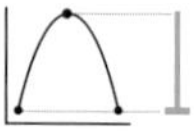

ローソク足の型が

小陽線のバリエーション

下影陽線

価格が大幅に下がったが、その後上昇。終値が始値をやや上回って引けた。

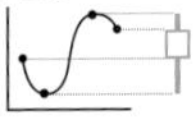

陽のカラカサ

終値が最高値となった。低迷している価格あたりであらわれると上昇に転じやすい。

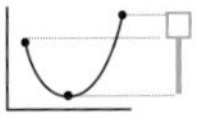

上影陽線

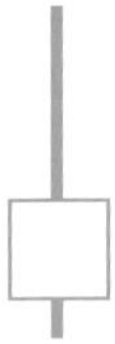

大幅に上昇したが、終値が始値よりやや高いところで引けた。

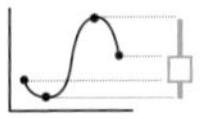

陽のコマ

価格が激しく上下したものの、けっきょく終値が始値をやや上回って引けた。

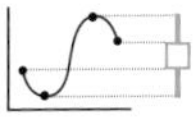

陽のトンカチ

価格が大きく上昇したものの、その後下落。終値が始値をやや上回って引けた。

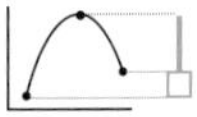

小陰線のバリエーション

上影陰線

価格が大きく上昇したものの、最後は始値より安く引けた。弱さのシグナル。

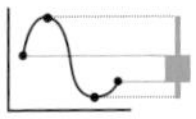

陰のカラカサ

始値が最高値で大きく下落したものの、高値近くまで戻した。

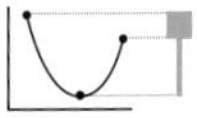

下影陰線

価格が大幅に下がったが、やや持ち直した形。

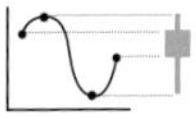

陰のコマ

上下に激しく動いたものの、終値が始値をやや下回って終わった。

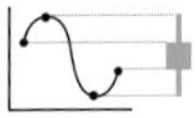

陰のトンカチ

大きく上昇したものの、最終的には始値より終値がやや下回った。

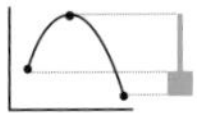

必ずしもシグナルどおりに動くとは限らないので注意しよう

33

上昇・下落のシグナル

ローソク足の組み合わせをチェック

上昇と下落のパターンがある

一つひとつの足型で為替動向を占うことができますが、**複数の足型の組み合わせ**でも、為替が上に動くか、下に動くか、ある程度の確率で予測できます。

ここでは、そのいくつかのパターンを紹介します。

前の足型（日足なら前の日、1時間足なら前の1時間）の大陽線、大陰線の「柱」の範囲に小陽線、小陰線が入ってしまうのを「**はらみ線**」といいます。

足型の組み合わせによって「陽の陽はらみ」「陰の陰はらみ」「陽の陰はらみ」「陰の陽はらみ」の4種類のはらみ線があります。

上げのポイント、下げのポイント

「はらみ線」は、とくに相場の転換点になる場面であらわれやすいパターンです。さらに、どの為替水準で出現したか、**次の足がどの位置に出現するか**でも、先行きを占うことができます。

「陽の陽はらみ」が高値圏であらわれたときは、下落する確率が高くなります。

「陽の陰はらみ」が上昇局面で出現したときは、次の足型がポイントになってきます。下寄り（低位）で出現したら下げ、上寄り（上位）で陽線があらわれたら、さらに上昇する確率が高くなります。

ほかのパターンも左ページで解説します。

ワンポイント はらみ線

前の足型の大きな動きを「母体」とみなし、次の小さな足型を「はらんだおなかの子」と見立てることによって「はらみ線」という呼び方をする。相場においても新たな「生命の誕生」（転換点）といえる。

はらみ線の上げ下げポイント

陰の陽はらみ

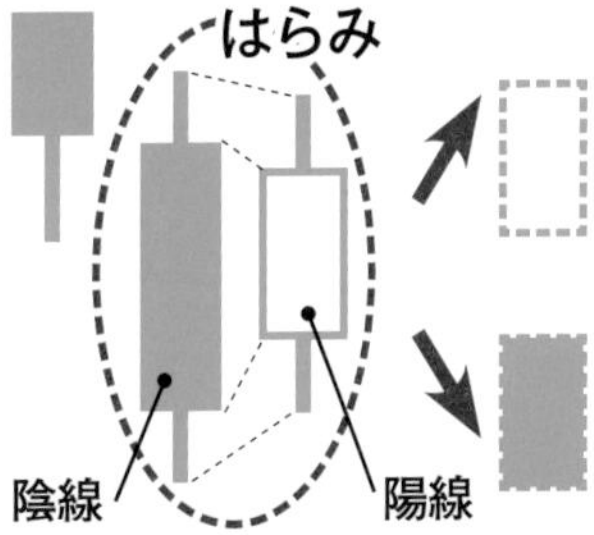

大陰線が出現。次は前の足型の終値より高く寄り付き、陽線となったものの、前の始値を上回ることなく引けた形。売りもの出尽くしともいえるが、次の足型次第でさらに下落も。

陰の陰はらみ

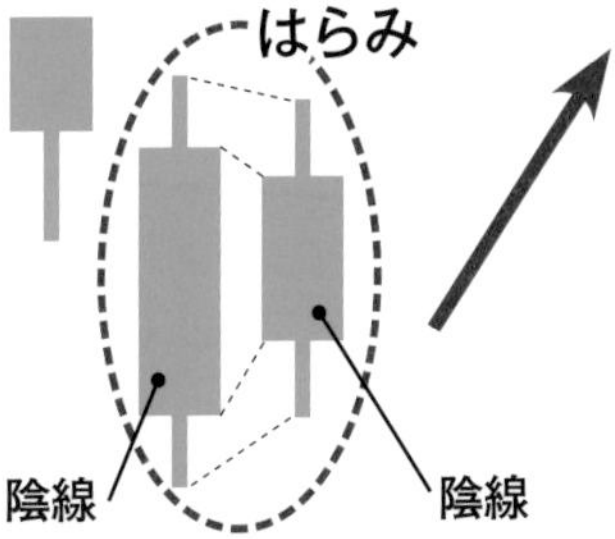

大陰線の次、終値より高く寄り付いたものの下落して引ける。が、前日の終値を下回ることなく引けた。「売り方」のパワーが尽きてきた状態を示し、反転上昇のきざしとなる。

陽の陽はらみ

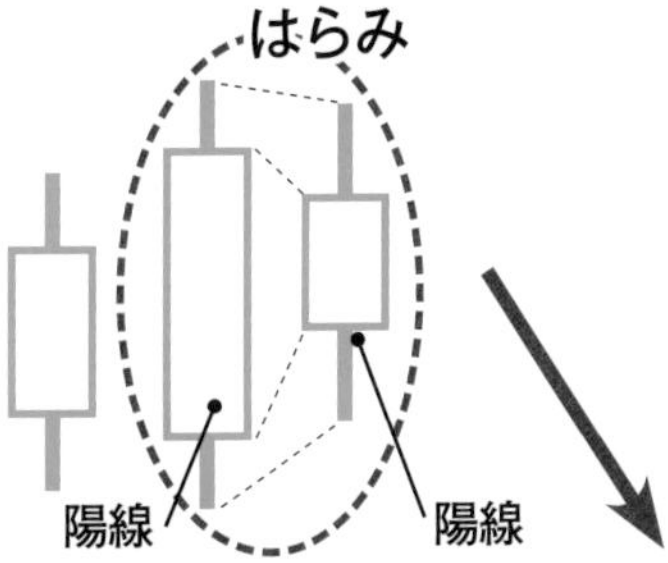

大陽線が出現。次は終値を下回って寄り付き、陽線となったものの、前の足型を超えずに引ける。高値圏であらわれると買い方のパワーが衰えたことを示す、下落のシグナルとなる。

陽の陰はらみ

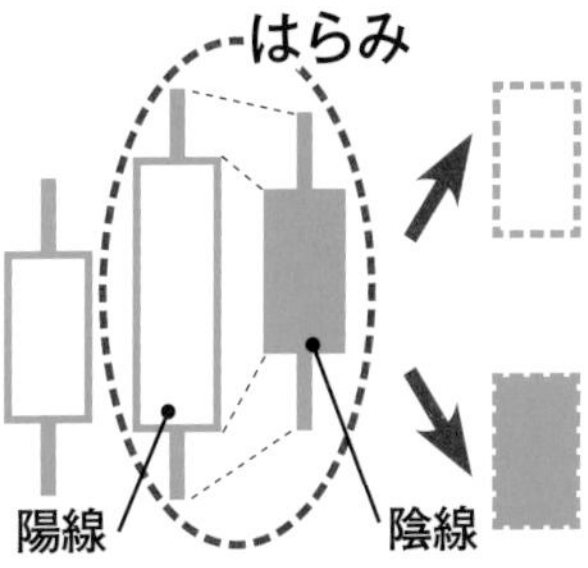

大陽線の次に安く寄り付き、陰線となって引けたものの、前の始値を下回らずに引けた形。買い疲れを示して下落しやすいが、次の足型が陽線なら、買いの勢いが持続することも。

↗上昇のシグナル　①三《さん》手《て》大陰線

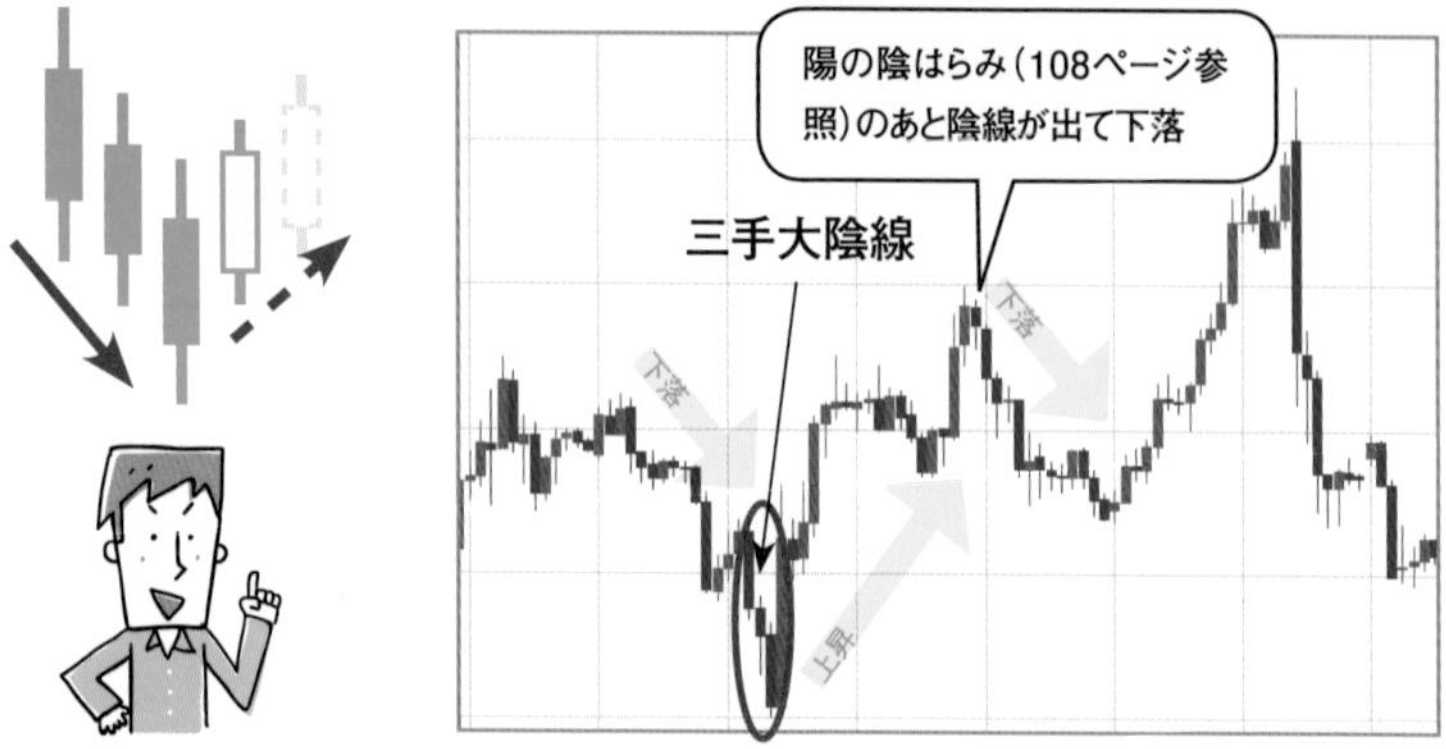

下落相場において３本つづけて大陰線が出現したときは、反転して上昇となる確率が高い。

ただし、高値圏で出たときは、さらなる下落の兆候なので要注意。

↗上昇のシグナル　②たくり線

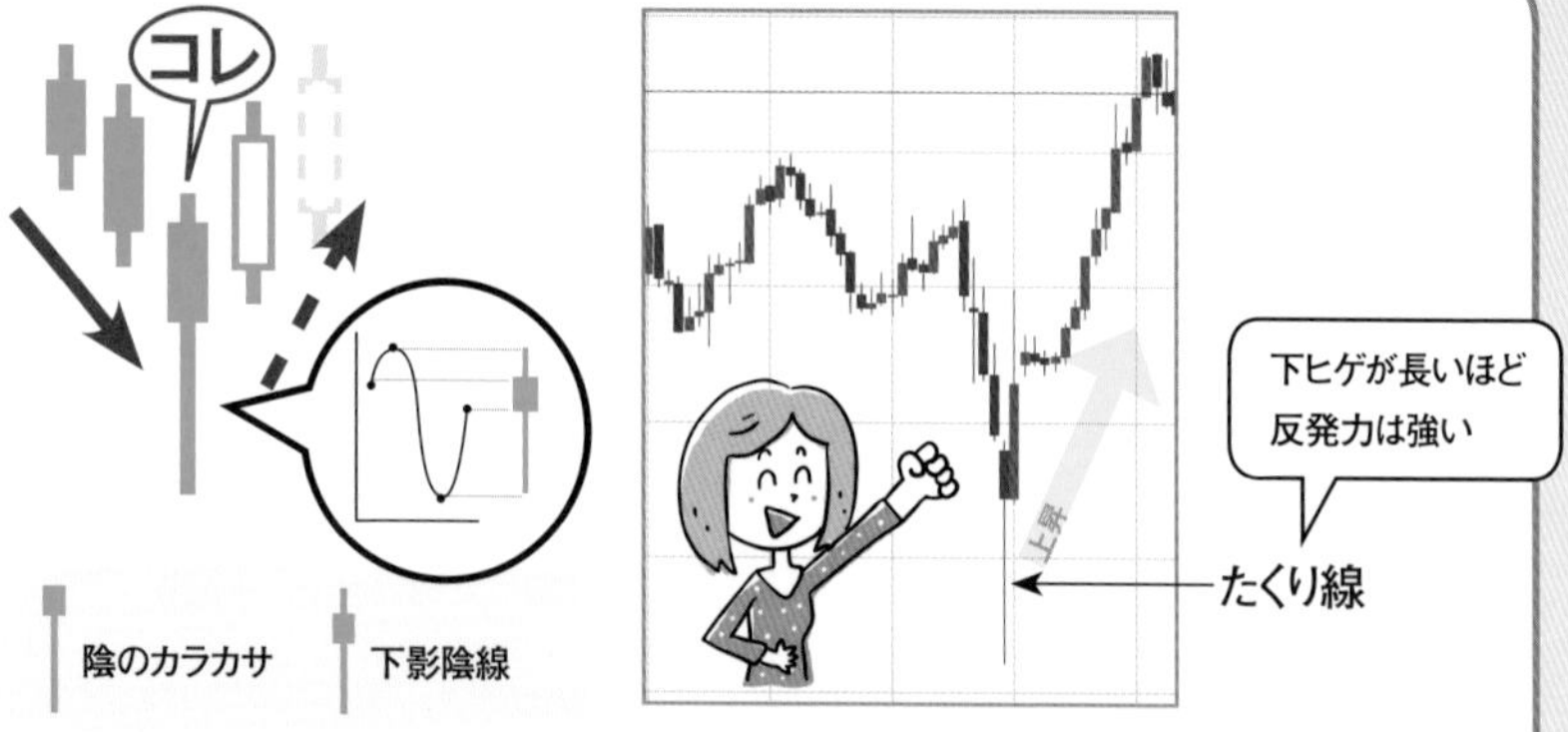

寄り付きから安く、大きく突っ込んだものの急反発して小安く終わった形。大陰線のあとに出る下影陰線、あるいは陰のカラカサのこと。下ヒゲが長いほど、反発力は強い。

↗上昇のシグナル ③やぐら底

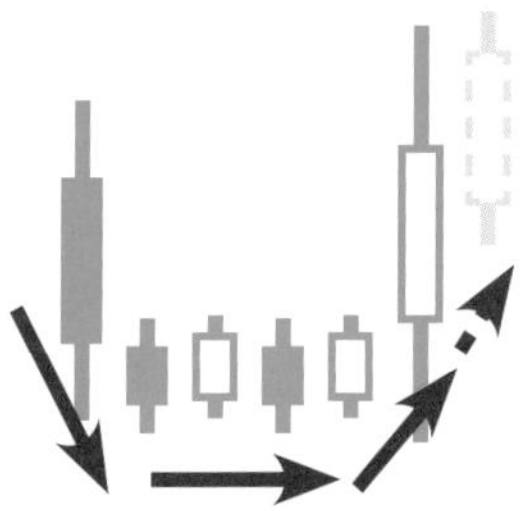

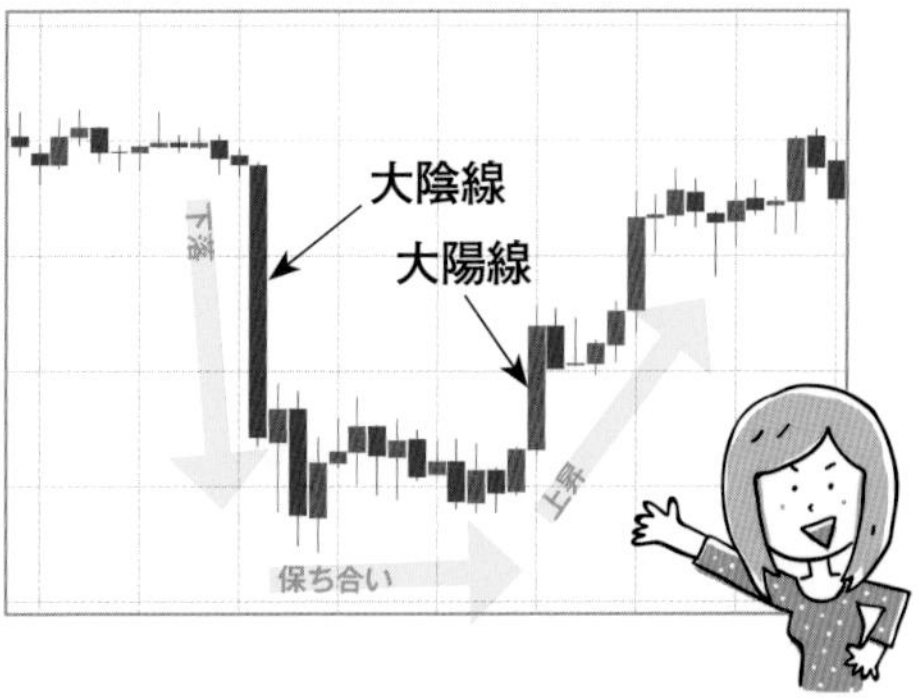

大陰線が出たあと、底値付近で為替が煮詰まる。上にも下にも行かない「保《も》ち合い（横ばい）」がつづいたあと、大陽線があらわれると「やぐら底」が完成。上昇相場へ。

↗上昇のシグナル ④逆襲線

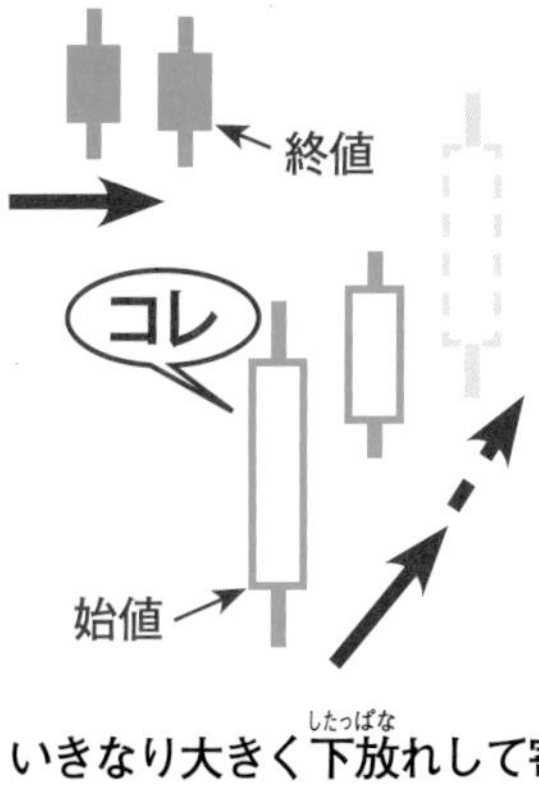

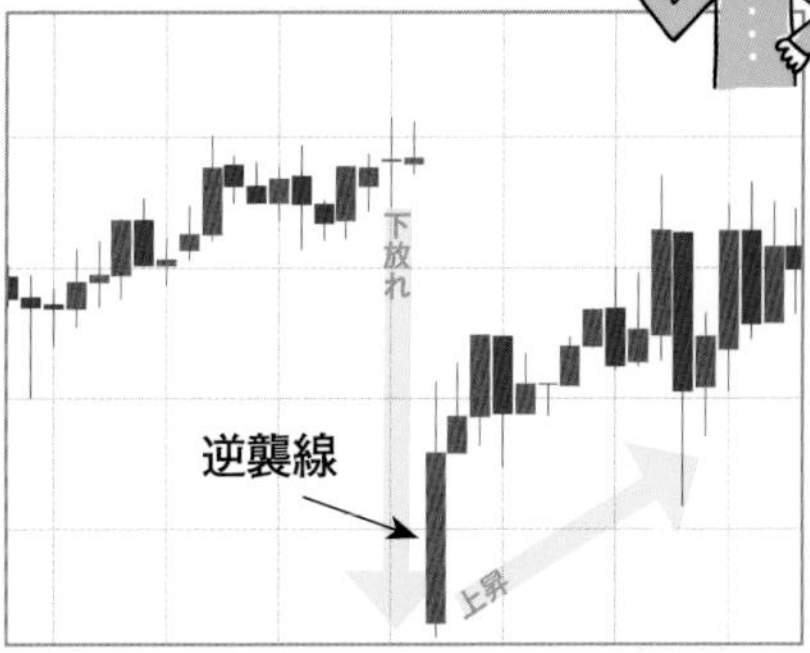

いきなり大きく下放《したっぱな》れして寄り付いたあと、急反発。大陽線をあらわしたものの、前の足型よりは下値にある。これを逆襲線と呼び、為替は反発する。

【下放れ】 前のローソク足の終値よりもはるか下で寄り付いたもの

上昇のシグナル　⑤上放《うわっぱな》れタスキ

「タスキ」とは、上昇相場なら陽線のあと、次の足型が前のローソク足の範囲内から寄り付き、陰線となったケース。上放れ陽線のあとタスキとなれば、上昇が加速。

【上放《うわっぱな》れ】 前のローソク足の終値よりもはるか上で寄り付いたもの

上昇のシグナル　⑥カブセを上抜く線

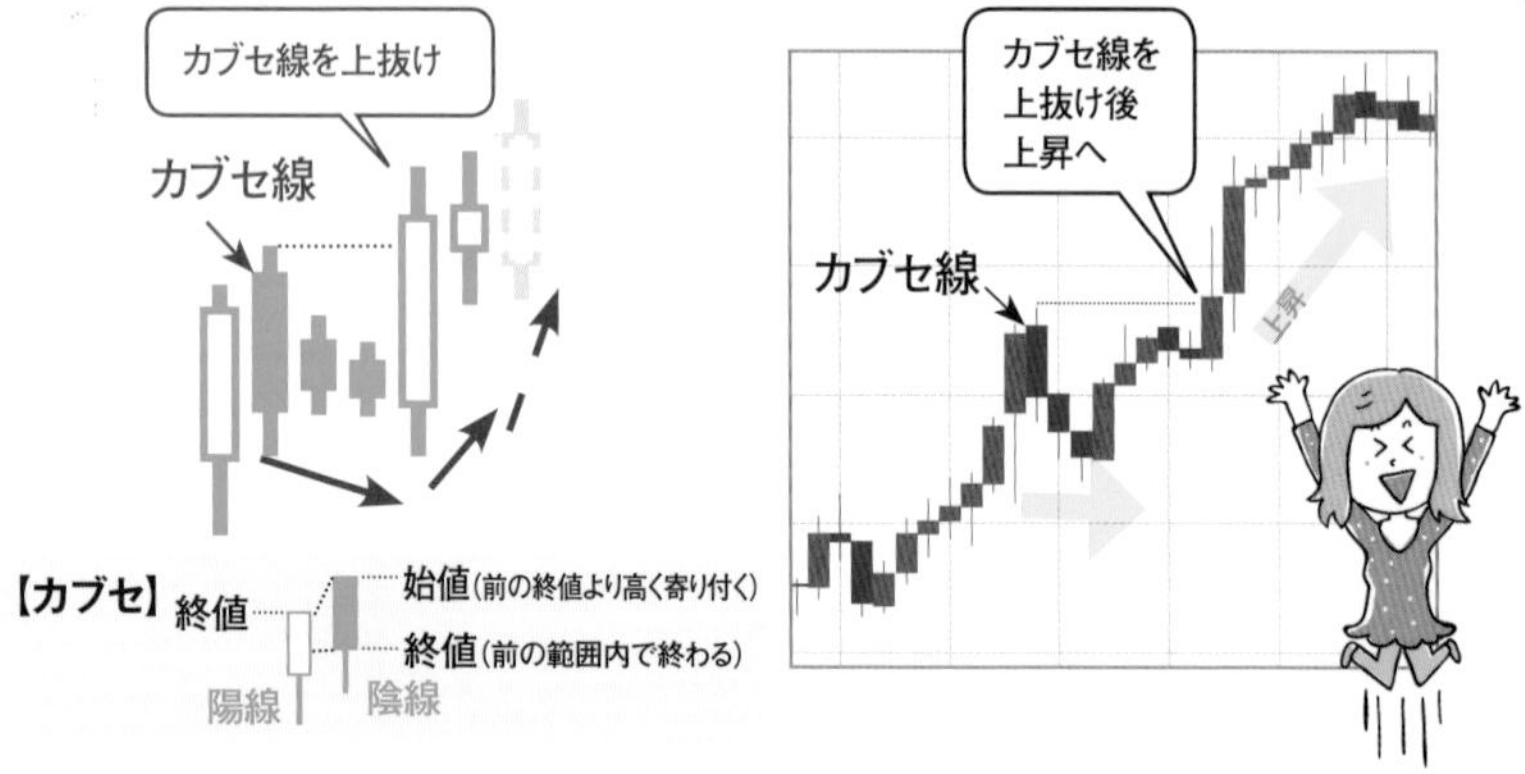

「カブセ」は、前の陽線の終値より高く寄り付いたが、その後反落して前のローソク足のなかに食い込んで陰線となった形。天井形成のケースだが、のちに上抜けすると上昇へ。

上昇のシグナル ⑦上伸途上の極線・寄せ線

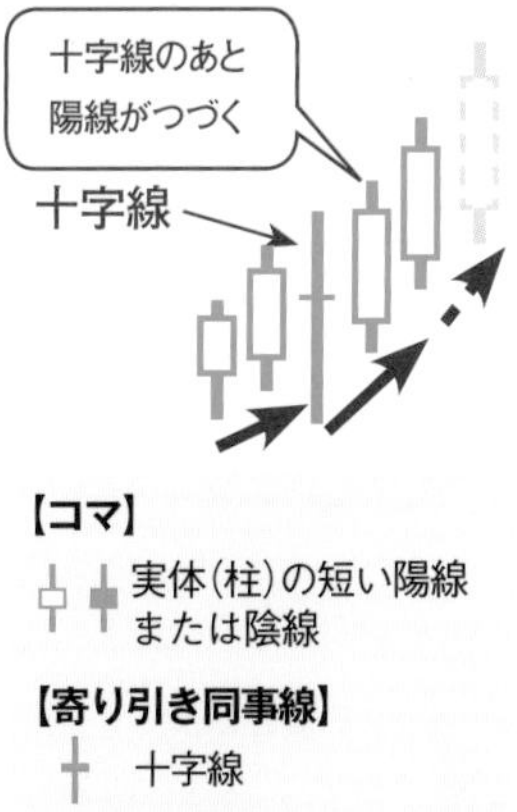

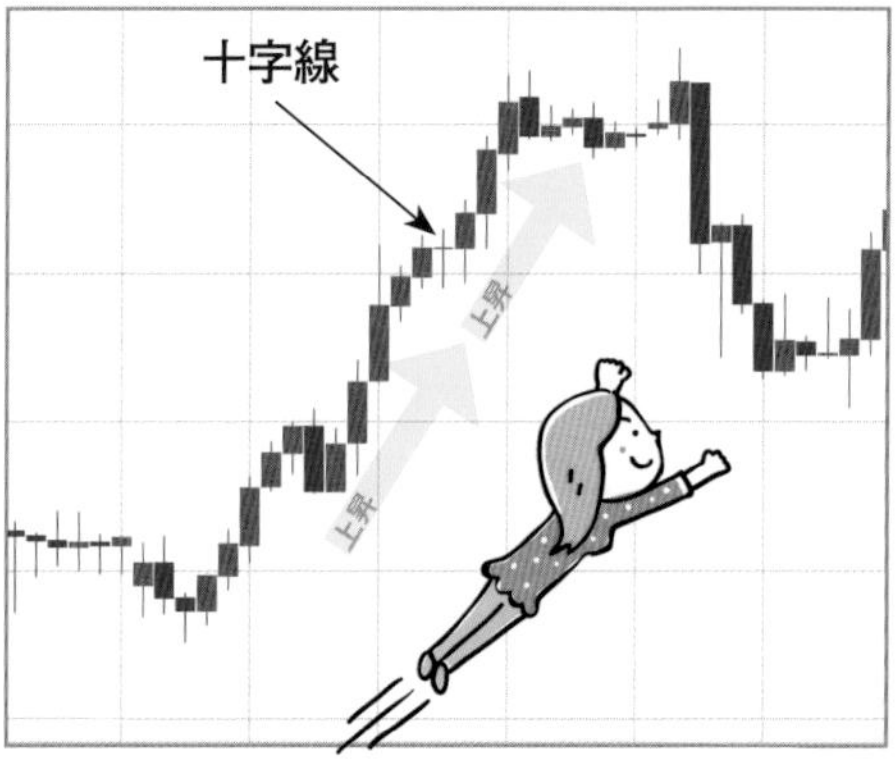

上昇相場の途上で、大陽線につづいて「コマ」か「寄り引き同事線（十字線）」が出ると分岐点となる。その後、さらに陽線が出ると上昇は勢いづく。

上昇のシグナル ⑧マド埋め

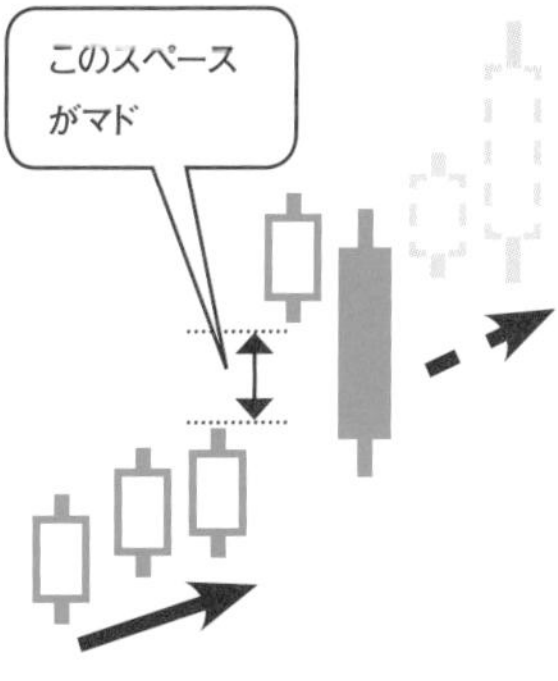

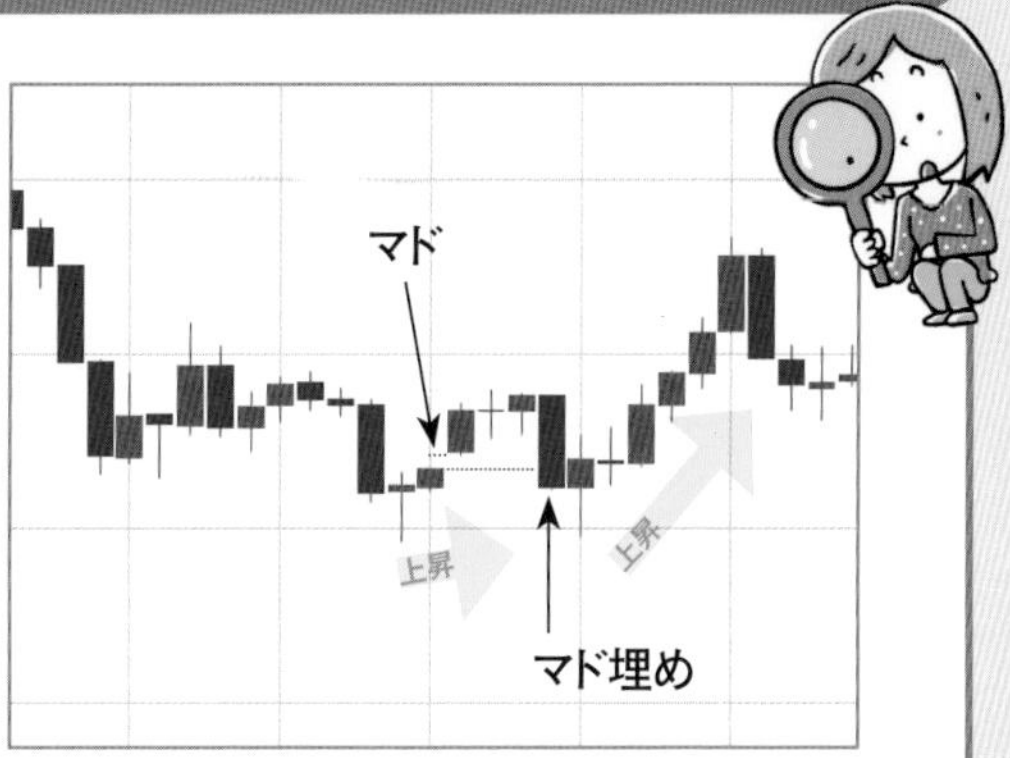

2本のローソク足の空間がマド。前の足型から放れて寄り付き、値動きが前の値幅内にかからないときにできる。上昇過程でマドが開いたあと、相場が反転して、マドが開く前の値（マド埋め）に戻ったら、さらに上昇する。

↗上昇のパターン ①逆ヘッド・アンド・ショルダー

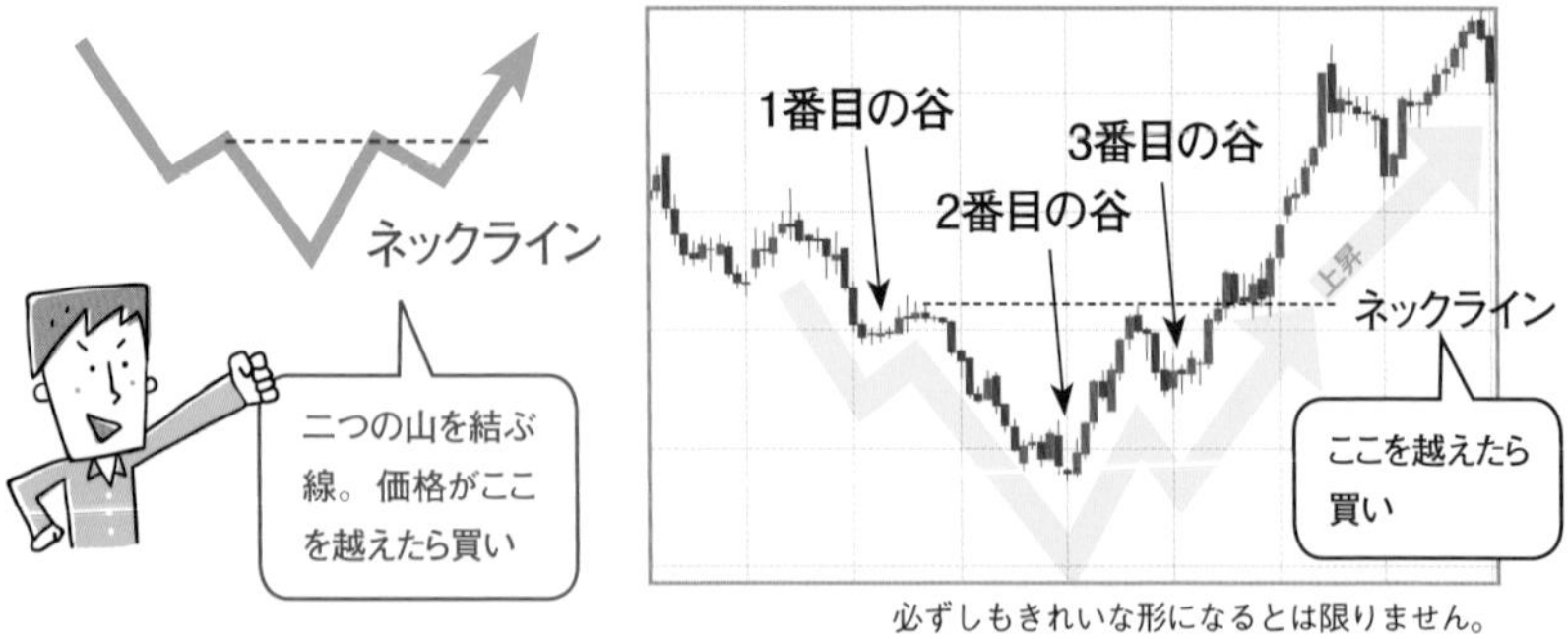

必ずしもきれいな形になるとは限りません。

底値で3回「谷」を形成し、そのなかで2番目の谷が最も安値になるパターン。最初の谷に向かって為替水準は安くなり、一度反転したあと、再度下落。反発して三たび下落したのちに上昇する。

二つの「山」を結ぶ線をネックラインという。

↗上昇のパターン ②ダブル・ボトム

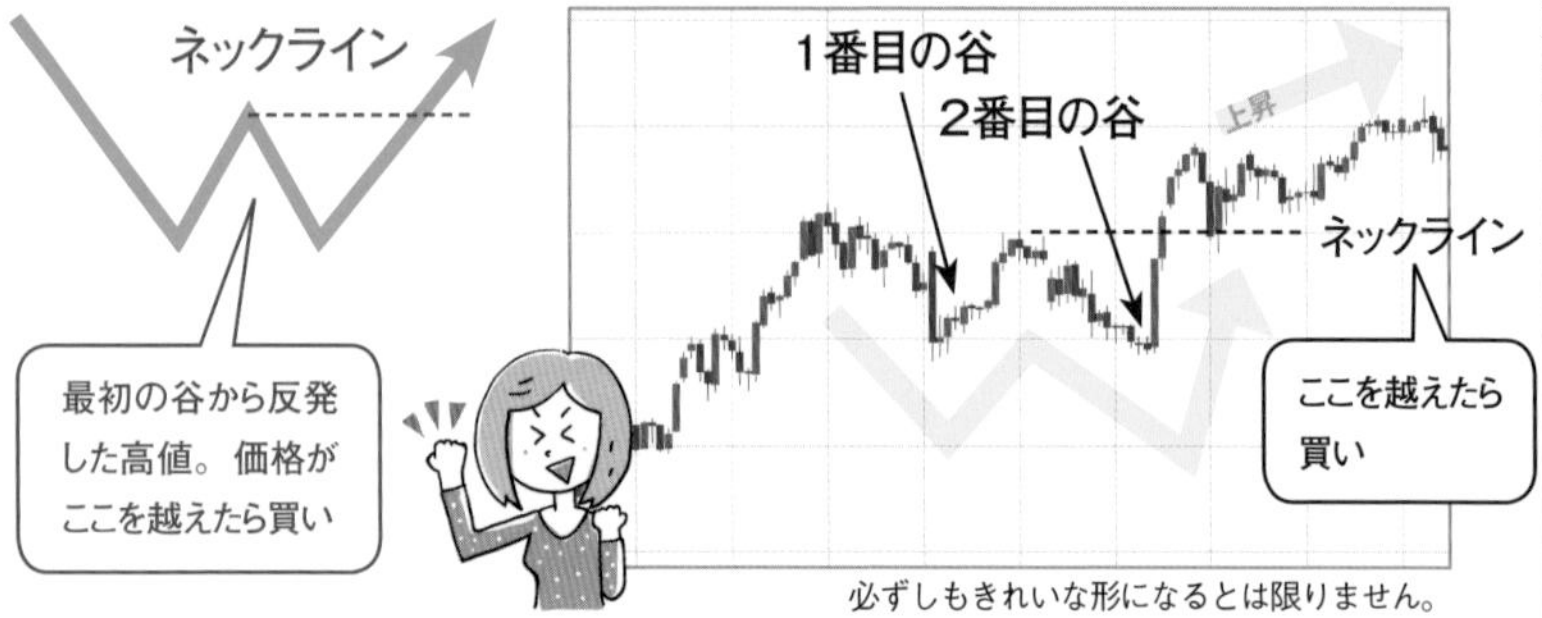

必ずしもきれいな形になるとは限りません。

チャートの形が「W」の形を描くように二つの「谷」を形成するパターン。

最初の谷から小反発した高値がネックライン。

2番目の底値から上昇し、ネックラインを越えたところから本格的に上昇する。

上昇のパターン ③ソーサー・ボトム

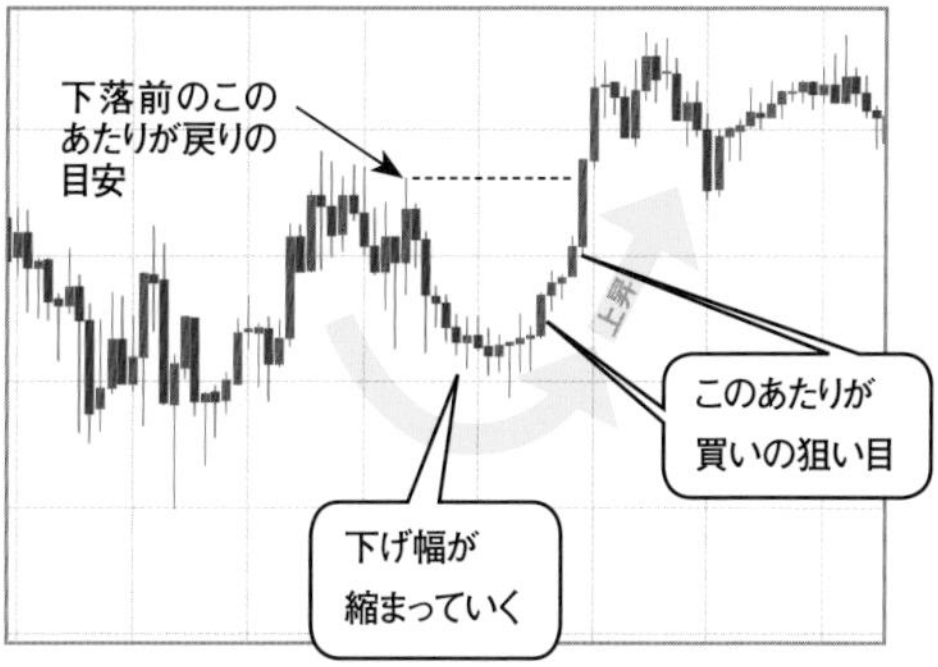

なだらかな「なべ底」のような曲線を描くチャート形。高値からだらだらと為替水準を切り下げたあと、下げ幅が縮まり、やがて上昇に転じていく。買いのチャンスは明確ではないものの、大きめの陽線が出たときを狙う。戻りの水準は下落前の高値。

上昇のパターン ④V字形

急激に為替水準が切り下がったあと、急回復するパターンである。チャート形が「V」字形を示す。
底値の確認は難しいが、上向いたときが買いのタイミング。戻りの水準は、急落前の高値を目安にする。

➘ 下落のシグナル　①三羽ガラス

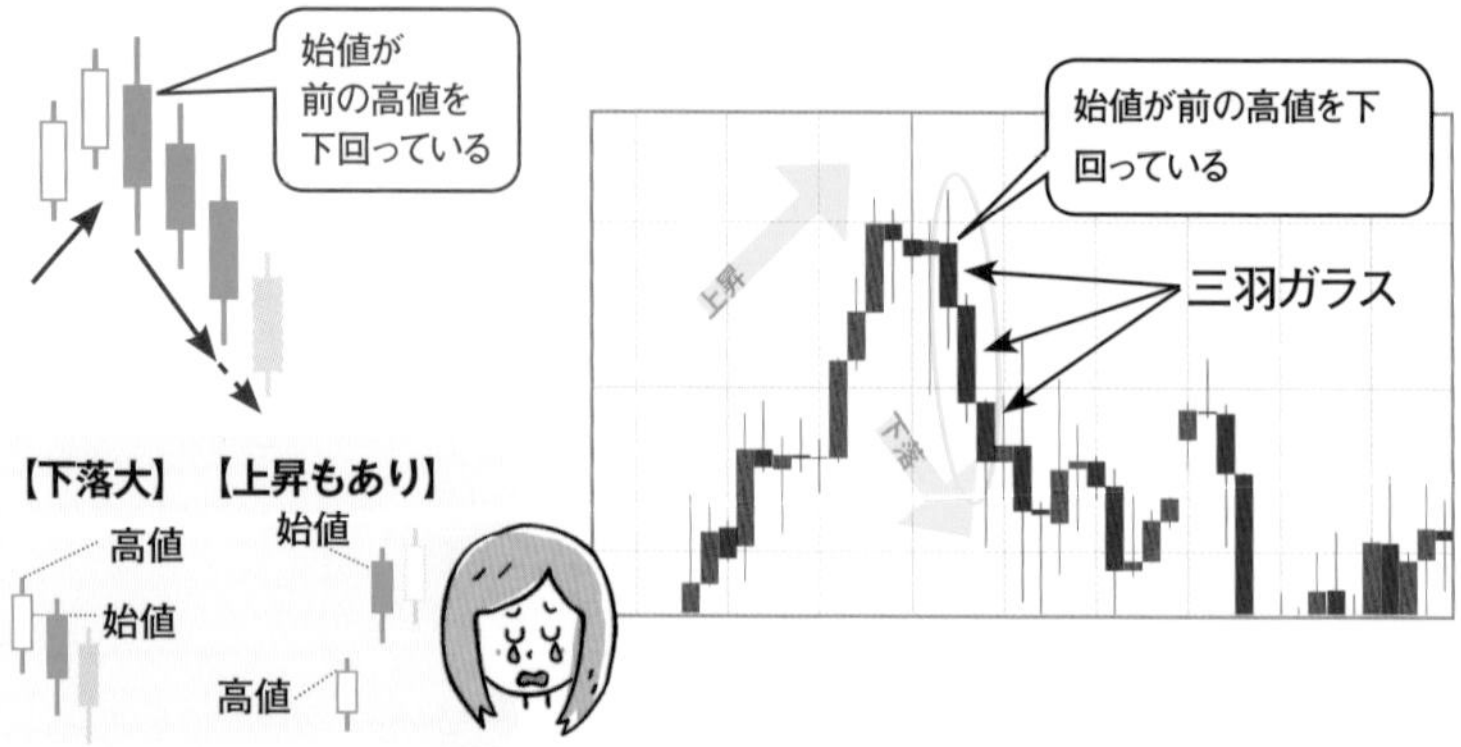

上昇相場がつづいたあと、陰線が連続し、為替水準が下落するパターン。最初の陰線の始値が前の高値より下回っていると下落する。上放れしていると上昇の可能性あり。

➘ 下落のシグナル　②カブセ線

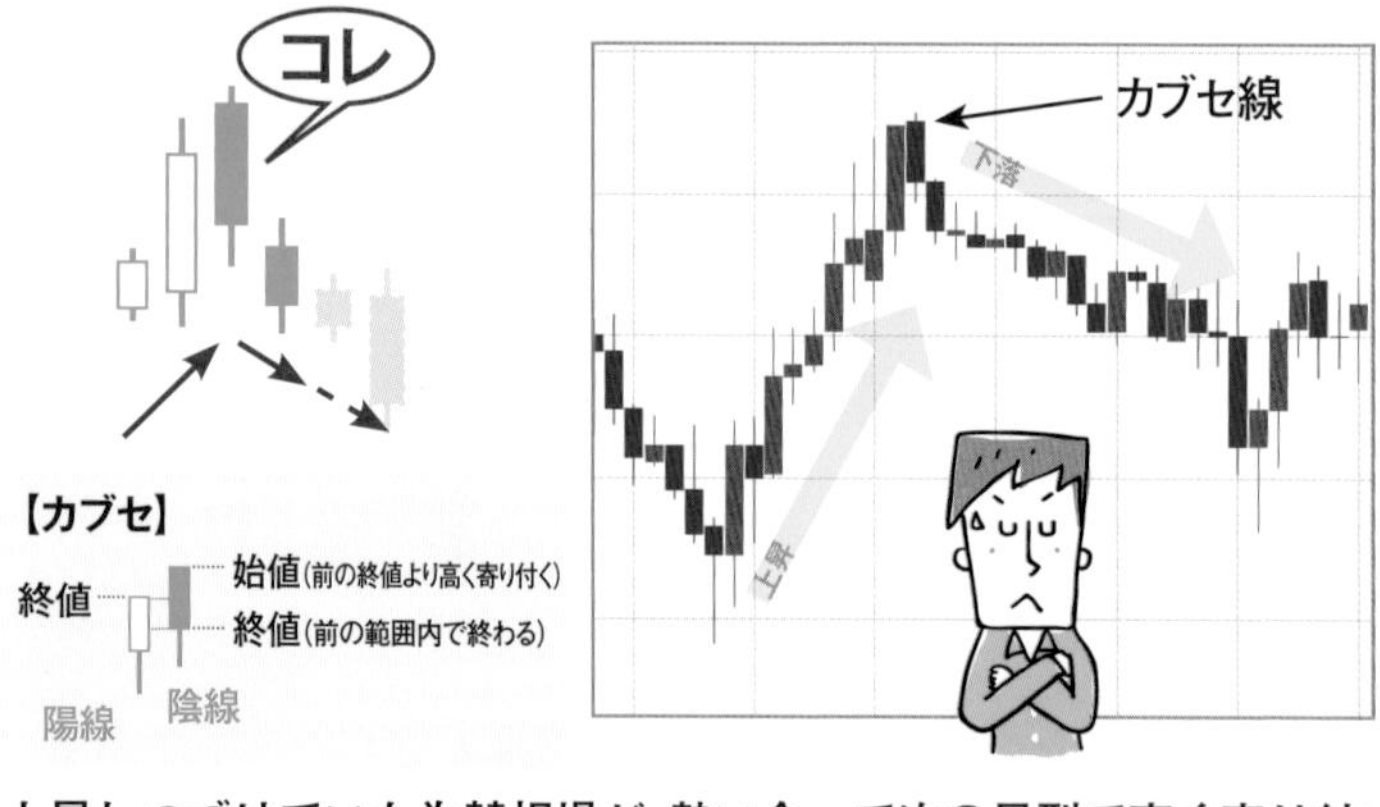

上昇しつづけていた為替相場が、勢い余って次の足型で高く寄り付いたものの、買いがつづかず、反落して前の陽線に食い込んで陰線となったもの。下落の兆候となる。

下落のシグナル ③はらみ寄せ線

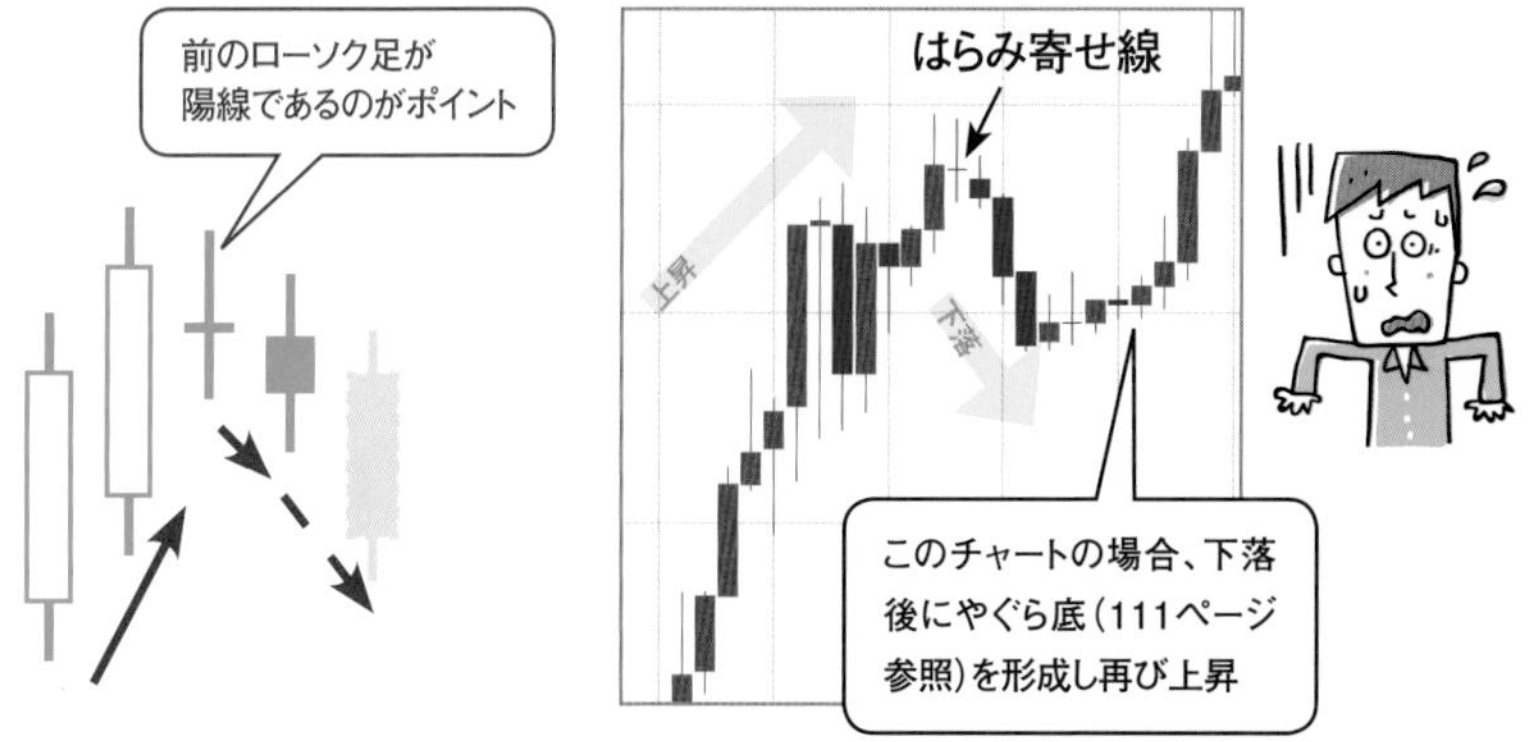

前の陽線・陰線の柱の部分に次の足型が入ってしまったのが「はらみ線」（108ページ参照）。前の陽線が次の十字線をはらんだようになると「はらみ寄せ線」となり下落へ。

下落のシグナル ④上位での陰の寄り切り線

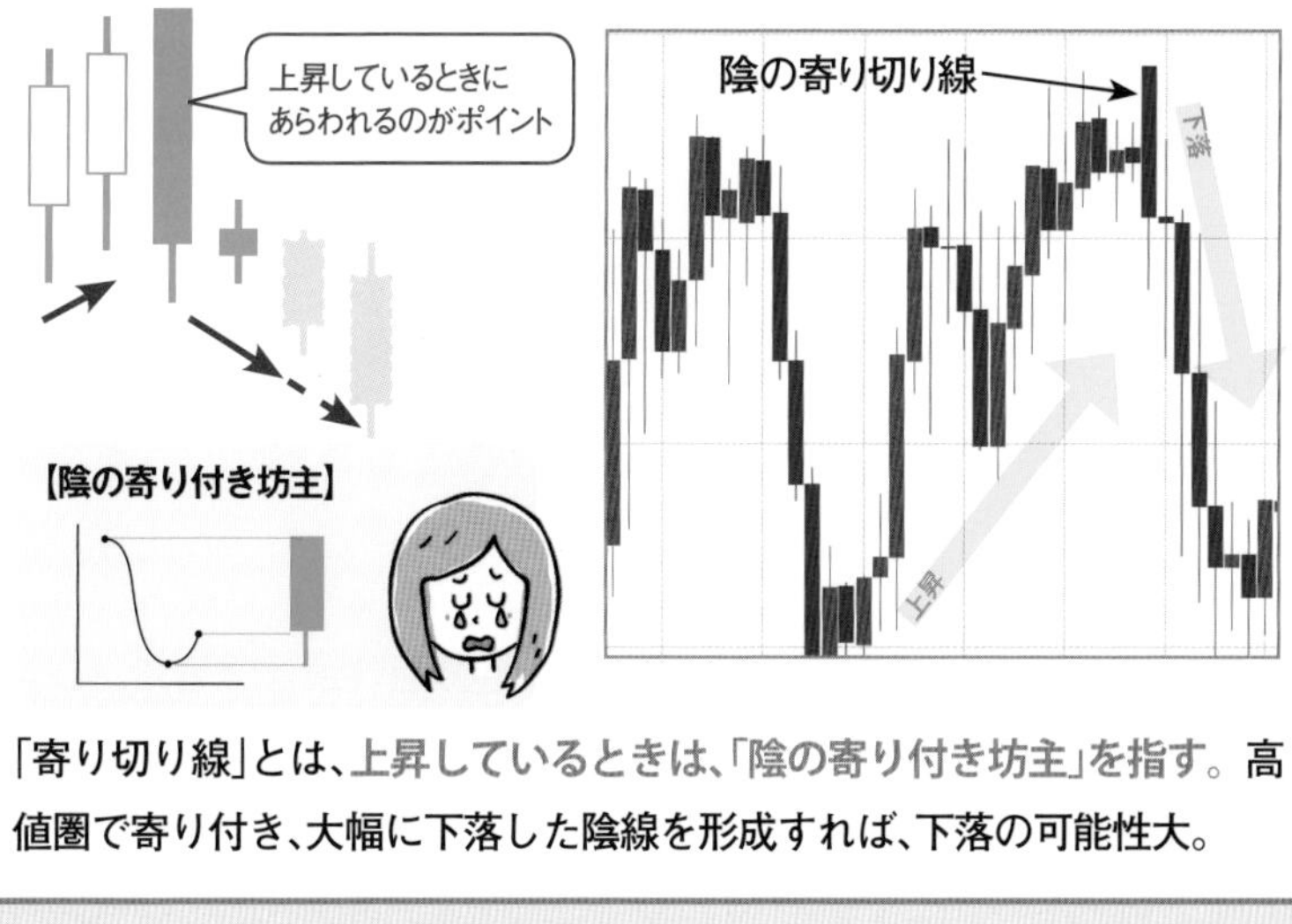

「寄り切り線」とは、上昇しているときは、「陰の寄り付き坊主」を指す。高値圏で寄り付き、大幅に下落した陰線を形成すれば、下落の可能性大。

下落のシグナル　⑤下げ足の寄せ線

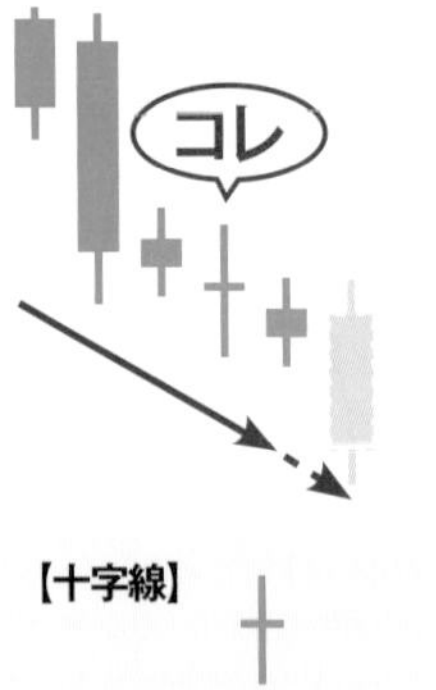

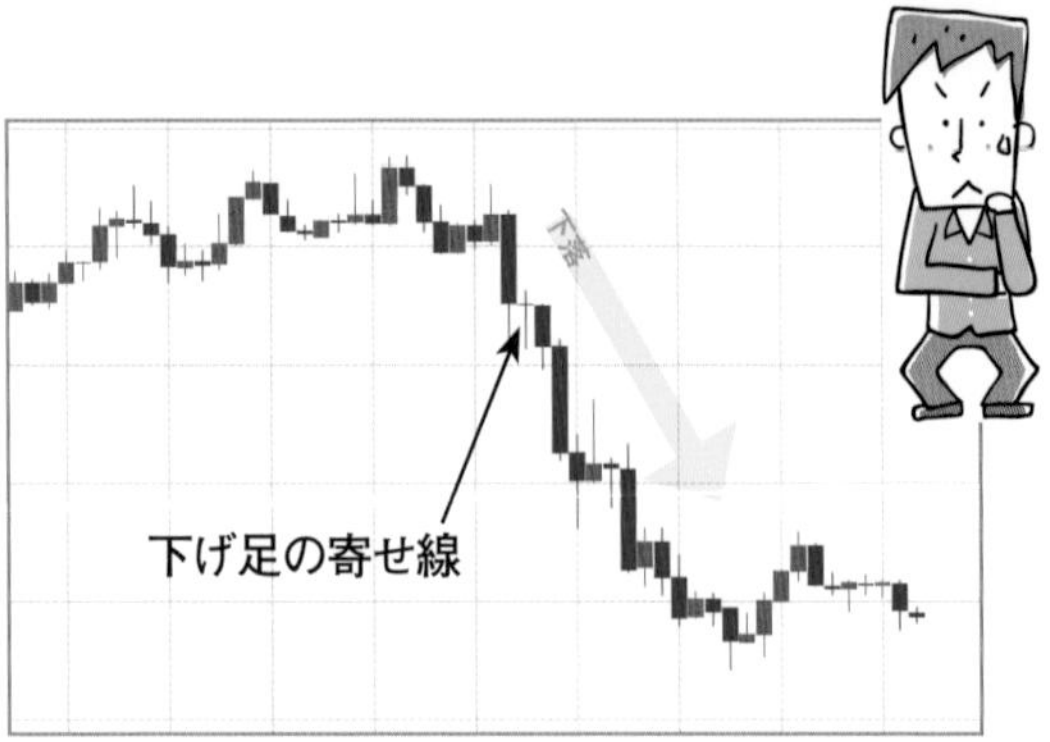

下落相場の途上で、「十字線」があらわれると「下げ足の寄せ線」。為替相場はその段階から一段と安くなる可能性が高く、売りの好機となる。

下落のシグナル　⑥行き詰まり線

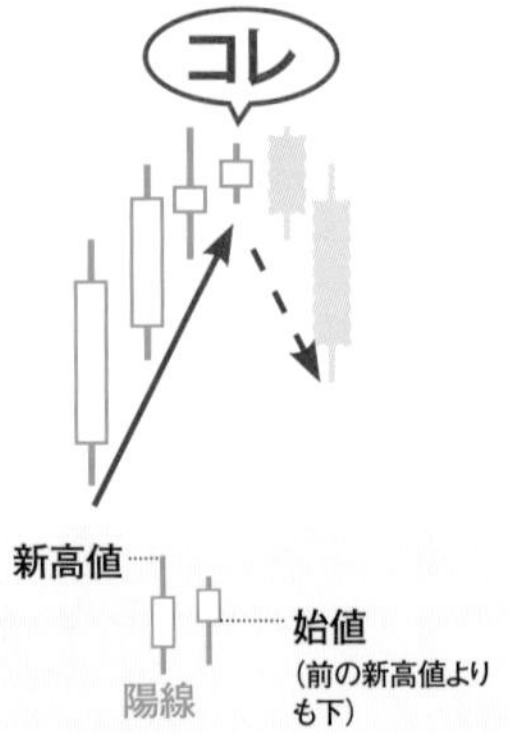

上昇相場がつづいて**新高値をつけたあと**、次の足型も陽線となる。しかし、前の高値よりも下位で寄り付き、高値を更新せずに陽引けした形。
反落のきざしとなる。

下落のシグナル　⑦上位の上放れ陰線

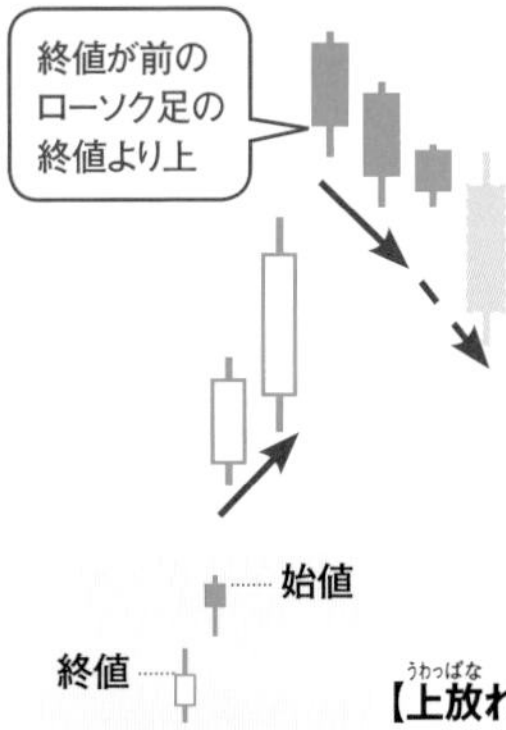

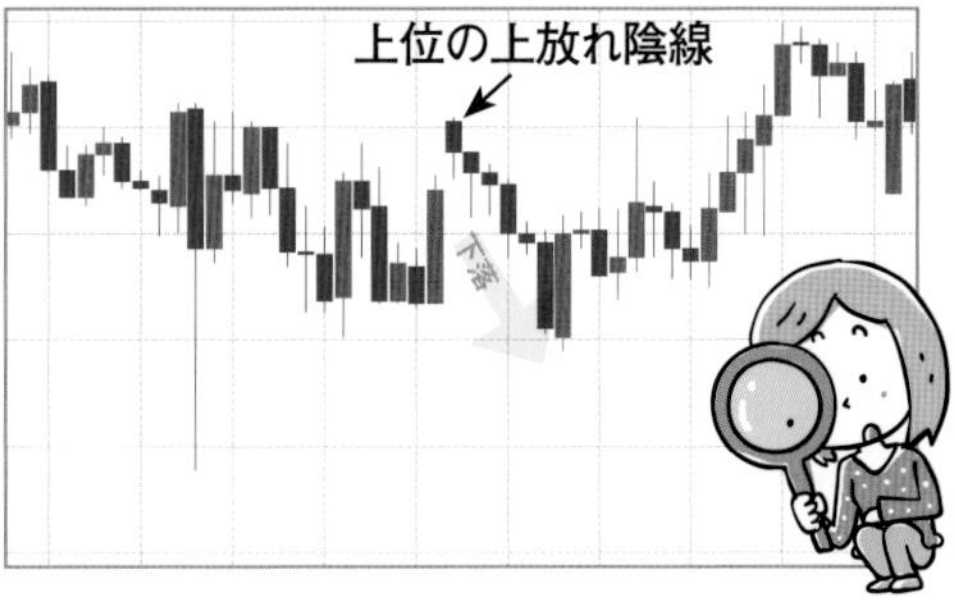

【上放《うわっぱな》れ】前のローソク足の終値よりもはるか上で寄り付いたもの

上昇相場の途上で上放れして寄り付いたものの、売りに押されて陰線で引けた場合。それでも終値が前のローソク足の終値より上にあるのを「上位の上放れ陰線」といい暴落のきざし。

下落のシグナル　⑧上放れ十字線

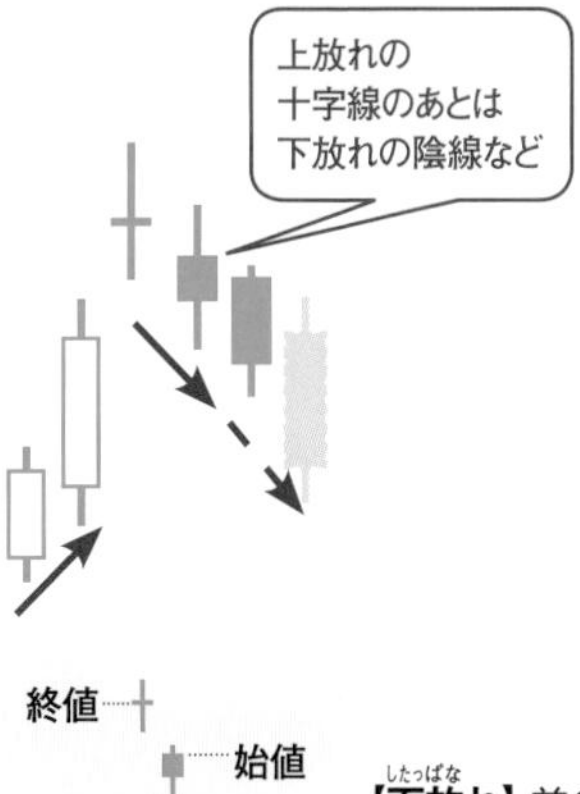

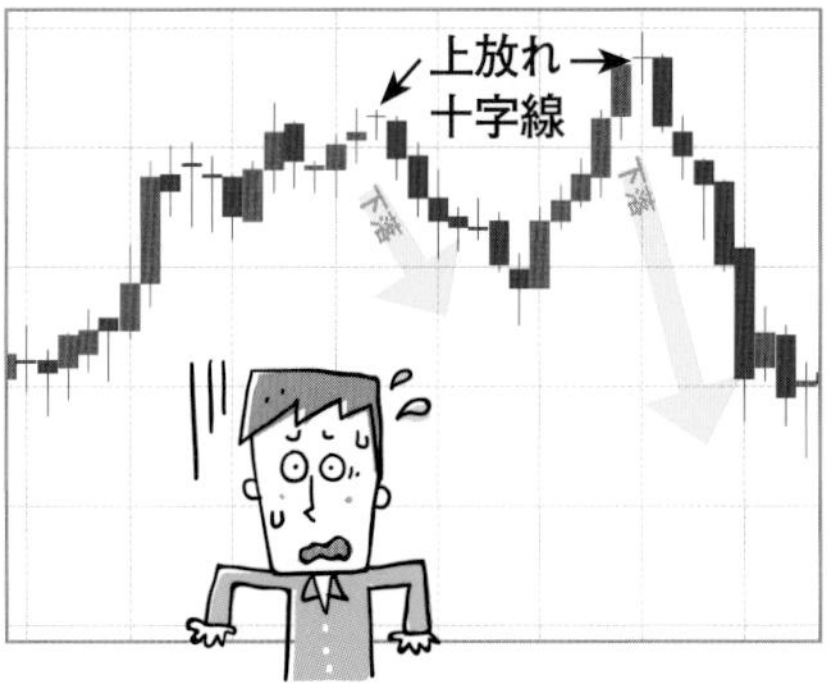

【下放《したっぱな》れ】前のローソク足の終値よりはるか下で寄り付いたもの

上昇相場のなかで、上放れて十字線が出現。次に下放れして陰線が出たときなどを「上放れ十字線」(あるいは捨て子線)という。大暴落のきざしとされる。

下落のパターン　①ヘッド・アンド・ショルダー

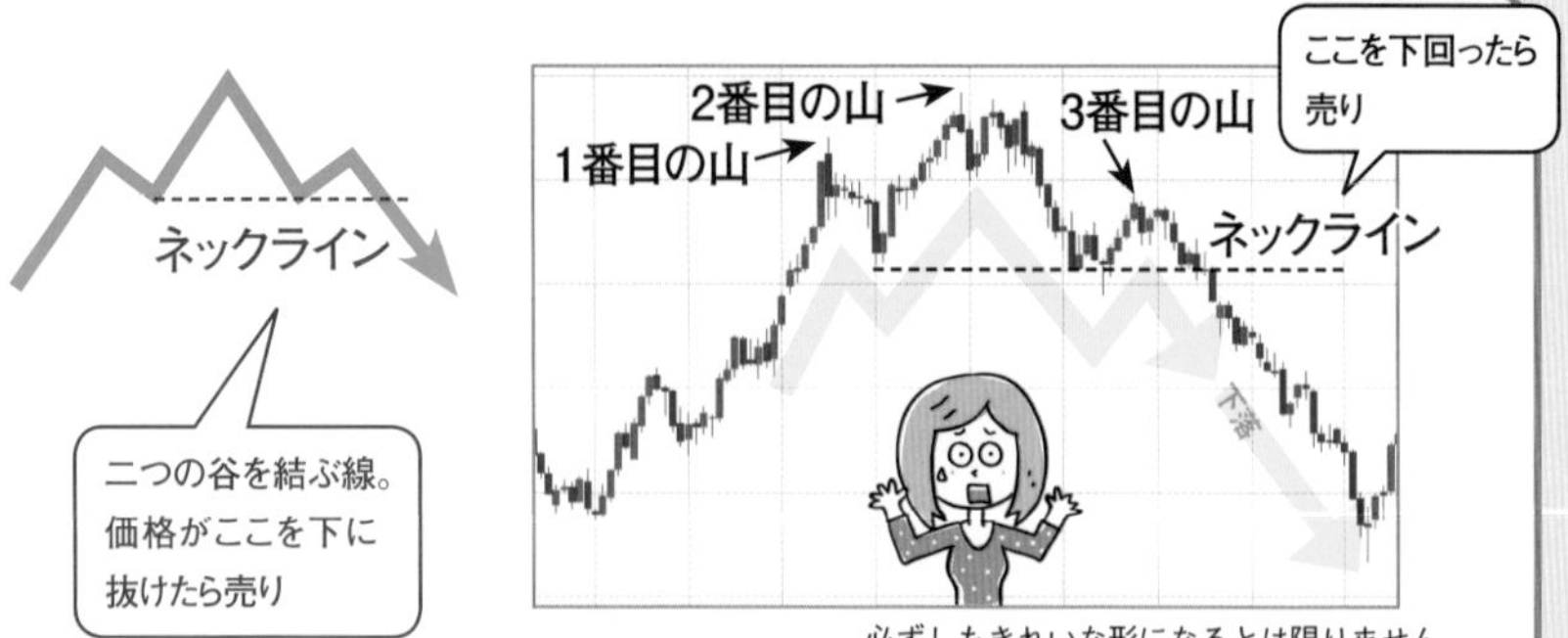

必ずしもきれいな形になるとは限りません

チャートが三つの山を形成、そのなかでも真ん中の山がいちばん高いパターン。為替が上昇をつづけ、最初の山を築いたところで反落。再度、高値を更新したものの反落。三たび上昇したが、**直近の高値を更新できず**に反落する。

下落のパターン　②ダブル・トップ

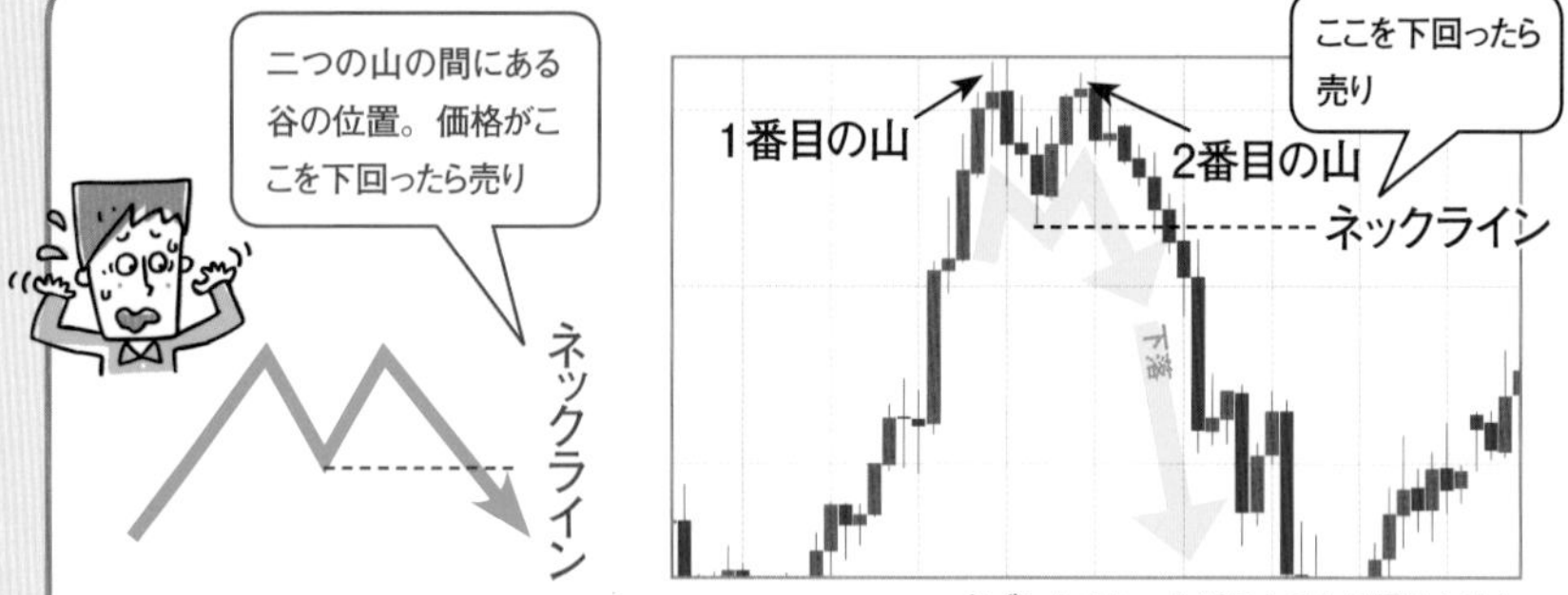

必ずしもきれいな形になるとは限りません

ほぼ同じ高さの山を形成。上昇が長くつづいたあとに出やすい。**天井を形成したあと**、いったん調整、再度高値に挑戦して山を形成する。しかし、そこから上値を追うほどに勢いがつづかず、反落。為替の下落に拍車がかかる。

下落のパターン ③ソーサー・トップ

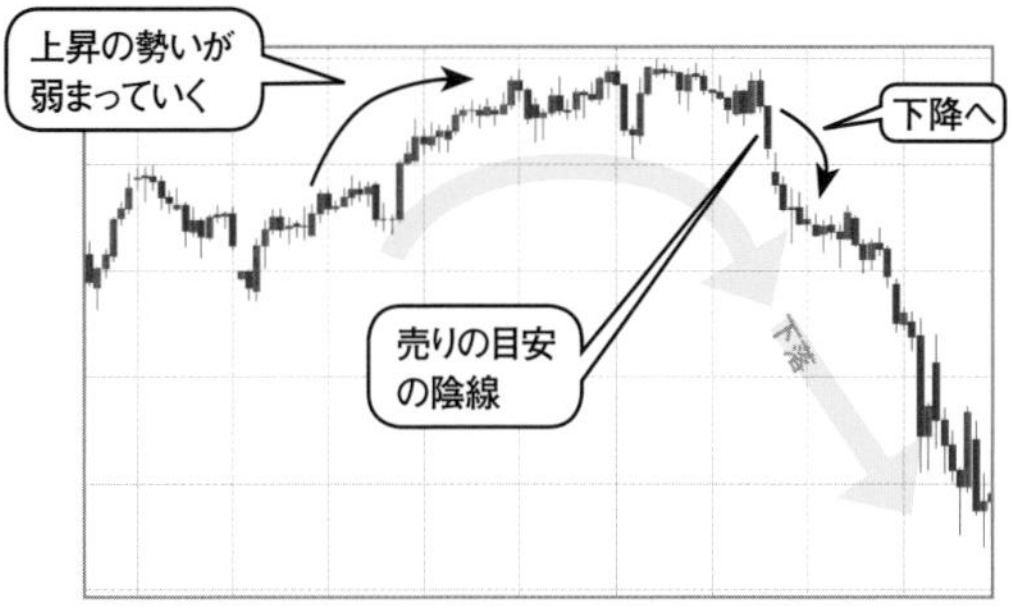

ソーサー・ボトム（115ページ参照）をひっくり返した形。為替水準が少しずつ高まっていくものの、だんだん勢いが衰えてくる。売りの勢いがやがてまさり、だらだらと下落に向かっていく。大きめの陰線が出たら見切りを。その後、下落のスピードは増していく。

下落のパターン ④逆V字形

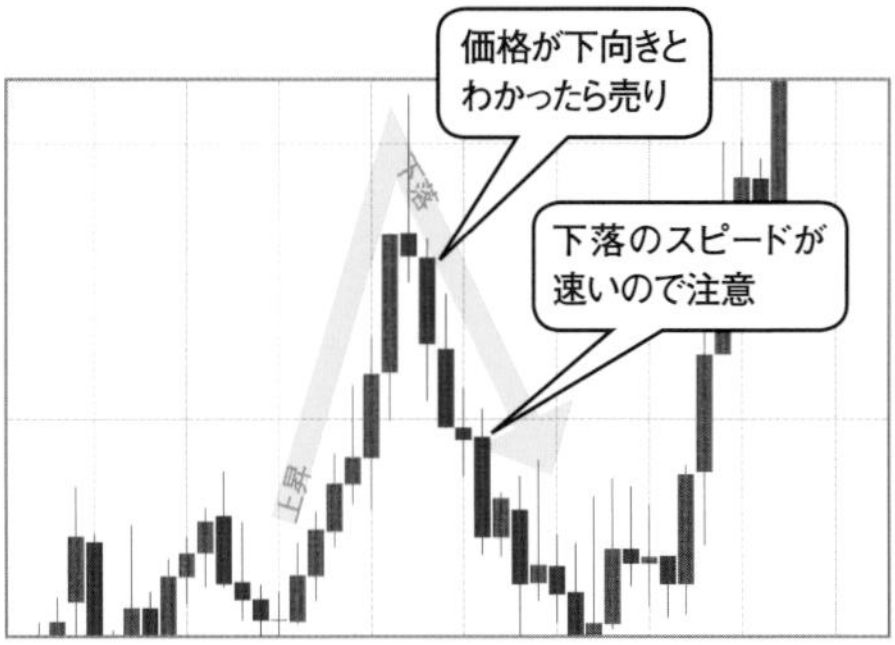

為替水準が一気に上昇したのち、高値警戒感が出たところで、今度は急下降していくパターン。一本調子で上がったあとに出やすい。上昇ピッチと同様に下落のスピードも速い。

34

トレンド分析①

トレンドラインで動く方向を探る

トレンドラインに沿って為替は動く

為替は刻一刻と動いており、上がったり下がったりを細かく繰り返しています。この小さな動きのほかに、「**トレンド**」という大きな流れがあります。

為替は一つの方向に動き出すと、しばらくその方向に動きがつづくというパターンが多いのです。

FXでは、このトレンドを読むことが大事になってきます。

上昇基調なら「上昇トレンド」、下降基調なら「下降トレンド」、値動きが一進一退で上下に動かなければ「横ばい」と、おおよそ三つのトレンドがあります。

動きの上限・下限が予測できる

チャートを見ると通貨の価格は、小さい「山」と「谷」を形成しながら変動します。

上昇相場のときは、切り上がっていくおもな「谷（安値）」と「谷」を結んだ線が、トレンドライン（下値支持線）となります。

下降相場のときは、切り下がっていくおもな「山（高値）」と「山」を結んだ線がトレンドライン（上値抵抗線）になります。

横ばいの場合は、おもな「山」と「山」、「谷」と「谷」をつないだ線がトレンドラインです。

このトレンドラインを引けば、上下する為替相場のなかで、下値で買って上値で売ることができ、利益を出せます。

ワンポイント　トレンドラインを引くときのポイント

トレンドラインを引くときは、上値、下値ともに引いてみる。上昇トレンドでも下値支持線だけでなく、上値抵抗線が引けるケースもある。このケースでは値動きの幅（レンジ）がある程度読めるので、投資しやすい。

三つの大きなトレンド

上昇トレンド

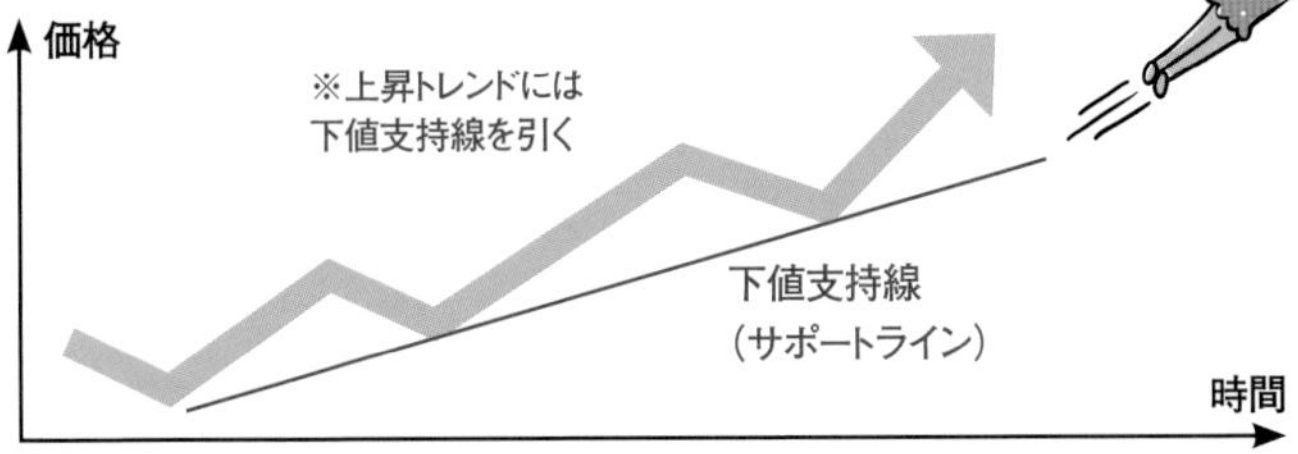

下降トレンド

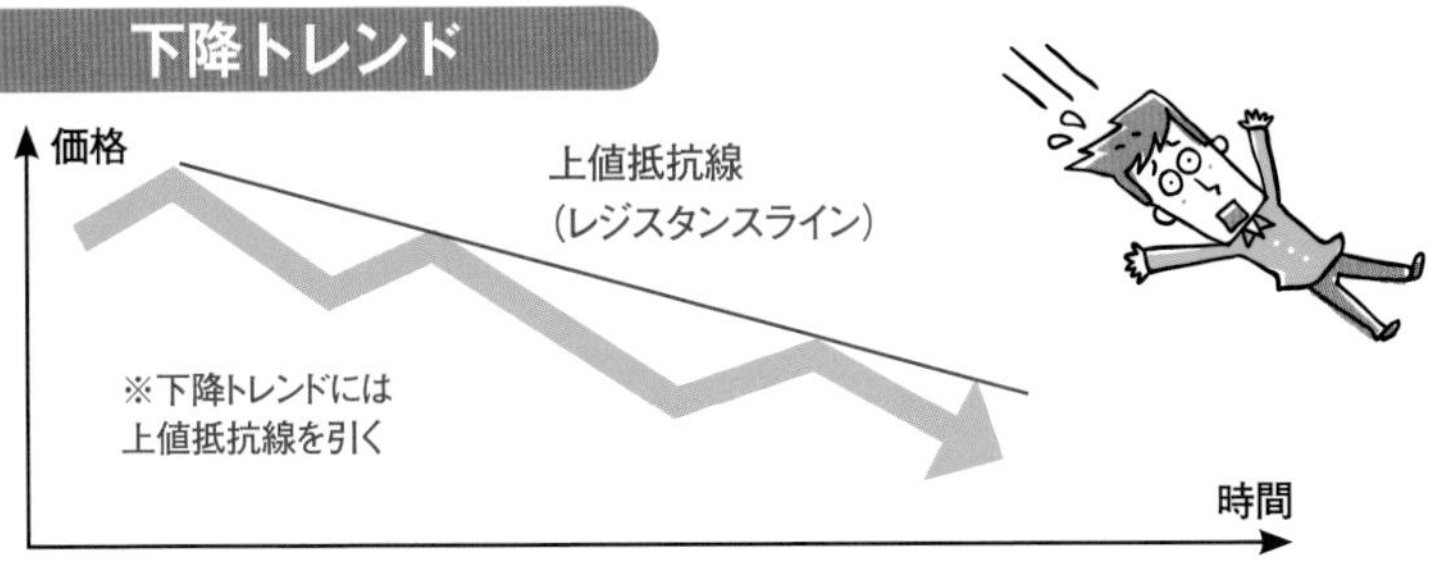

横ばい

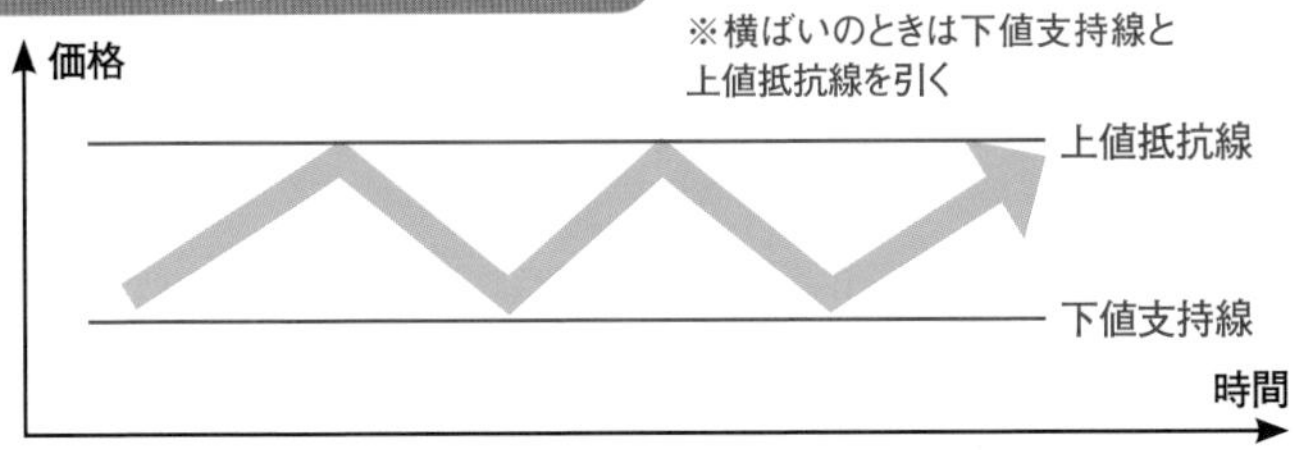

トレンドはいつまでも継続することはない（125ページ参照）。経済状況で大きな変化が起これば、トレンドは変わる（トレンド転換）。また、ファンダメンタルズの変化がなくても、トレンド転換は起こる。いつまでも上昇しつづけることはなく、また逆に下落しつづけることもない。トレンドの転換点を見逃さないようにしよう。

35

トレンド分析②

トレンドが変わる「ブレイク」

いつまでもトレンドはつづかない

為替のトレンドは一定期間つづく傾向があると述べましたが、際限なくつづくわけではありません。1ドル＝100円から70円台まで円高が進行したことはあっても、それが50円、40円……となることはありませんでした。

いつかトレンドは変わるものです。下降トレンドから上昇トレンドに、あるいは上昇トレンドから下降トレンドに転換するのです。

「さすがにこの円高はいきすぎだ」と市場が判断するテクニカル的な要因や、金融政策の変更といったファンダメンタルズにおける要因などから転換します。

では、トレンド転換をどう見抜けばいいのでしょうか？ **トレンド転換を見抜ければ、それに合わせた投資法で利益を上げられます。**

トレンド転換後は長つづきする

トレンド転換は、**為替水準がトレンドラインを突き抜けたときに確認できます。**

つまり、下降トレンドであれば上値抵抗線を上に突き抜けたとき、上昇トレンドであれば下値支持線を下に突き抜けたときに、トレンド転換になります。

横ばいなら、上値抵抗線を上に抜ければ上昇トレンドに、下値支持線を下に抜ければ下降トレンドになります。**トレンド転換後は、まだ「若い相場」だけに長くつづきやすく、利益を上げるチャンスです。**

ワンポイント　トレンド転換とともに新発想を

トレンド転換後は新しい気分で臨むことが重要。たとえば横ばいトレンドで、1ドル＝118円で買い、119円で売ったとする。その後、ブレイクアップして120円で新規で買うのには勇気がいるが、発想の転換を。

トレンドラインから転換期を読む

ブレイクアップ

下降トレンドから上昇トレンドへ

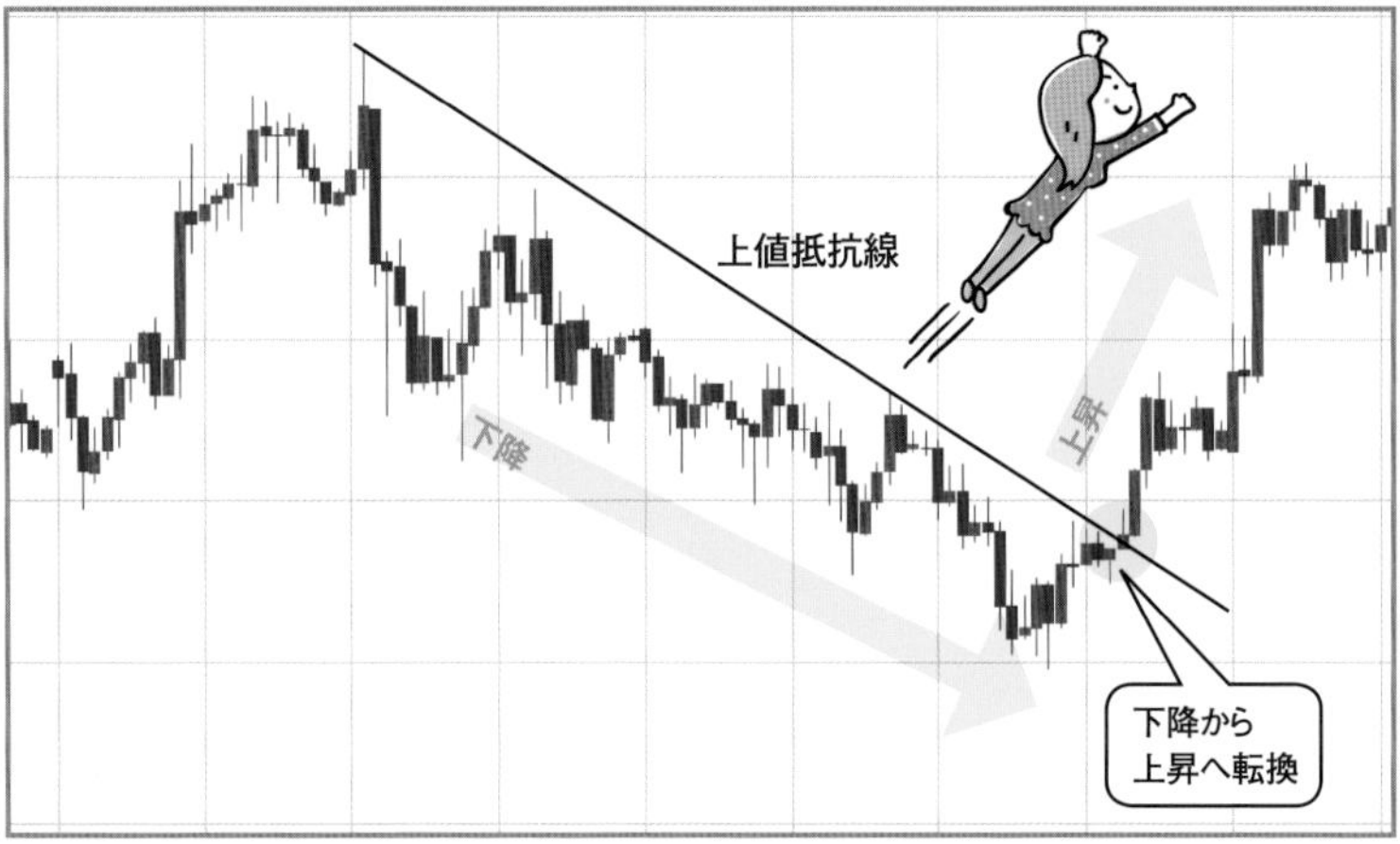

ブレイクダウン

上昇トレンドから下降トレンドへ

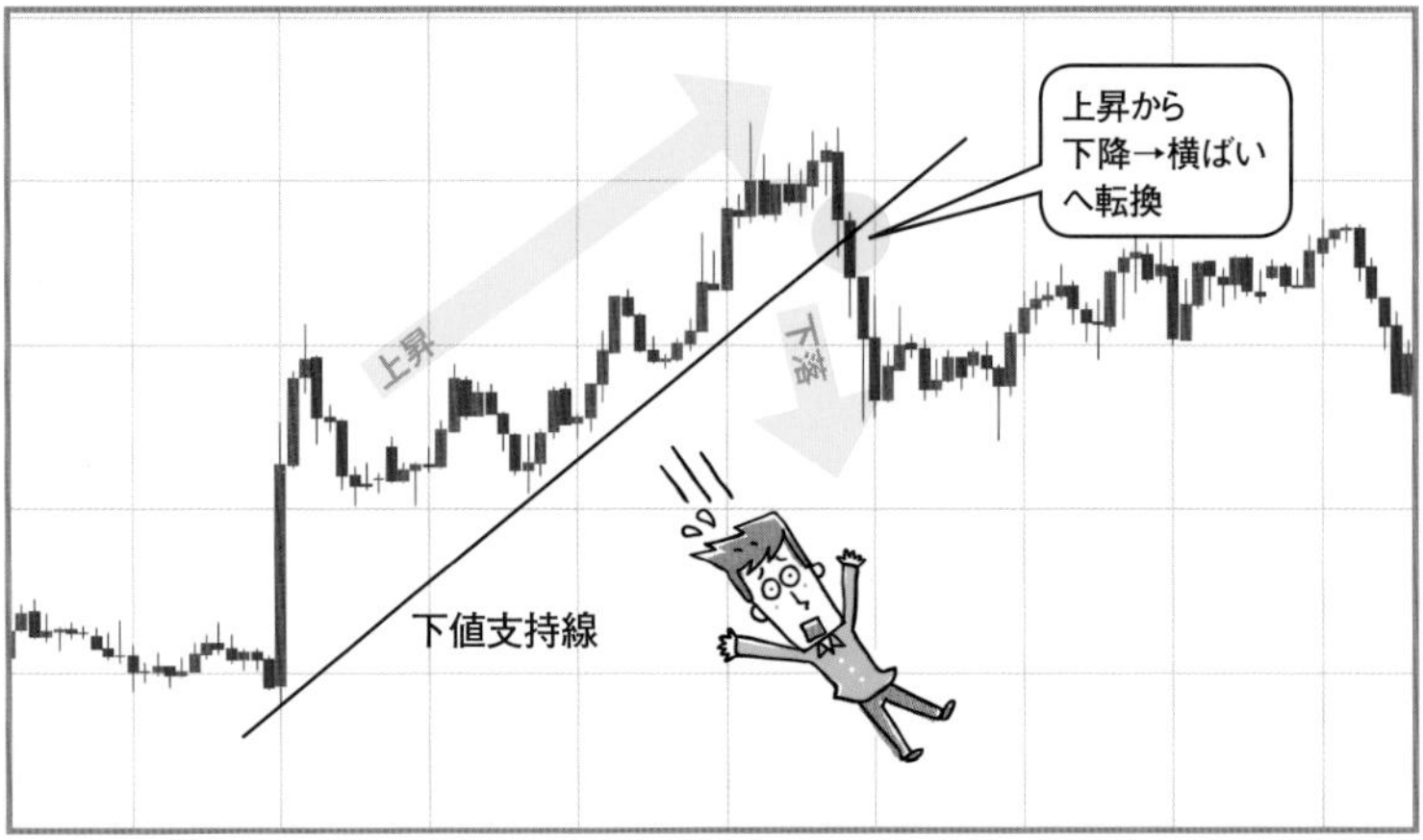

36

トレンド分析③

移動平均線を使えばより確実になる

▼移動平均線の求め方

ローソク足は、為替の先行きを占うツールですが、大きな流れをつかむには、ちょっと使いにくい部分があります。

そこでトレンドラインに加え、**「移動平均線」を使えば、勝率はより高まります。**

移動平均線（以下、平均線）とは、過去の一定期間の取引価格を平均化してつないだ線をいいます。

たとえば「5日平均線」なら過去5日間の取引価格の平均値をその日ごとに算出し、一本のラインにしていきます。

期間の取り方は、デイトレードかスキャルピングかなど、投資法によって異なってきます。スキャルピングなら5分線（5分移動平均線）や15分線といった超短期線を使うことになります。

▼位置関係で動きが読める

平均線と取引価格の位置関係も、先行きの予想に使えます。上昇トレンドのとき、平均線は右上を向き、さらに**価格は平均線の上にありがちです。**

逆に下降トレンドのときは、平均線は右下を向き、かつ取引価格が下にあります。

また、取引価格と平均線が大きく乖離しているときは、その差を埋めようという動きが出たり、**両者がクロスしたら、トレンド転換点となる可能性も出てきます。**

ワンポイント　投資スタイルに合った移動平均線

いくつもある移動平均線のなかから、どのラインを選択するか。これは短期トレードか長期トレードかによって異なってくる。たとえば、デイトレードで25日平均線を使うのは、世界地図を使って隣町に行くようなものだ。

移動平均線からトレンドを見る

下降トレンド

・平均線は下向き
・価格は平均線の下にありがち

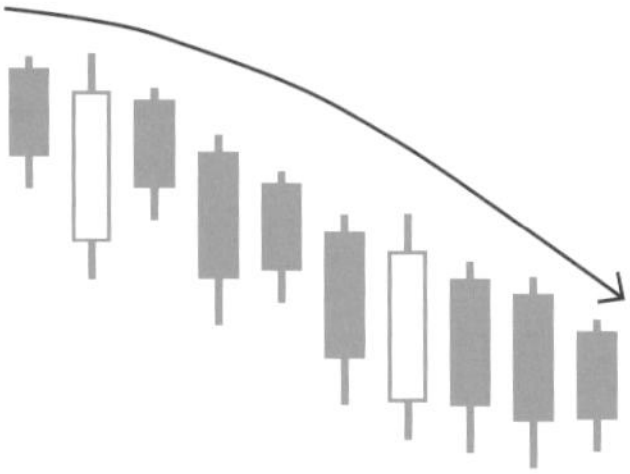

上昇トレンド

・平均線は上向き
・価格は平均線の上にありがち

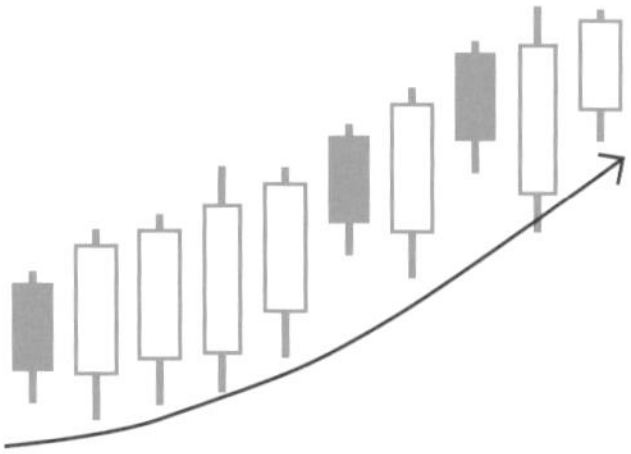

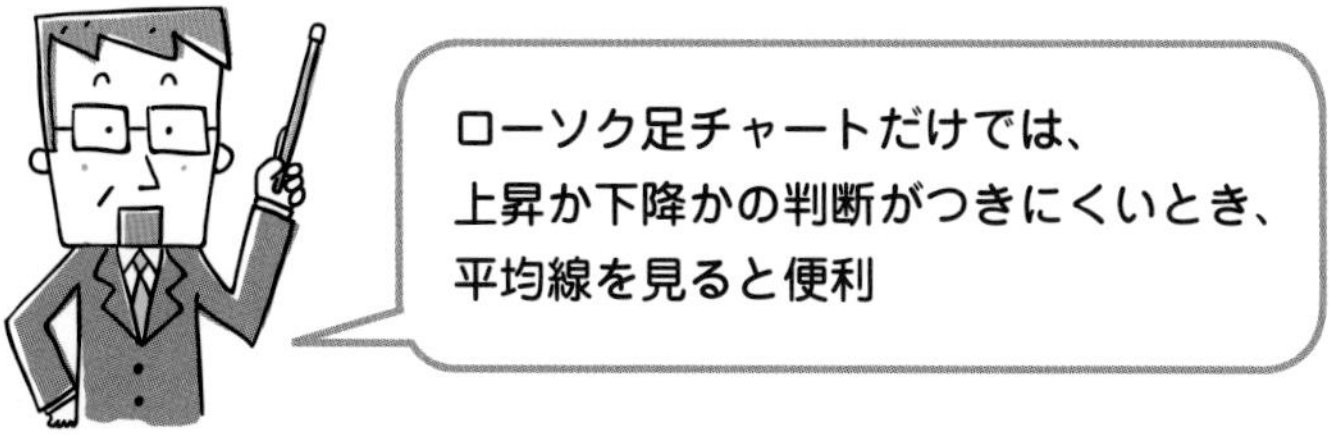
ローソク足チャートだけでは、
上昇か下降かの判断がつきにくいとき、
平均線を見ると便利

75日平均線
25日平均線
10日平均線
下落
上昇

「ゴールデンクロス」「デッドクロス」を生かそう

▼ゴールデンクロスは「買い」のシグナル

移動平均線を使って、為替レートのトレンド転換を予測する方法もあります。

ゴールデンクロスとデッドクロスと呼ばれる現象です。

移動平均線は、短期移動平均線（短期線）と長期移動平均線（長期線）の2本の線を使います。

短期線が長期線の下に位置し、そこから短期線が上向き、**長期線を下から上に突き抜けたときが「ゴールデンクロス」**です。

トレンドが下降・横ばいから上昇に転じたときにあらわれやすいシグナルです。「**買いのシグナル**」となります。長期にわたって上昇相場となりやすいのです。

▼デッドクロスは「売り」のシグナル

逆に、長期線の上にあった**短期線が、上から下に突き抜けたときを「デッドクロス」といいます**。下降トレンドに移行したときにあらわれやすいシグナルです。デッドクロスがあらわれたあとは、為替水準は下がりやすくなり、「**売りのシグナル**」となります。

とくに緩やかに下降し始めた長期線の上から、急下降した短期線が下に突き抜けたときは〝強い〟売りシグナルといえます。

クロスしてから投資活動を起こしても利益は得られますが、平均線の動きを見ながら、クロスする前に投資したほうが、より大きな利益を生みます。

ワンポイント　移動平均線を使った買いどき、売りどき

ゴールデンクロス、デッドクロスがあらわれてから投資行動を起こしても利益は得られるが、事前に予測できれば大きな利益を得ることも可能。ゴールデンクロスのケースでは、短期線が上向いたところが狙い目。

ゴールデンクロスとデッドクロス

ゴールデンクロス

➡上昇のサイン／買いのチャンス

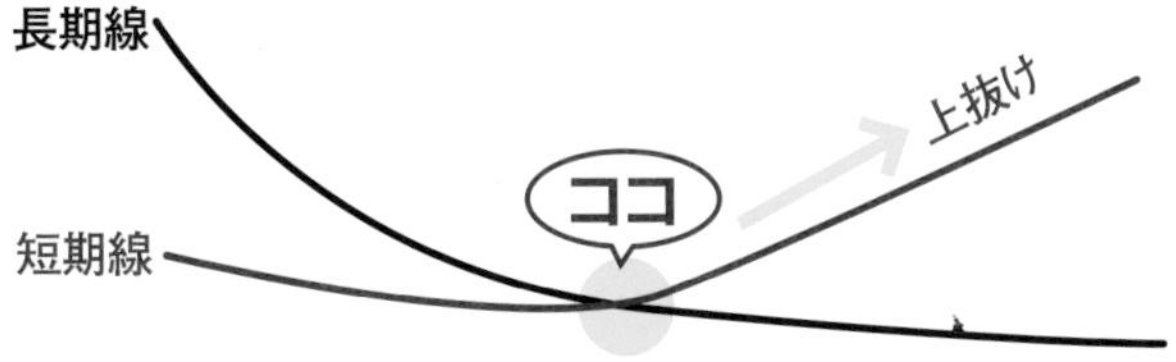

デッドクロス

➡下落のサイン／売りのチャンス

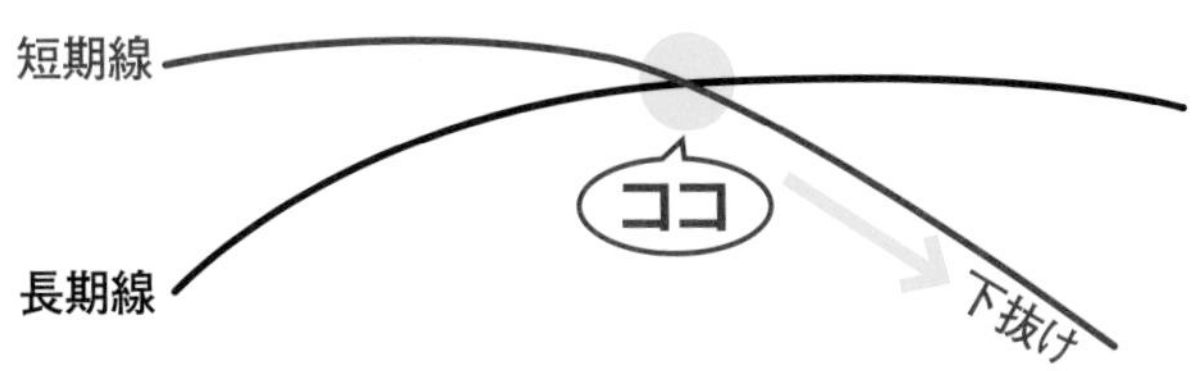

38

オシレーター分析

相場の過熱感を探るオシレーター分析

▼短期の値動きを読む

ここまで説明してきた指標は「**トレンド系チャート**」といい、相場の方向性を見るのに適しています。テクニカル分析には、このほかに「**オシレーター系チャート**」があります。**これは「相場の水準が買われすぎか、売られすぎか」をチェックするのに適した分析方法**です。

オシレーターとは英語で「振り子」を意味します。一定の範囲を往来する為替の動きを、振り子にたとえてその名がつけられました。

オシレーター系チャートは相場の強弱に敏感で短期の動きを探るのに適しており、とくに特定の範囲で上下を繰り返すレンジ相場、保《も》ち合い局面に威力を発揮します。

▼ほかのチャートと組み合わせて使う

オシレーター系チャートの弱点は、**中長期の値動きを読むのには不向き**であることです。相場で強い上昇トレンド、あるいは下降トレンドが続くとき、うまく機能しなくなります。

振り子のように、一定の範囲での変動を前提としている指標なので、たとえば上昇トレンドが続くと、「買われすぎ」のシグナルが出続けることになってしまいます。

そのためオシレーター系チャートだけで相場の流れを読み取るのは難しいのです。先に説明した「トレンド系チャート」と組み合わせ、市場全体の流れをつかんだうえで、使うようにしましょう。

ワンポイント　取引業者のHPでカンタンにチャート分析できる

比較的シンプルなトレンド系チャートに比べて、オシレーター系チャートは算出方法が複雑。取引業者等のＨＰで、手軽にチャート分析できるツールが公開されているので、積極的に利用しよう。

オシレーター分析で相場の過熱感を読む

オシレーター分析

相場は振り子のように
一定の範囲内を行き来する

今の相場がどちらに振れているか
分析する

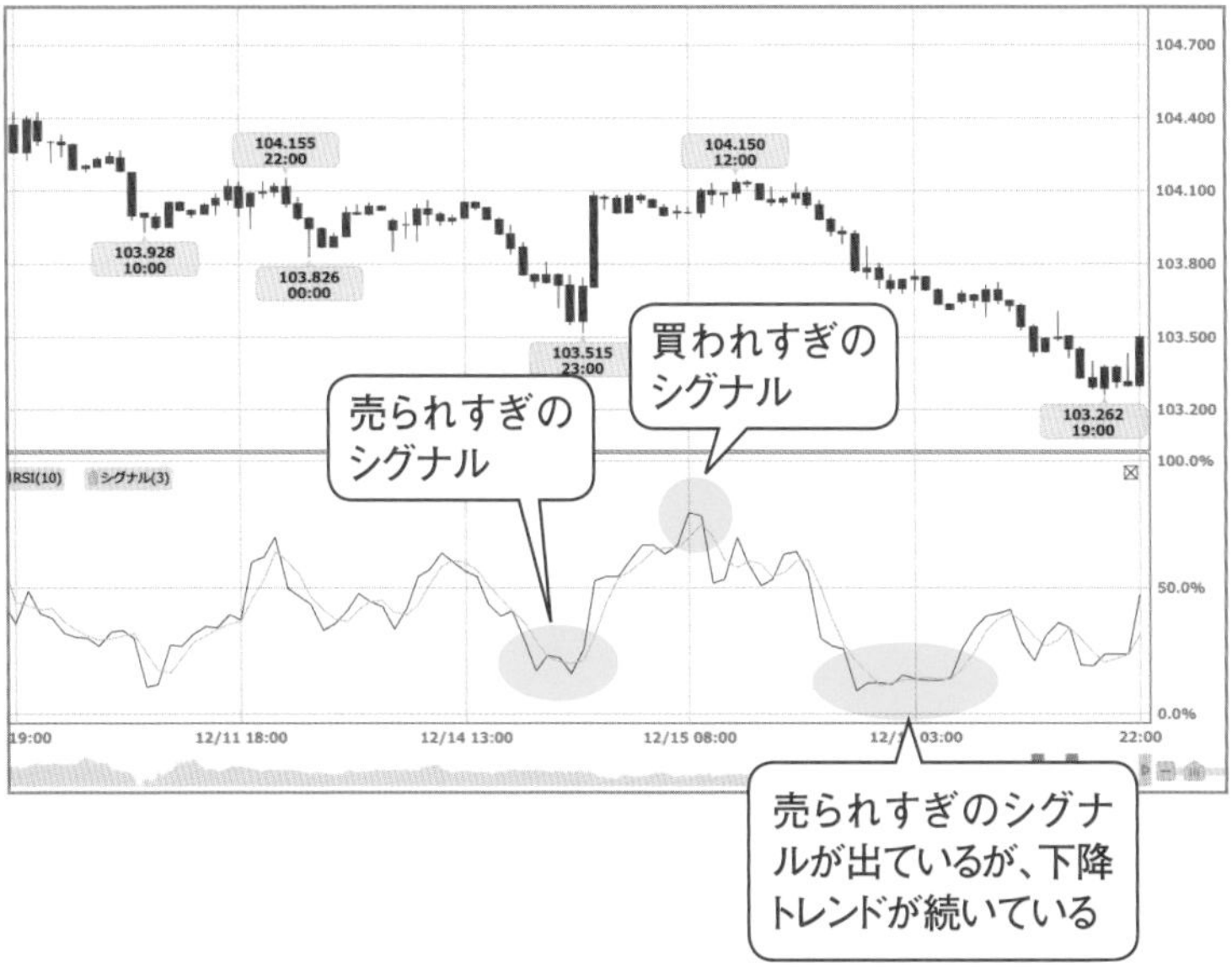

一定の範囲内で動く相場の分析には
向いているけれど、大きなトレンド
のなかでは信頼性が落ちるんだね

MACD

市場の過熱感から、トレンドの発生・転換やトレンドのパワーを図る指標に「MACD《マックディー》」がある。「MACD」と「シグナル」の２本の線で表示される。グラフの中央に引かれた「0」のラインの上にMACDがあるときは上昇トレンド、下にあるときは下降トレンド。チャート下の別枠で表示されることが多い。

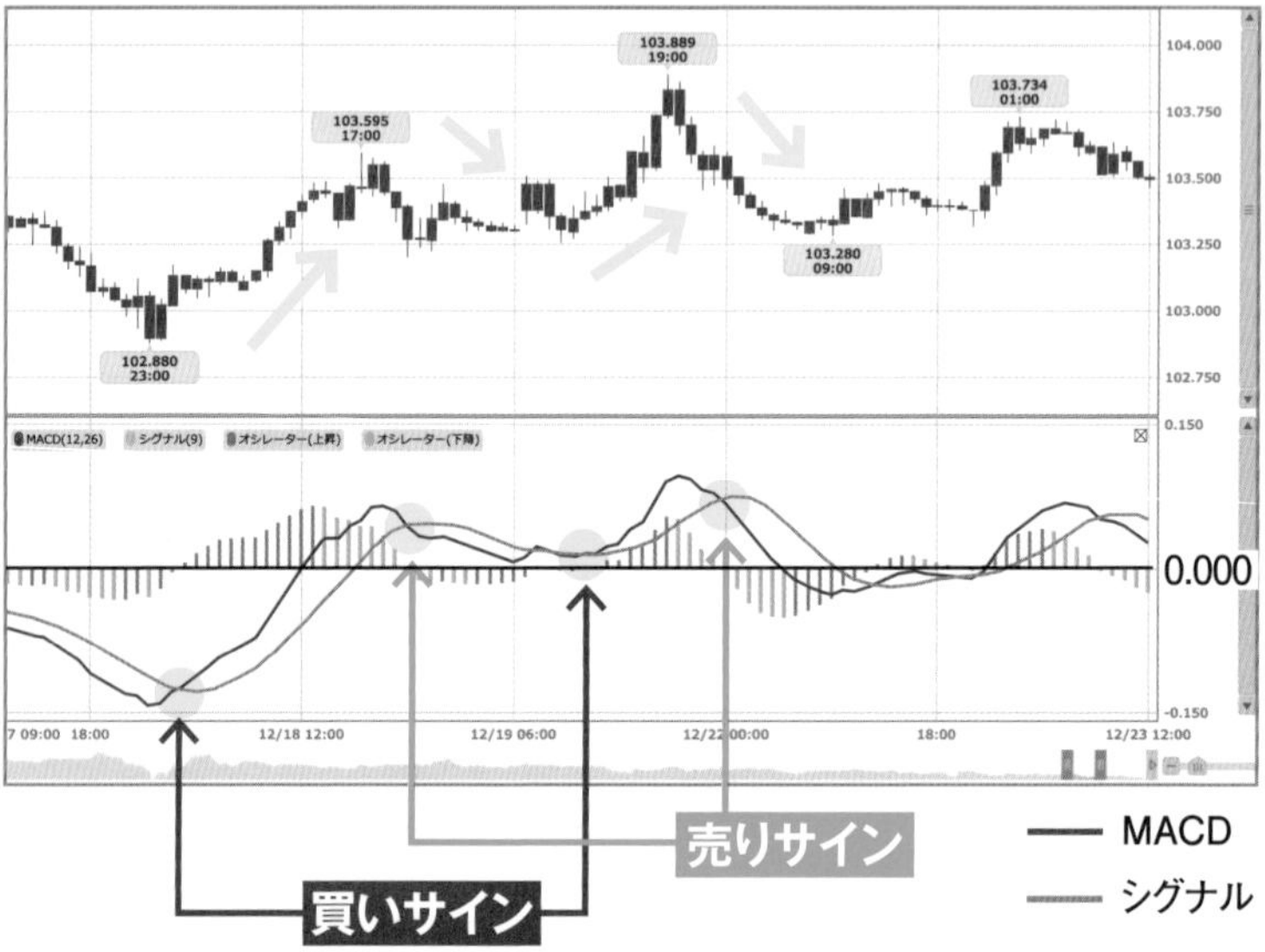

MACDは、移動平均線を発展させた指標
・MACDがシグナルを下から上に抜く⇒買いサイン
・MACDがシグナルを上から下に抜く⇒売りサイン
といわれているよ

ボリンジャーバンド

「買われすぎ」「売られすぎ」を示す指標。ミッドバンドと呼ばれるラインを中心に、チャート上に上下に各２本のラインが引かれる。内側の±１σラインの間に価格が収まる確率は68%。外側の±２σラインの間に収まる確率は95%。もし下に外れたときは「売られすぎ」、上に外れたときは「買われすぎ」となる。

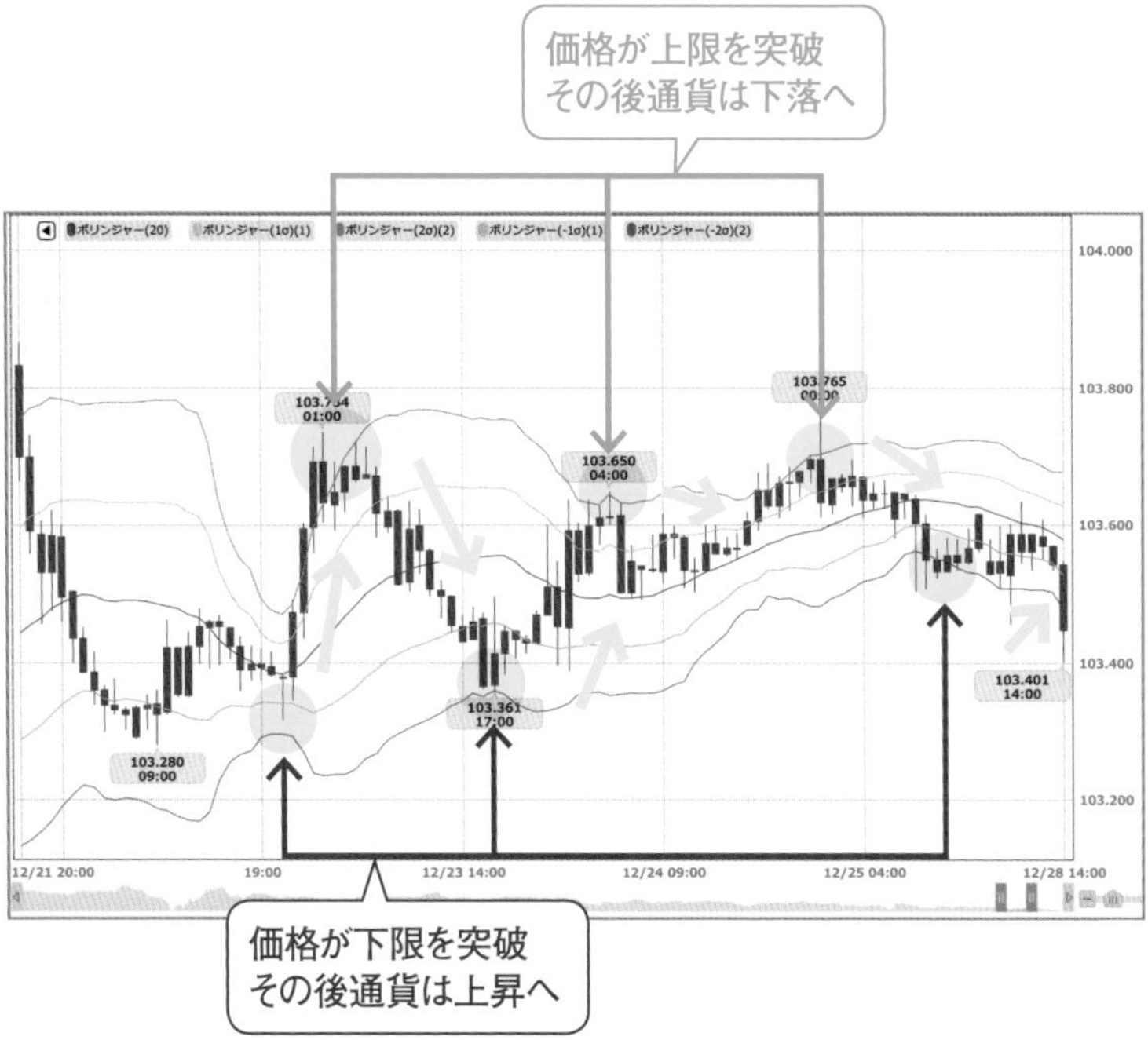

±２σのラインを突破するのは統計的に５%以下だから、今後はミッドバンドに近づいていくと予想できる。また、バンドの幅の広さは、市場のボラティリティ(値動きの激しさ)を見る指標にもなるよ

RSI

相場の勢いを指数にあらわしたもの。一定期間の値動きに対して、上昇分の値幅が占める割合を求める。数値は０～100の範囲で表示される。最もわかりやすい使い方として、25～30以下となると「売られすぎ」、70～80より大きい数値になると「買われすぎ」と判断する。

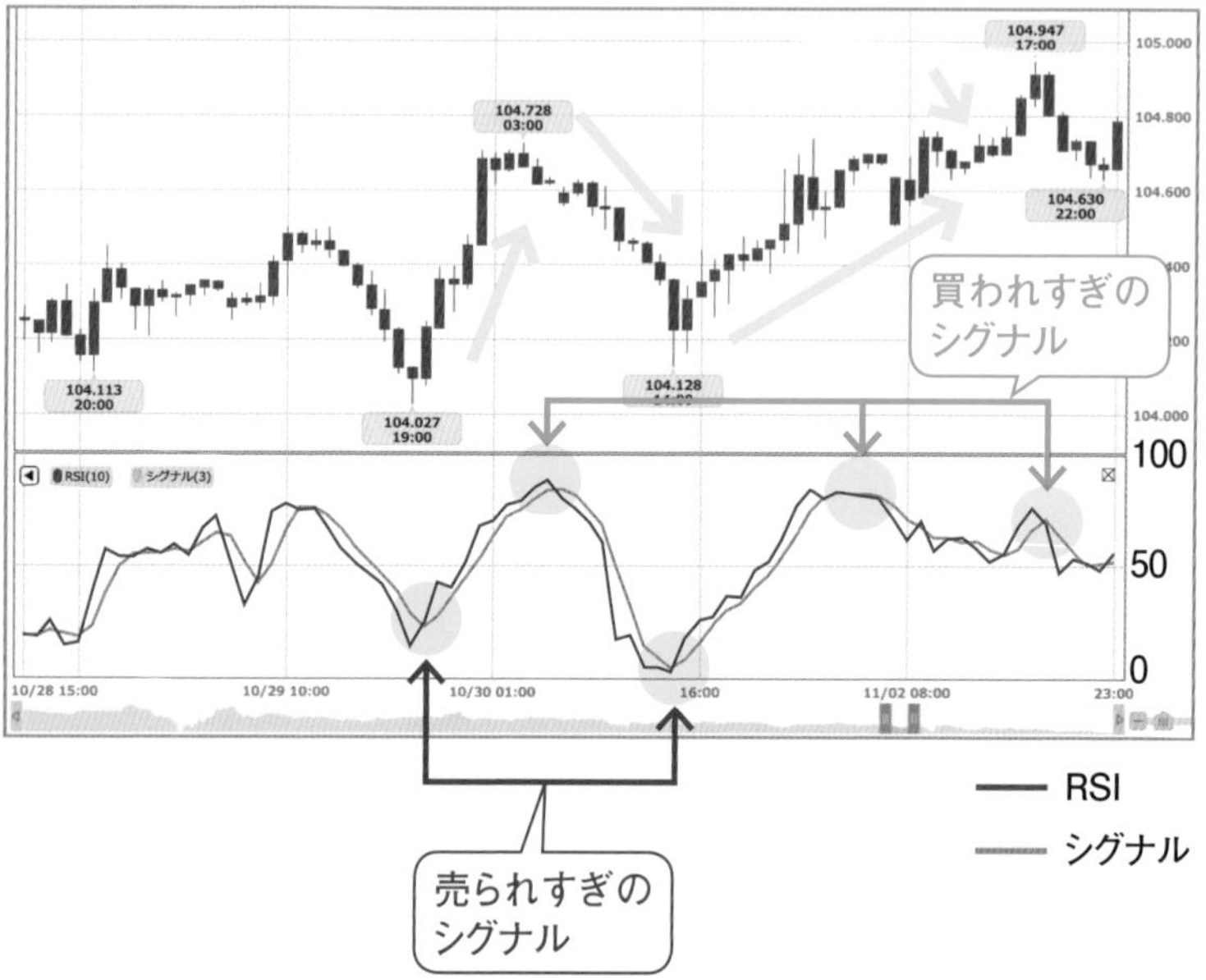

RSI(相対力指数)

価格が売られすぎか、買われすぎか見分けるのに使えるよ。値動きとRSIの逆行現象(ダイバージェンス)は相場反転のサイン

ストキャスティクス

過去の一定の期間における高値、安値に対し、現在の為替水準がどのあたりに位置しているか、その数値を0～100の間で表示。その位置で「買われすぎ」「売られすぎ」のどのあたりにあるかが、ひと目でわかる。%K、%D、slow%Dという3本のラインで示す。

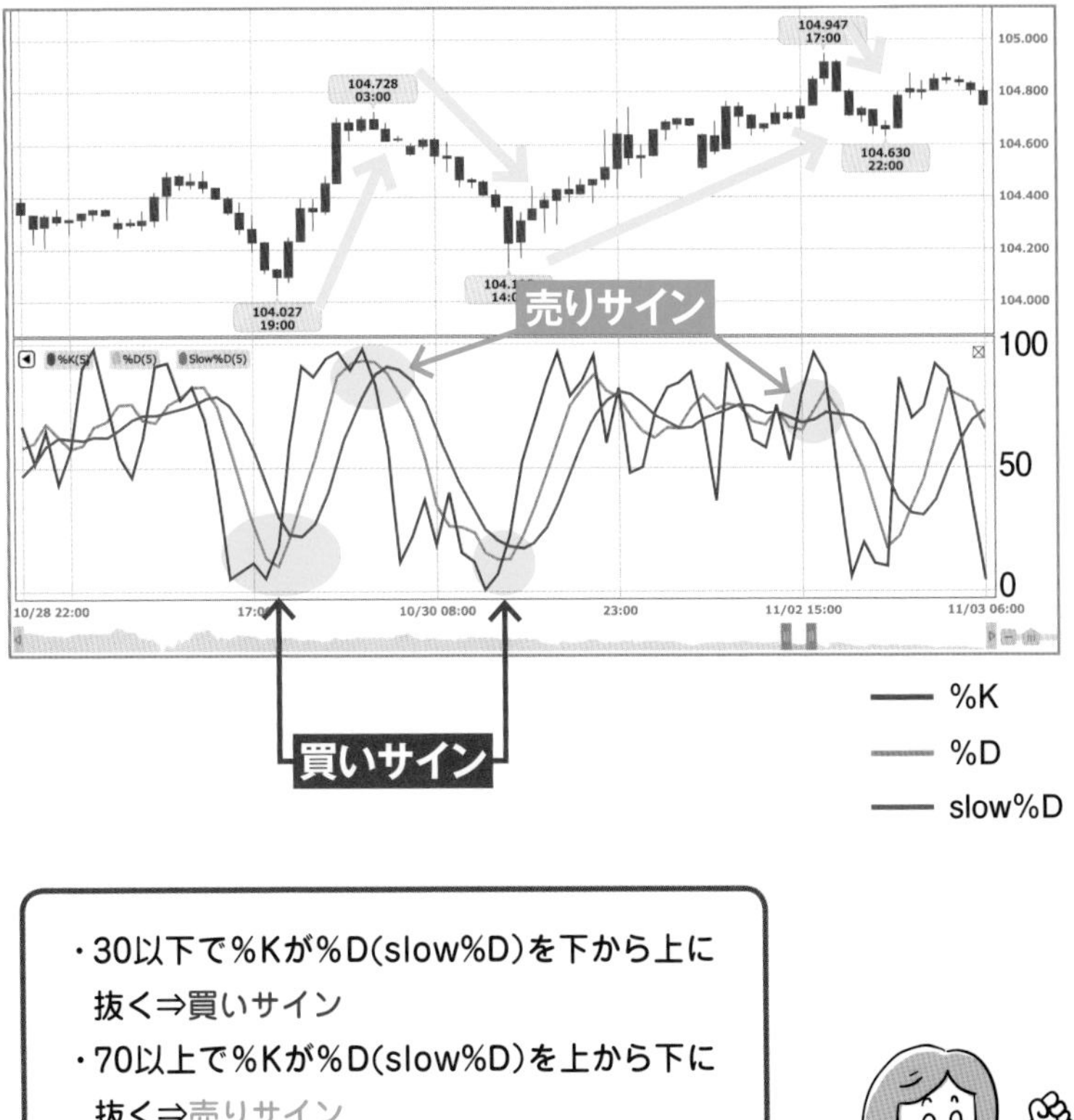

・30以下で%Kが%D(slow%D)を下から上に抜く⇒買いサイン
・70以上で%Kが%D(slow%D)を上から下に抜く⇒売りサイン
といわれているよ。slow%は動きがゆるやかでダマシが少ないよ

39

チャートの活用方法

自分が使うチャートを三つに絞ろう

市場の状況によって重要度は違ってくる

これまで紹介したチャートや指標は、市場参加者の心理を反映したものです。そのため、**市場の状況によって、重要度に差が出ます。**

たとえば１３０ページで紹介したオシレーター系チャートは、保ち合いや横ばいトレンドのときには威力を発揮しますが、強い上昇トレンドのときは、常時「売りシグナル」が出てしまい、あまり参考になりません。

そのため市場の動きを読むには、トレンド系チャートと組み合わせる必要があります。

指標は数多く存在しますが、たくさん使えば精度が上がるわけではありません。かえって焦点がぼやけて予測しにくくなります。

得意なパターンを見つけよう

たとえば超短期売買のデイトレードやスキャルピングでは、「月足」や「１００日足」といった長期のチャートはあまり意味をなさず、またスワップ狙いの中長期投資では、「日足」や「１時間足」といった短期のチャートはさほど重要ではありません。自分の目標金額と投資スタイルに合致した指標を見つけることが大切です。

参考になりそうな指標が、実際の値動きのなかでどのように機能しているかチェックし、まずは３種類程度に絞り込みます。指標をもとに、自分なりの得意パターンを見つけましょう。

ワンポイント 初心者におすすめのチャート分析

まずは、移動平均線やＭＡＣＤでトレンドをつかもう。一定の範囲を行き来するボックス相場であれば、ＲＳＩやストキャスティクスが使える。ただ、売りサインや買いサインにはダマシも多い。すぐに飛びつかず見極める力をつけるのが大事。

テクニカル分析は複数の視点で行う

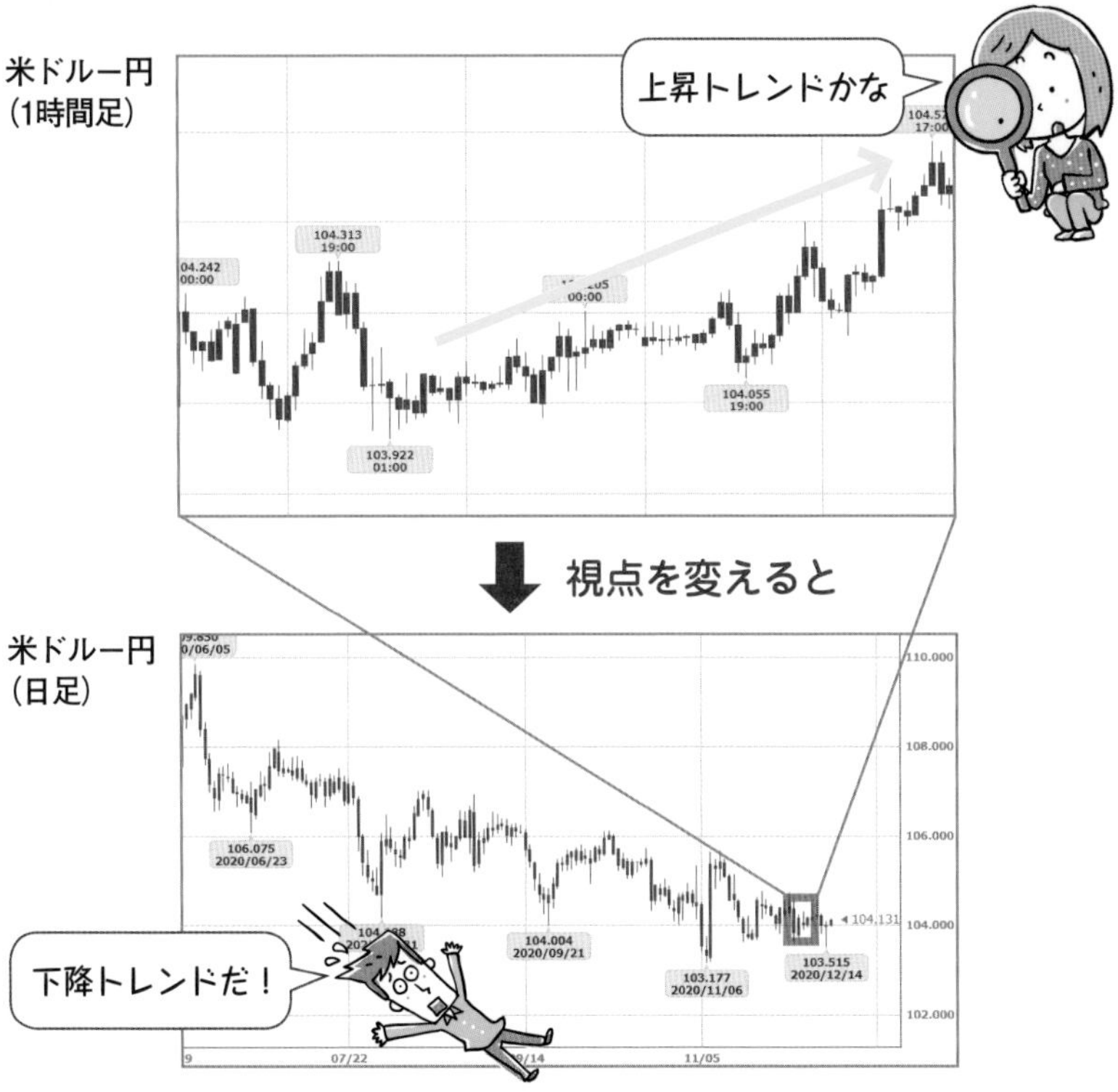

上図は2020年12月７日から10日にかけての１時間足での値動き。下図は同年６月から12月中旬までの日足での値動き。１時間足では上昇トレンドに見えるが、じつは長期的な視点（日足）では下降トレンドにある。この場合、上昇トレンドの期間は短くなる傾向が強い。短期取引を行う場合も、長期のトレンドへの目配りが必要。

長期トレンド × 短期トレンド × トレンドのなかでの位置

売られすぎ・買われすぎ

Column

投資の基本④

ＦＸノートを作ろう

どんな投資名人でも100戦100勝というわけにはいきません。多くの成功者を取材してきましたが、投資を始めてすぐに成功したという投資家は皆無でした。多くの失敗を重ねて、その反省のうえにノウハウを身につけてきているのです。

その意味で、投資の記録を残しておくことは大事です。「ＦＸ投資ノート」を作り、まず、ＦＸに投資しても差しさわりのない予算、目的、目標額などを書き込みましょう。

実際に取引を始めたら売買の日時、金額、エントリーした理由、決済の理由、損益をメモしておきます。

とりわけ損失をこうむったときが大切です。なぜ失敗したのか。思いつく理由をメモし自分なりに分析しましょう。

「失敗は成功のもと」です。失敗を積み重ね、反省を繰り返すことによって、自分なりの成功パターンが見えてきます。

成功者の取引方法は、ライフスタイルや性格によってまちまちで、たった一つの王道があるわけではありません。自分の得意技を早く見つけ、自分のやり方を確立することが大切です。

●ＦＸノートに書き留めておこう！

《必要項目》

・通貨ペア

・エントリー日時

・決済日時

・損益

・エントリーしたときの判断材料

・決済したときの判断材料

Part 5

初心者の陥るワナ

FXの
リスクを学ぼう

Beginner's Trap

40

リスクを防ぐ①
まずは取引に慣れよう

▼注文のしかたをマスターしよう

取引に慣れないうちは、注文ミスを犯しがちです。「売り」と「買い」を間違えたり、注文する「金額」を間違えたり……。

このような初歩的なミスを犯さないためにも、**まずは取引ツールに慣れることです**。

そこで、いきなりお金を使った取引をスタートさせるのではなく、FXを疑似体験できる「**バーチャル取引**（デモ取引）」を使って取引のしかたに慣れましょう。

バーチャル取引でトレーニングを積む目的は次の二つです。

①取引に必要な操作に慣れる

②自分の投資判断が正しかったかどうかをチェックする

あせらず、まずはバーチャル取引にチャレンジしてみましょう。

▼売買のタイミングを計る

バーチャル取引は、専用のサイトやインターネット取引を扱っている取引業者のサイトでできます。バーチャル取引の画面上に表示される損益は、あくまで仮想なので、**たとえ損失をこうむったとしても実際のお金の損失はありません**。手順は通常の取引と同じです。

そこでは取引ツールに慣れるだけでなく、売買のタイミングを学んだり、自分の判断が正しかったかどうか、身をもって体験できたりするのです。

ワンポイント 失敗を活かす

ＦＸでコンスタントに稼いでいる投資家も、最初から成功したというケースは皆無に近いといっていい。失敗に失敗を重ねたうえで、自分なりの投資スタイルを確立している。デモ取引で失敗を重ね、分析しよう。

ほかにもある初心者が気をつけること

欲をかきすぎない

いきなり大儲けしようとレバレッジをかけすぎないようにする。最初は小さなレバレッジからスタートし、儲けることより、損失を小さくすることに力点を置く。

一度に投資しない

投資スタイルには「集中投資」と「分散投資」があるが、まず投資資金は、小分けにする。生活費には絶対に手をつけず、余裕資金で行い、なおかつ一度につぎ込まない。

自分なりの投資スタイルを確立する

人それぞれに生活スタイルがあるので、自分に見合った投資スタイルを確立しよう。日中働いているサラリーマンは、デイトレードは難しい。帰宅後にスキャルピングなどを選択する。

自分の投資ルールを作る

損切りや利益確定の基準を自分なりに作っておく。最初は試行錯誤の連続でルール作りには時間がかかるが、あせらず「成功ルール」を作り上げていこう。

41

リスクを防ぐ②
FXで失敗する人の特徴

初心者は冷静でいられなくなる!

バーチャル取引で取引ツールにも慣れて、FX投資の成績も上々になってきた。そこで、いよいよ資金を投入し、FXを実践してみると、なぜか成績が芳しくない、という声を耳にします。

その要因には、**メンタル面のコントロールがうまくいっていないケースが多くみられるようです**。バーチャル取引では、たとえ損をこうむったとしても、実際にお金が減ることはありません。

しかしリアルの取引となれば、刻一刻と投資資金が増減していきます。その様子を目の当たりにすると、初心者はなかなか冷静でいられなくなる場面も出てきます。

冷静でいられるかが勝負の分かれ目

ちょっとした値動きに敏感に反応し、あわてて「損切り」したものの、すぐに反転して儲け損ねてしまう。**損切りする為替水準なのに、なかなか決断が下せず、ずるずると傷口を広げてしまう**。

逆に、利益が出てまだ上昇する余地があるのに、**あわてて決済してしまい後悔する**。利益が十分にのっているにもかかわらず、「欲」が出て深追いし、けっきょく反落して儲け損ねてしまう。

FXではつねに冷静な判断を下さなければならないのです。

ワンポイント よく知らない通貨にかけてしまった!

スワップポイント狙いで新興国の通貨に投資する人が多くいる。なじみが薄くニュースもあまり伝わってこないなか、金融緩和のニュースを見逃したために、大幅下落で損切りする間もなく、資金ゼロになることも。

FXで失敗する人の特徴と対処法

感情的に投資する

投資家のなかには、熱くなったり冷静な判断を下せなくなったりするタイプが多い。損失が膨らむと、とくに投資判断を誤りがちになり、損切りがしにくくなる。

対処法➡ あらかじめ参入後のシミュレーションをして、「出口戦略」も立てておこう。

いつでも投資したがる

投資チャンスは常時あるとは限らない。チャートを見ても、先行き不透明な時期が多い。そんなときに無理に参入しても損失をこうむるだけである。

対処法➡ 市場が読みにくいときは、「休むも相場」という格言を肝に銘じることだ。勝つチャンスは、じつは数少ない。

欲ばる

大きく儲けようとしてレバレッジを大きくしたがる。当然ながら損失も大きくなりがちだ。

対処法➡ いかに大きく勝つかを考えるより、勝率を高めるとともに、負けをできるだけ小さくすることに重点を置く。

あれもこれもといろんな通貨に手を出したがる

欲ばったあげく、あらゆる通貨ペアに投資したがる。当然ながら一つひとつの通貨へのチェックがおろそかになってしまう。

対処法➡ 投資スタイルの確立には、「得意」とする通貨を見つけることも大切。最初は、ドルやユーロなど、情報の入りやすい身近な通貨から取引する。

42

失敗から学ぶ①

サプライズ相場についていけず

▼トレンドを過信してしまった

経済指標は大きく為替相場を動かすことがよくあります。とくに**事前の予想と大きく乖離した指標が発表されたときは要注意です。**

サプライズを見逃して大きな損失をこうむったのが大嶽利章さん（仮名）です。大嶽さんがレバレッジ20倍で「ドル売り　円買い」にエントリーしたのは、２０２０年6月23日。その額30万ドルの売りでした。

「１０６円台後半でうろうろしていた相場が、円高方向に動き出したのです。１０６円20銭を下抜けしたのでドル売りに出ました」。

夜10時すぎには１０６円台前半までドル安の円高になっていました。大嶽さんはドル安のトレンドは続くと確信。そこで安心し、決済注文をかけないまま寝てしまったのです。

▼経済指標がトレンドを変えた

「異変」が起きたのは日本時間の23時を回ってから。アメリカで新築住宅販売件数（５月分）が発表されたのです。

指標は事前予想を上回る強い数字でした。**「新型コロナ禍でアメリカ経済は悪い」という見立てをしていた市場にはサプライズとなり、ドルはそこから反転上昇、ドル高に転じました。**

朝起きて事態を把握した大嶽さん。１０６円60銭ほどで決済しましたが、わずか１日で10万円以上の損失を出してしまいました。

ワンポイント　サプライズ相場への備え方

経済指標の発表でサプライズがあったときや、有事などの世界情勢の激変などで、市場が大きく動くときがある。あらかじめ自動売買注文で「出口戦略」を立てておく、資金に余裕を持つため建玉を減らしておく、などでリスク軽減しておこう。

サプライズの発表で相場が急変

ドル売りを行った投資家が、その直後に発表された経済指標のサプライズ発表に気がつかず、ドル上昇のため損失をこうむったケース。

米ドル－円(30分足)

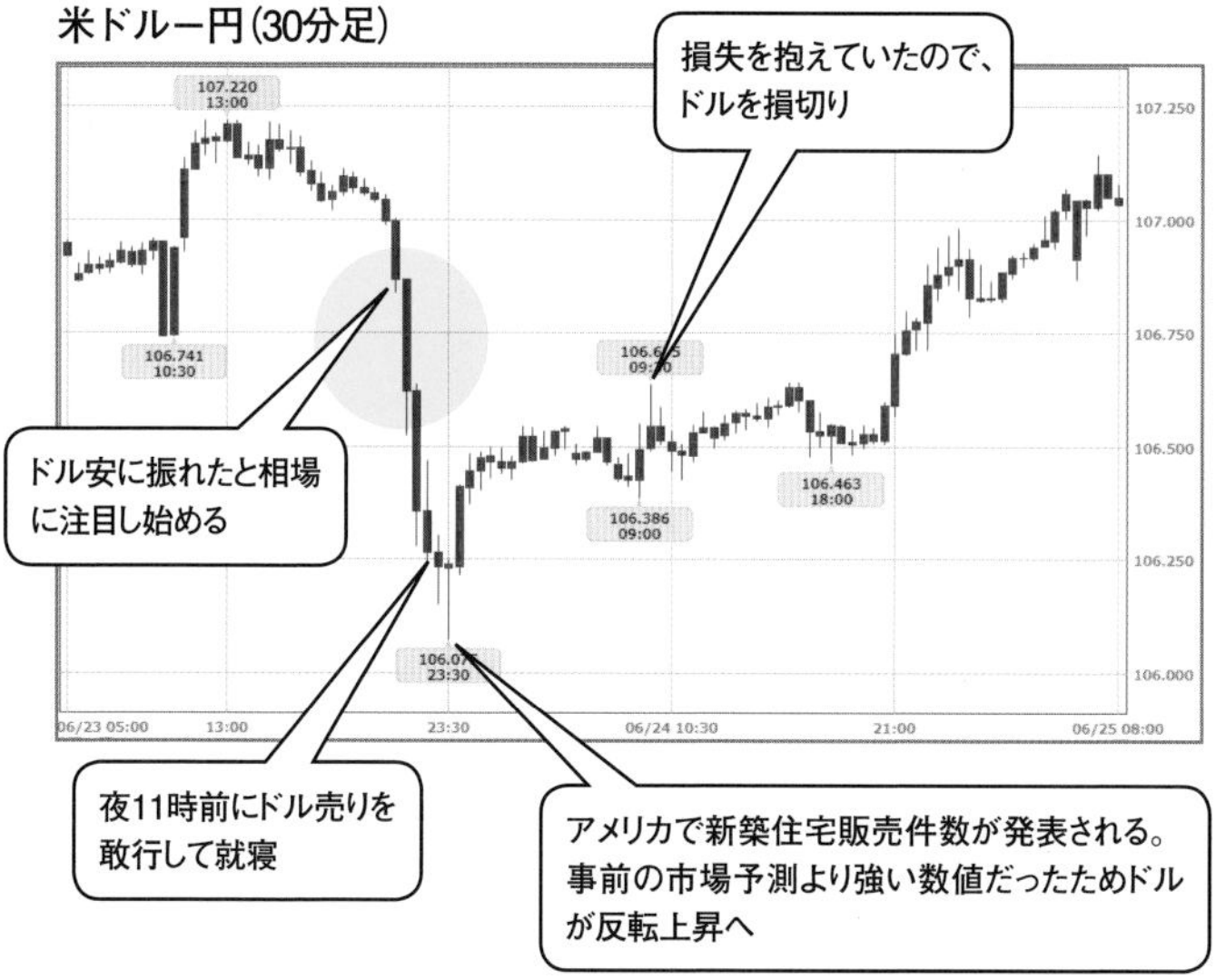

損失を抱えていたので、ドルを損切り

ドル安に振れたと相場に注目し始める

夜11時前にドル売りを敢行して就寝

アメリカで新築住宅販売件数が発表される。事前の市場予測より強い数値だったためドルが反転上昇へ

ケーススタディ

大嶽利章さん(仮名)の米ドル投資収支

1米ドル＝106.20円で30万米ドル売却

1米ドル＝106.60円で決済

売 106.20(円)×300,000＝31,860,000(円)

買 106.60(円)×300,000＝31,980,000(円)

31,860,000(円)－31,980,000(円)＝－120,000(円)

(12万円の損失)

43

失敗から学ぶ②
スワップポイントより為替差損が大きい

▼高利率にひかれて買った

スワップポイント狙いで、中長期で保有していても、その**スワップポイントを大きく上回る為替差損を出しては、元も子もありません。**

その失敗を犯したというのが山口弘明さん（仮名）です。

「スワップポイントが魅力でトルコリラを購入したのは2018年4月でした。トルコリラは対円で下落傾向にありましたが、4月に入って下げ止まったかのように見えました。1トルコリラ＝27円をちょっと切る水準でした」（山口さん）

山口さんは2万トルコリラを「円売り」で購入。スワップポイントは1日あたり90円ずつ溜まっていきました。わずかですが、日々増えていくポイントを楽しんでいたのです。

▼スワップポイントが吹っ飛んだ

ところが再びトルコリラが下落し始めたのです。不安に駆られた山口さんでしたが、それでも「いつか反発する」と信じて、我慢しながらホールドし続けました。

ところが、その8月アメリカとトルコの対立が激化します。テロ容疑で、トルコ政府がアメリカ人牧師を拘束。反発したトランプ米大統領は**対トルコの関税を引き上げ、貿易摩擦が勃発。トルコリラは暴落しました。**山口さんは、コツコツ積み上げたスワップポイントの10倍近い損失を出してしまいました。

ワンポイント　高金利国の注意点

スワップポイントの対象となる国は、経済状況が不安定なことが多い。そのためホールドしていた通貨が暴落ということにもなりかねない。スワップポイントの利益を上回る損失をこうむりかねないので、よりチェックの目を厳しくしたい。

スワップ狙いで痛い目に

新興国のトルコは高金利でその通貨のトルコリラはスワップポイント投資の対象になりやすい。しかし、新興国は政情不安で通貨が急落するリスクがある。相場急変による損失は、スワップポイントをはるかに上回る額となりかねない。

トルコリラー円(日足)

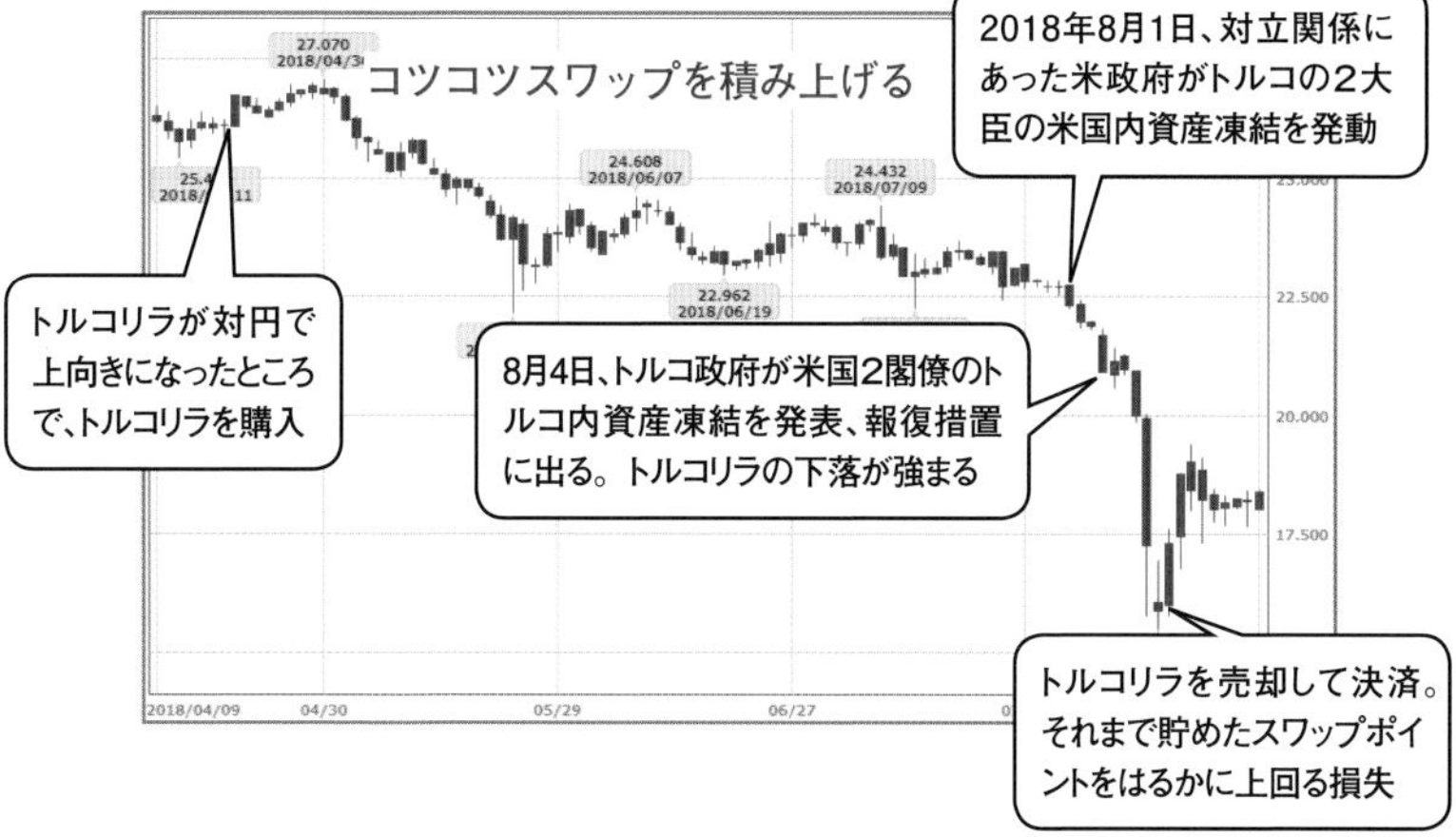

27.070
2018/04/30
コツコツスワップを積み上げる
24.608
2018/06/07
24.432
2018/07/09
22.962
2018/06/19
22.500
20.000
17.500
2018/04/09
04/30
05/29
06/27
2018年8月1日、対立関係にあった米政府がトルコの2大臣の米国内資産凍結を発動
トルコリラが対円で上向きになったところで、トルコリラを購入
8月4日、トルコ政府が米国2閣僚のトルコ内資産凍結を発表、報復措置に出る。トルコリラの下落が強まる
トルコリラを売却して決済。それまで貯めたスワップポイントをはるかに上回る損失

ケーススタディ

山口弘明さん(仮名)のトルコリラ投資収支

1トルコリラ＝26.80円で2万トルコリラ購入

累計スワップポイント＝19,908円

買 26.80(円)×20,000(トルコリラ)＝536,000(円)

売 16.00(円)×20,000(トルコリラ)＝320,000(円)

320,000(円)＋19,908(円)－536,000(円)＝－196,092(円)

(約20万円の損失)

44

成功から学ぶ①

在宅勤務の合間にチャートをチェック

深夜も米ドルの動きを追う

都内の通信関連企業に勤務する大町義男さん(仮名)は、新型コロナ禍の影響から、出社するのが週に1回となり、あとは自宅で仕事をする生活に入りました。

1時間強かかる通勤時間が減ったのと同じくらい大町さんを喜ばせたのが、**FX取引の時間が自由に確保できるようになった**ことです。

それまで会社では、トイレに立つついでにスマホでチャートをチェックする程度でした。そのため思い切った投資もできなかったといいます。

そして大町さんに新しい投資手法が与えられることにもつながったのです。

ニューヨーク市場が開くのは日本時間で23時以降。朝の出勤が早い大町さんはその時間まで起きているわけにはいきませんでした。**在宅勤務の導入で朝をゆっくり過ごせるようになり、夜にNY市場の動きを見ながら取引が行えるようになった**のです。

経済指標発表後のトレンドにのる

「重要なアメリカの経済指標を見逃すこともなくなりました。そしてかなり勝率が高い投資手法も取り入れました。経済指標の発表直後のトレンドにのるのです。短期で決済しますが、勝率が格段に上がりました」(大町さん)

ライフスタイルに合わせた投資がいかに大事かということを示しています。

ワンポイント　ファンダメンタルズで儲けるコツ

ファンダメンタルズで大きな変化が起きたとき、トレンド転換も起きやすい。その変化のサプライズが大きいほど、そのトレンド転換は強く、長くつづく傾向がある。このときはその流れにのってみることだ。

トレンドをうまくつかんで成功

在宅勤務の合間に、米ドルのほかユーロなどいくつもの通貨ペアのチャートをチェック。ほかに経済指標も見ながら売買のタイミングを計り、高勝率を生み出した。代表的なトレードを紹介。

ユーロ－米ドル(日足)

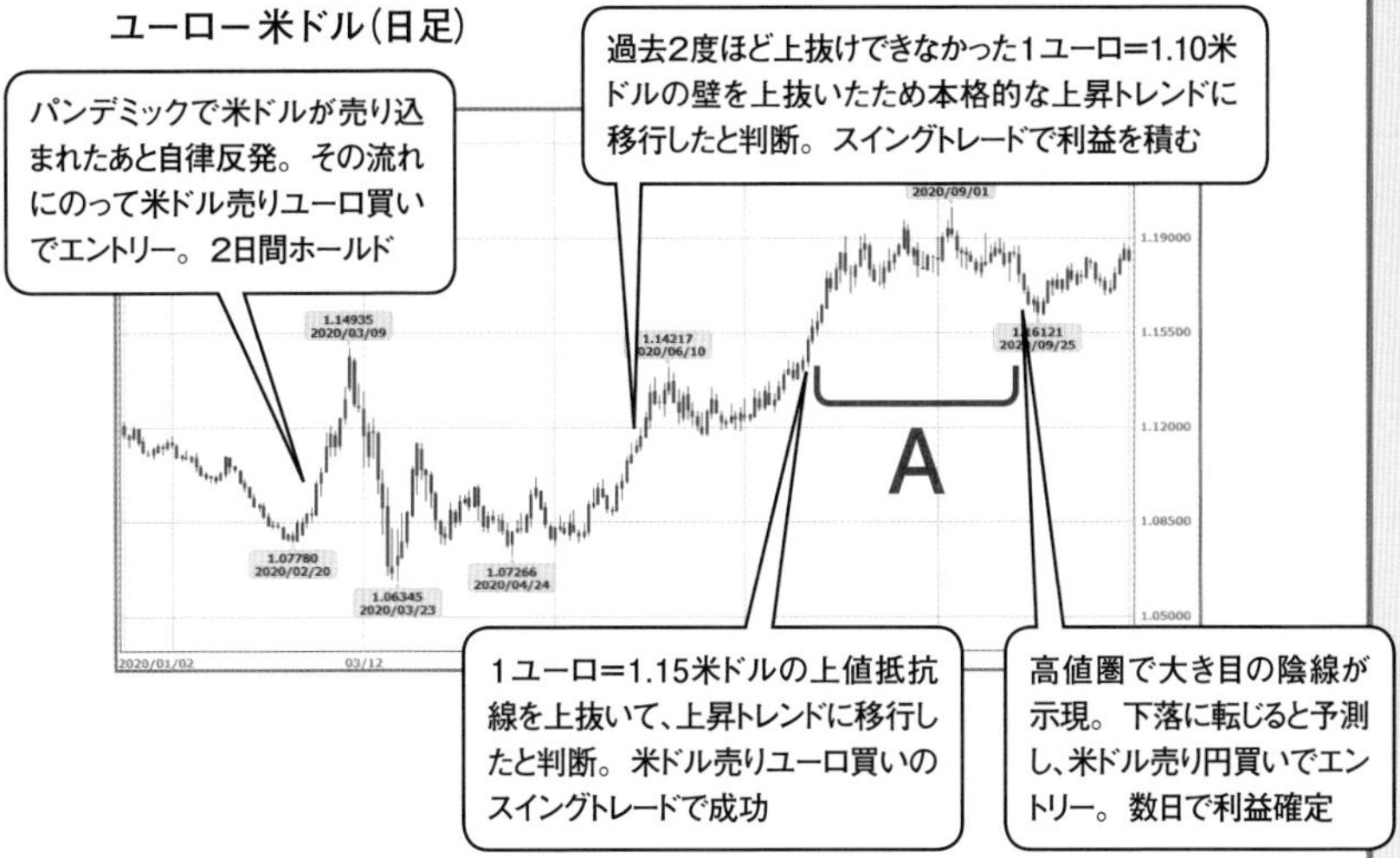
パンデミックで米ドルが売り込まれたあと自律反発。その流れにのって米ドル売りユーロ買いでエントリー。2日間ホールド
過去2度ほど上抜けできなかった1ユーロ=1.10米ドルの壁を上抜いたため本格的な上昇トレンドに移行したと判断。スイングトレードで利益を積む
1ユーロ=1.15米ドルの上値抵抗線を上抜いて、上昇トレンドに移行したと判断。米ドル売りユーロ買いのスイングトレードで成功
高値圏で大き目の陰線が示現。下落に転じると予測し、米ドル売り円買いでエントリー。数日で利益確定
1.14935 2020/03/09
1.14217 2020/06/10
2020/09/01
1.16121 2020/09/25
1.07780 2020/02/20
1.06345 2020/03/23
1.07266 2020/04/24
1.19000
1.15500
1.12000
1.08500
1.05000
2020/01/02
03/12
A

ケーススタディ

大町義男さん(仮名)のユーロ米ドル投資収支※上記Aの取引

1ユーロ＝1.1530米ドルで5万ユーロ購入

1ユーロ＝1.1804米ドルで決済

買 1.1530(米ドル)×50,000(ユーロ)＝57,650(米ドル)

売 1.1804(米ドル)×50,000(ユーロ)＝59,020(米ドル)

59,020(米ドル)－57,650(米ドル)＝1,370(米ドル)

(当時1ドル＝104.80円)(約14万円の利益)

45

成功から学ぶ②

「得意なパターン」が来るまで待つ

時間があれば売り買いして失敗

デイトレードとスキャルピングでコツコツと利益を積み上げている山辺幸雄さん（仮名・投資歴４年）。

今でこそ利益を出している山辺さんですが、取引を始めたころは苦戦つづき。

「自営業なので日中でも時間があるときはトレードしていました。なのに、戦績は芳しくありませんでした」。

山辺さんが使うツールは、ローソク足が中心。日足から1時間足、10分足と多様でした。

「なぜ勝てないかを冷静に分析したところ、**勝つときは、明確なシグナルがチャートにあらわれるときでした**。それまでは時間があれば売り買いを繰り返していましたが、これ以降、じっくりと明確なシグナルが出るまで、観察する時間を多く取るようにしたのです」。

得意の「足型」が出たらすぐ参戦！

そのなかでも、**自分が得意とするパターン**があるといいます。

「強い上昇トレンドで小さなコマがあらわれたとき、なかでも長い上ヒゲが出たときは、その後、下落する確率が高いことに気づきました。次に出てくる足型を見て、そこから売りで〝参戦〟するパターンが多いです。それと逆のパターン。強い下降トレンドのあと、長い下ヒゲがあらわれたときは、上昇に転じる確率が高いと見ています」。

ワンポイント テクニカルで儲けるコツ

テクニカル指標でも、「強いシグナル」と「弱いシグナル」がある。複数のシグナルの組み合わせで、「勝率が高い」と見込んだときだけ参入する。あるいは資金を多めに、レバレッジを高めに設定すれば利益は増える。

テクニカルを使って見事に成功

5: 米ドル/円 10分足 Bid

下値付近で出た長い下ヒゲに注目。ドルを購入

「コマ」が出たことで"底値"を確信

この長いヒゲからさらに追加購入

売りシグナルは出なかったが十分に利益がのったので利食い売り

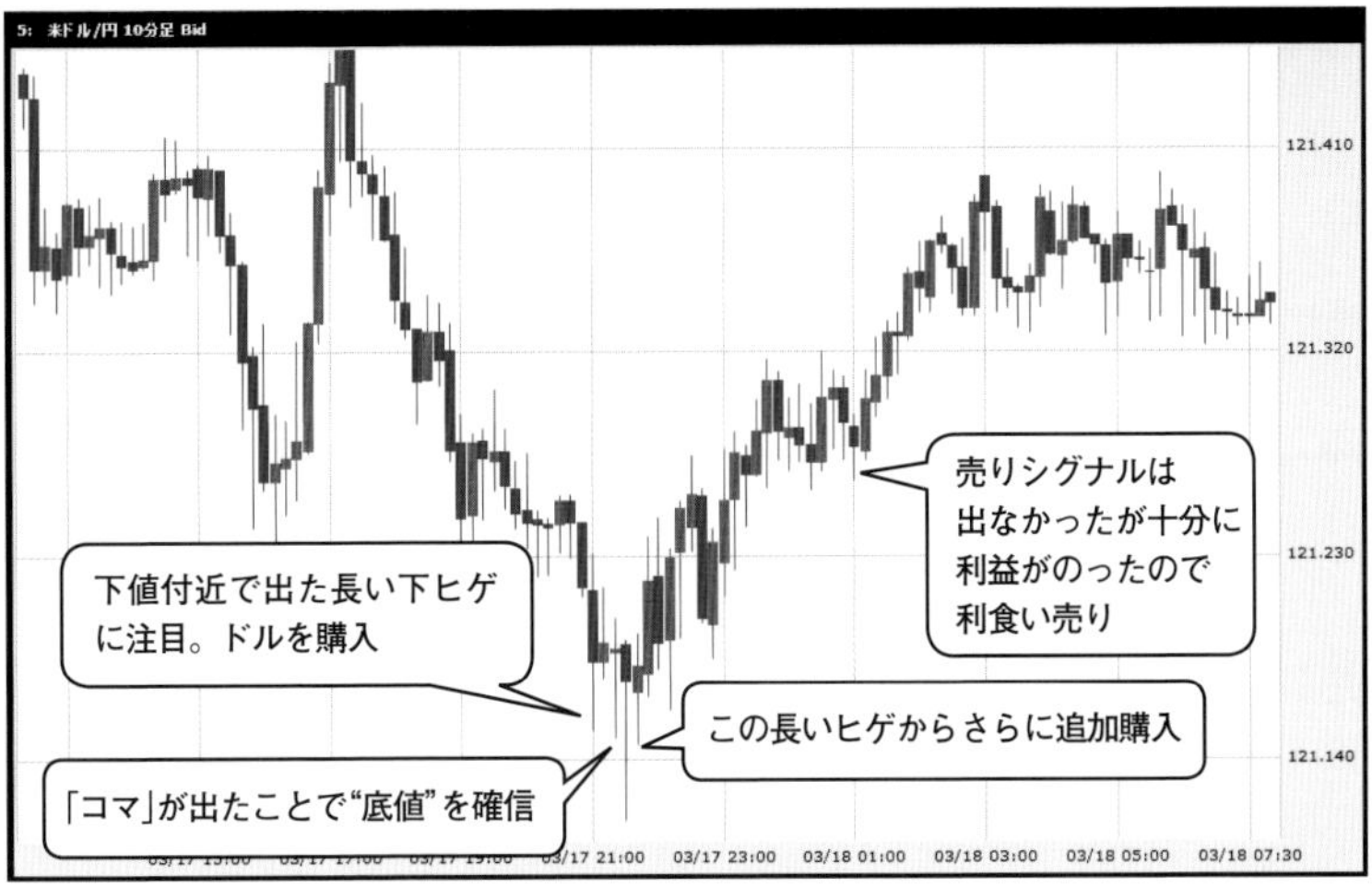

ケーススタディ

山辺幸雄さん（仮名）の米ドル投資収支

1米ドル＝121.20円で20万ドルを購入

1米ドル＝121.16円で20万ドルを追加購入

買 121.20（円）×200,000（米ドル）=24,240,000（円）

買 121.16（円）×200,000（米ドル）=24,232,000（円）

売 121.28（円）×400,000（米ドル）=48,512,000（円）

48,512,000（円）－24,240,000（円）－24,232,000（円）＝40,000（円）

（4万円の利益）

ＦＸによく出てくる！ 用語解説

キャピタルゲイン／インカムゲイン

キャピタルゲインは、ＦＸ取引においては**為替差によって得られる利益**を指します。為替差益の逆は為替差損、すなわちキャピタルロスです。

インカムゲインは為替差益以外の利益をおもに指します。ＦＸ取引では、**スワップポイント**がインカムゲインとなります。

高金利の通貨を売り、低金利の通貨を買えば、金利分を支払わなければなりません。つまりマイナスのスワップポイントが発生し、これをインカムロスといいます。

スワップポイント／スワップ金利

スワップポイント（スワップ金利）は、「金利差調整分」とも呼ばれています。**二国間の金利差から得られる利益**を意味します。

日本のような低金利国の通貨を売って、南アフリカ・ランドのような金利の高い通貨を買うと、その金利差分の利子が得られるわけです。たとえば日本円の金利が０・１％で、南アフリカ・ランドの金利が６・０％だと、日本円を売って、ランドを買うと、差額の５・９％の金利がもらえます。

スワップポイントは、少額でも毎日受け取れます。ただし、購入当日のうちにポジションを決済した取引では発生しません。

レバレッジ

ＦＸでは「レバレッジ」という言葉がよく使われます。日本語に訳すと「てこ」という意味です。

その意味するところは「小さな力で大きな物を持ち上げる」。つまり、**少額の資金で大きな投資を行う**ことを意味します。

かつては50倍や１００倍といったレバレッジも可能でしたが、金融庁の規制で、個人投資家は25倍が上限となっています。

たとえば、通常の外貨預金であれば、１ドル＝１２０円のとき、１万ドル投資しようとしたら１２０万円必要です。ところが、ＦＸならレバレッジ20倍にすれば、６万円で投資できるのです（６万円×20＝１２０万円）。

証拠金《しょうこきん》

ＦＸ取引を行う前にＦＸ取引業者にお金を預けなければなりません。

この**預けたお金**が証拠金です。証拠金とはもともと先物取引で使われていた言葉で、担保金のことです。

ＦＸの証拠金には大きく2種類あります。一つは「現金残高」や「資産」といわれる、取引業者に預けた総額のことです。もう一つは、ポジションを持つときに必要な「必要証拠金」「取引保証金」（呼称は取引業者によってさまざま）です。この額によって取引の上限が決まります。

必要証拠金には、取引をするために必要な最低額が決まっています。これを「必要最低証拠金」といい、その額は取引業者によって異なります。

追証《おいしょう》

証拠金残高が日々の相場の変動により、自己の建玉《たてぎょく》（48ページ参照）を維持するのに必要な金額を下回った場合、**追加して差し入れなければならない証拠金（担保）**のことです。「追加証拠金」を略してこう呼んでいます。

取引業者によってレバレッジの上限が決まっており、そのレバレッジ内で取引するには、一定額の担保金が必要です。

ポジションを維持するには、証拠金維持率（22ページ参照）内に収まる金額の証拠金が必要です。この証拠金維持率も取引業者によって異なります。

損失が広がり、ポジションが証拠金維持率を超えれば、そのオーバーした分だけ、追証が必要になります。

ロスカット

レバレッジを利かせたＦＸ取引では、投資家の思惑どおりに相場が動けば利益が膨らみますが、思惑と違う動きをすれば、損失が際限なく広がります。

そこで投資家の資産を守るため、ある一定の損失額が発生した際に、**自動的に取引を終了させる**ルールが定められています。これがロスカット（強制決済）です。

ポジションの時価総額に加え、口座内の資産額が必要証拠金の水準を下回ってしまえば自動的にすべての建玉（未決済分）が決済されてしまいます。損失を限定させるためです。

これを防ぐには自ら決済するか、追証を入れるしかありません。

スプレッド

ＦＸの取引画面を見ると、通貨の価格には買値（Ａｓｋ）と売値（Ｂｉｄ）の二つの価格が表示されています。投資家が通貨を買おうとするときは「買値」の価格で、通貨を売ろうとするときは「売値」の価格で取引することになります。

価格は、買値のほうが高くなっています。この**売値と買値の差額**をスプレッドといいます。

では、業者はどこで利益を得ているかというと、このスプレッドで稼いでいます。

たいていのＦＸ業者は、口座開設や取引ごとの手数料を取りません。

つまり、このスプレッドが取引業者の手数料になるわけです。

ファンダメンタルズ分析／テクニカル分析

株式投資やＦＸ取引の手法は「ファンダメンタルズ分析」と「テクニカル分析」の二つに分かれます。

ファンダメンタルズとは、日本語では「経済の基礎的諸条件」と訳されます。よってファンダメンタルズ分析では、経済成長率、消費者物価指数、貿易収支などの**経済的な要因から**今後の動きを予測します。

テクニカル分析は、為替レートの**過去の値動きから**今後の動きを予測する手法です。チャート分析とも呼ばれます。使用される指標は、トレンド系とオシレーター系に分かれます。

この二つの分析に優劣はなく、状況によって使い分けます。

ポジション

ＦＸ取引で、取引に参入したあと、**そのまま維持している状況**をポジションといいます。「建玉」も同様のことを指します。

「買い」で入れば、そのまま売らずに保有している状況です。

買いから入れば「買いポジション」、売りから入れば「売りポジション」となります。

日本円とドルとの取引なら、たとえば「1万ドルの買いポジションがある」というのは、日本円を売ってドルを1万ドル買って、そのまま決済せずに1万ドルを保有している状態です。

あるいは買いを「**ロング**」、売りを「**ショート**」ということもあります。

スキャルピング

スキャルピングとは「はがす」という意味。ＦＸの取引手法の一つで、超短期売買のやり方です。**数分から数十分**で「売り」と「買い」、「買い」と「売り」を繰り返します。売買回数を多くすることで、小さな利益を積み重ねていきます。

超短期売買なので、使うチャートもリアルタイムで価格の動きがわかるティック・チャートや1分足、10分足といった短い足型を使うことになります。

この場合、ファンダメンタルズ分析よりテクニカル分析が大きなウエイトを占めます。

その日のうちに決済してしまうので、スワップポイントはつきません。

デイトレード

その日のうちに決済してしまう短期売買のことをいいます。スキャルピングよりは長いポジションになりますが、スキャルピングそのものをデイトレードとするケースもあります。

日をまたぐポジションを持たない取引です。よってこの取引も、10分足や1時間足といった短い足型のチャートを使います。

基本はテクニカル分析が中心ですが、大きな指標の発表があるときは、その発表によってはトレンドが大きく変わることもあるので、ファンダメンタルズも無視できないケースが出てきます。

その日のうちに決済してしまうので、スワップポイントはつきません。

スイングトレード

スキャルピングやデイトレードよりも、少し期間が長い取引方法です。**数日間ポジションすること**で、スキャルピングやデイトレードよりも、大きな利幅を狙います。

日中は取引がなかなかできないサラリーマンや主婦などが多く参加しています。

使うチャートも、週足や日足といった比較的長めの足型が使われます。

オーバーナイトポジションなので、急激な相場の変動に対応するためにも、自動売買システムを使いたいところです。

スワップポイントはつきますが、数日間のポジションでは少額なので、キャピタルゲインが目的になります。

成行《なりゆき》注文

「成行注文」とは、**レート（価格）を指定せず**、市場の動向を見ながら「今、すぐに買いたい」というときに出す売買注文です。

後述する指値注文よりもスピーディに売買が成立するメリットがあります。

相場の流れにのって取引する「順張り」に向いた方法といえます。

一方で、値動きが激しいときは、タイムラグで、自分が想定した価格と違った数値で約定（売買成立）するというデメリットもあります。ただ、瞬時にかつ確実に約定する注文方法です。「注文数」と「売」か「買」かを指定して「成行」をクリックすれば注文は完了します。

指値《さしね》注文

「指値注文」が成行注文と異なるのは、通貨の価格を指定する点です。

たとえばドルを買いたいと思ったとき、1ドル＝１２０円50銭～55銭の水準だったとします。この価格では買いたくないが、1ドル＝１１９円50銭まで下がったら買ってもいいという判断をしたとします。

このときに「指値＝１１９円50銭」で注文するのです。

注文の有効期限内に１１９円50銭で指値注文を出し、ドルがその価格まで下がれば、買い付けることができます。

このように、**「この価格より安くなったら買う（高くなったら売る）」**という注文方法です。

逆指値《ぎゃくさしね》注文

指値注文は「この価格より安くなったら買う」「この価格より高くなったら売る」という注文方法です。この「逆指値注文」は文字どおり、指値注文の逆。つまり**「この価格より高くなったら買う」「この価格より安くなったら売る」**というものです。

なぜ、今より価格が上がったら買い、下がったら売るという、一見、損をするような注文方法があるのでしょうか。

それは、為替相場は一方向に動き始めたら、しばらくはそのトレンドがつづくという傾向があるからです。高くなったらそのトレンドにのり、安くなったら利益確定・損切りを確定させるのです。

トレンド

「トレンド」とは**相場の流れ**を意味します。たとえば相場が上向きなら「上昇トレンド」、下向きなら「下降トレンド」といいます。

ローソク足を使うと、この「トレンド」が一目瞭然です。相場では一度流れが生まれると、ある程度の間は、同じ流れがつづく傾向にあります。この「トレンド」にのれば、利益をゲットできます。

トレンドは、大きく分けて三つあります。ローソク足で基本的に陽線がつづいてあらわれるときは「上昇トレンド」、陰線がつづいてあらわれるときは「下降トレンド」と見ることもできます。上にも下に行かないトレンドは「横ばい」といいます。

トレンドライン／節目《ふしめ》

トレンドを読むには、トレンドラインを引いてみることです。

上昇トレンドであれば、ローソク足のおもな安値（「谷」の底）と安値を結んでみます。右肩上がりのラインがあらわれます。これがトレンドライン（下値支持線）です。

一方、**下降トレンドなら、ローソク足のおもな高値（「山」の頂点）と高値**を結ぶと、右肩下がりのラインがあらわれます。これがトレンドライン（上値抵抗線）になります。

ただし同じトレンドはいつまでもつづきません。上昇トレンドならいつか、下値支持線を下に突き抜けるときがきます。これが節目で、トレンド転換になります。

順張り／逆張り

投資スタイルには「順張り」と「逆張り」という分け方もあります。

順張りは文字どおり、トレンドの流れに沿って売買します。上昇しつづけている通貨を買う方法です。

逆張りは、たとえば下がりつづけている通貨を、「そろそろ底値確認。これから上昇する」と判断したときに買い向かいます。

順張りは、どちらかといえば短期売買になりやすく、狙う利幅も小さくなりがちです。

逆張りは、やや長いスタンスでポジションを持つことになりますが、その分、狙える利幅は大きくなります。売買のタイミングはチャートでチェックします。

FX

Index

著者

安恒理　やすつね おさむ

1959年福岡県生まれ。慶應義塾大学文学部卒業後、出版社勤務。月刊誌の編集に携わったあと、ライターとして独立する。マネー誌への執筆など、投資からビジネス、スポーツ、サブカルチャーなど幅広い分野で活躍。株式投資歴は、87年のブラックマンデー以降30年におよぶ。

〈著書〉

『いちばんカンタン！　株の超入門書　改訂4版』『いちばんカンタン！　株の超入門書　銘柄選びと売買の見極め方』（高橋書店）、『図でわかる株のチャート入門』（フォレスト出版）、『はじめての人のアジア株基礎知識＆儲けのルール』『ＦＸで毎日を給料日にする！』（すばる舎）、『めざせ「億り人」！マンガでわかる最強のFX入門』（新星出版社）など多数。

いちばんカンタン！

FXの超入門書 改訂版

著　者　安恒　理
発行者　高橋秀雄
編集者　梅野浩太
発行所　**株式会社 高橋書店**
〒170-6014 東京都豊島区東池袋3-1-1 サンシャイン60 14階
電話　03-5957-7103

ISBN978-4-471-21086-1

本書の内容についてのご質問は「書名、質問事項（ページ、内容）、お客様のご連絡先」を明記のうえ、郵送、FAX、ホームページお問い合わせフォームから小社へお送りください。
回答にはお時間をいただく場合がございます。また、電話によるお問い合わせ、本書の内容を超えたご質問にはお答えできませんので、ご了承ください。本書に関する正誤等の情報は、小社ホームページもご参照ください。

【内容についての問い合わせ先】
書　面　〒170-6014 東京都豊島区東池袋3-1-1 サンシャイン60 14階　高橋書店編集部
ＦＡＸ　03-5957-7079
メール　小社ホームページお問い合わせフォームから　(https://www.takahashishoten.co.jp/)

【不良品についての問い合わせ先】
ページの順序間違い・抜けなど物理的欠陥がございましたら、電話03-5957-7076へお問い合わせください。
ただし、古書店等で購入・入手された商品の交換には一切応じられません。